权威·前沿·原创

皮书系列为
"十二五""十三五"国家重点图书出版规划项目

中国社会科学院创新工程学术出版项目

土地整治蓝皮书

BLUE BOOK OF
LAND CONSOLIDATION AND REHABILITATION

中国土地整治发展研究报告
No.5

RESEARCH REPORT ON LAND CONSOLIDATION AND
REHABILITATION OF CHINA No.5

国土资源部土地整治中心／编著

社会科学文献出版社
SOCIAL SCIENCES ACADEMIC PRESS（CHINA）

图书在版编目（CIP）数据

中国土地整治发展研究报告 . No. 5 / 国土资源部土
地整治中心编著 . -- 北京：社会科学文献出版社，
2018. 12
  （土地整治蓝皮书）
  ISBN 978 - 7 - 5201 - 3988 - 5

Ⅰ. ①中… Ⅱ. ①国… Ⅲ. ①土地整理 - 研究报告 -
中国 Ⅳ. ①F321. 1

中国版本图书馆 CIP 数据核字（2018）第 274288 号

土地整治蓝皮书
中国土地整治发展研究报告 No. 5

编　　著／国土资源部土地整治中心

出　版　人／谢寿光
项目统筹／邓泳红　陈　颖
责任编辑／桂　芳

出　　　版／社会科学文献出版社·皮书出版分社 (010) 59367127
　　　　　　地址：北京市北三环中路甲29号院华龙大厦　邮编：100029
　　　　　　网址：www. ssap. com. cn
发　　　行／市场营销中心 (010) 59367081　59367083
印　　　装／三河市龙林印务有限公司

规　　　格／开　本：787mm × 1092mm　1/16
　　　　　　印　张：21.75　字　数：327千字
版　　　次／2018 年 12 月第 1 版　2018 年 12 月第 1 次印刷
书　　　号／ISBN 978 - 7 - 5201 - 3988 - 5
定　　　价／98.00 元

皮书序列号／PSN B - 2014 - 401 - 1/1

土地整治蓝皮书编委会

主要编撰者简介

　　国土资源部土地整治中心是原国土资源部承担土地整治工作的直属单位。承担和参与的工作主要包括：土地整治战略研究和政策咨询；土地整治潜力调查评价；土地整治规划编制和规划实施评估；土地整治重大工程实施和示范建设督导指导与评估；土地整治和高标准农田建设监测评价；耕地质量与耕地产能监测评价；土地整治综合成效评估与宣传；土地整治技术标准制修订和宣贯；土地整治舆情监测与行业服务；耕地保护责任目标考核，耕地占补平衡监测分析，高标准农田建设考核，节约集约用地考核评价；土地复垦跟踪监测；建设用地整理、土地储备及土地市场相关工作；土地整治基础理论方法和实证研究；土地科技创新；土地整治国际合作与交流。

摘　要

《中国土地整治发展研究报告（No.5）》是由国土资源部土地整治中心土地整治蓝皮书课题组组织编写，全面反映 2017 年中国土地整治发展实践、综合成效、探索创新的年度性研究报告。在此感谢提供宝贵素材的全国 31个省（区、市）和新疆生产建设兵团土地整治机构，感谢始终关注支持蓝皮书研创与发展的专家学者和行业同人。

全书由总报告、进展成效篇、战略研究篇、制度方法篇、科技创新篇、地方特色篇、海外借鉴篇等栏目组成。

总报告包括两部分内容，第一部分从九个方面对 2017 年中国土地整治发展实践进行了总结评述，第二部从五个方面对 2018 年及今后一个时期土地整治发展方向和战略布局进行了分析预测。报告认为，近年来，党中央、国务院陆续出台一系列耕地保护和土地整治重大政策文件，推动土地整治事业不断改革创新，加速提档升级。围绕供给侧结构性改革，各级国土资源管理部门和土地整治机构积极应对、主动作为，不断夯实事业发展基础，土地整治"1 + N"综合效应进一步显化。随着国家机构改革的深入推进和社会主要矛盾的转化，土地整治迈入高质量发展阶段，将以更好地服务于供给侧结构性改革为目标，进一步巩固基础平台作用，推进区域差别化整治，加强国土综合整治，强化监管优化服务，更加有力地助推乡村振兴、区域协调发展、精准扶贫精准脱贫和生态文明建设等国家战略实施。

21 篇专题文章由土地整治蓝皮书课题组、相关领域专家学者和奋斗在一线的土地整治工作者共同完成，汇聚调查评价、理论研究、科技创新、实践探索的最新成果，聚焦年度行业热点和社会话题，探析土地整治未来发展路径。

附录包括土地整治领域 2017 年度大事记、相关著作列表、省部级以上

科技奖励列表和截至 2017 年底已发布的国家和行业标准列表，以及在 2017 年 12 月 16 日土地科技创新研讨会上形成并宣读的《关于加强土地科技创新的院士专家建议》，供读者参考。

关键词： 土地综合整治　土地科技创新　生态修复　乡村振兴　脱贫攻坚

目　录

Ⅰ　总报告

Ⅴ 科技创新篇

Ⅵ 地方特色篇

Ⅶ 海外借鉴篇

Ⅷ　附录

皮书数据库阅读**使用指南**

总 报 告

General Reports

B.1
2017年土地整治发展评述

蓝皮书总报告编写组*

摘　要：　近年来，党中央、国务院出台一系列耕地保护和土地整治政策文件，推动土地整治事业不断改革创新，加速提档升级。围绕供给侧结构性改革，各级国土资源管理部门主动作为，充分发挥土地整治"1＋N"综合效应，为落实藏粮于地、统筹城乡发展、助力脱贫攻坚、促进生态文明建设等提供了重要支撑。本文立足2017年中国土地整治发展实践和探索创新，从土地综合整治理论创新与实践探索、高标准农田建设工作体系、信息化监测监管能力、助推脱贫攻坚、促进绿色发

* 编写组成员：贾文涛、杨剑、杨红、张燕、周同、桑玲玲、赵庆利、汤怀志、郭义强、杨磊、章远钰、陈原、王敬、杜亚敏、马啸、李华、王莉莉、王艳松、魏洪斌、李红举、张秋惠。报告统稿：杨剑、张燕。杨剑：管理学硕士，国土资源部土地整治中心研究员，主要研究方向为土地资源管理政策与土地整治资金预算管理。张燕：管理学硕士，国土资源部土地整治中心高级工程师，主要研究方向为土地资源管理政策、土地整治实施监管与绩效评价。

展和绿色生活、投融资机制创新、行业发展与学科建设、土地科技创新、土地整治宣传九个方面，逐一盘点与评述。

关键词： 土地综合整治　"土地整治＋"理念　脱贫攻坚　土地科技创新　土地学科建设

一　深化土地综合整治理论创新与实践探索

党的十九大报告提出坚持农业农村优先发展，实施乡村振兴战略。2017年底召开的中央农村工作会议明确了实施乡村振兴战略的目标任务。面对新时代新要求，2017年以来，原国土资源部曹卫星副部长在调研及全国耕地保护工作会议讲话中多次指出土地整治要以走好乡村振兴"先手棋"为目标，立足多目标多功能定位，找准"土地整治＋"实施路径，从注重耕地"提质增量"为主，实现向土地综合整治的提档升级，搭建起效率高、质量优的土地利用平台，发挥土地政策在要素市场化配置、聚合社会资本、吸引产业落地、促进生态治理等方面的作用，实施全域统筹和综合整治，做到与现代农业、脱贫攻坚、生态建设和城乡融合发展等的有机结合，彰显土地整治"1＋N"的综合效应。

原国土资源部部长姜大明在2018年全国国土资源工作会议上指出，实施乡村振兴战略，用好土地是基础，增加投入是关键。土地综合整治作为国土资源部门工作的一大特色和亮点，在统筹落实乡村振兴"人、地、钱"关系，解决农村发展不平衡不充分问题上发挥着重要的桥梁和纽带作用。当前，广大农村地区特别是城乡结合区域，普遍存在农村建设用地散乱粗放、耕地等农用地碎片无序、历史遗留工矿废弃地大量存在、生态环境亟待修复等问题，严重制约了农业农村发展。通过实施土地综合整治，将市场运作与政府扶持、政策引导有机结合，激活主体、激活要素、激活市场，既能为城市发展提供要素保障，又能为乡村振兴注入活力，是新时期推动绿色、集约、高效利用土地，统筹农村生产、生活和生态空间，促进城乡融合发展的必然选择，可为推进乡村振兴战略、实现农业农村现代化提供有力的资源保障。

2017年以来，国土资源部门按照党中央、国务院的决策部署，坚持最严格耕地保护制度和最严格节约集约用地制度，实施藏粮于地和节约优先战略，建立健全协调推进机制，设立土地整治工作专项，大力推进土地整治和高标准农田建设工作。各地在党委政府的统一领导下，积极践行"土地整治＋"理念，不断创新模式和机制，探索开展区域性土地综合整治，将农用地整理、建设用地整治、历史遗留矿山废弃地复垦等有机结合起来，涌现出一批可总结、立得住、叫得响的典型经验做法，在改善群众生产生活条件、落实藏粮于地战略、助推扶贫攻坚、促进生态文明建设、实现城乡融合发展等方面发挥了积极作用，为原国土资源部开展相关制度设计和政策研究，在更大范围整体推进土地综合整治示范区建设创造了良好条件。

浙江省杭州市西湖区针对农村地区存在的耕地保护碎片化、村庄用地无序化、农村发展低小散等问题，将土地综合整治作为乡村振兴的主平台，积极整合各方力量，推动规划创新、管理创新、机制创新，打通阻碍城乡各类要素有序流动的壁垒，形成多方集聚的"土地整治＋"生态圈。在具体实施中，他们建立土地综合整治多规融合、资金筹集、利益分配的运作机制，按照"总量严格控制、布局相对稳定、局部规范调整"要求，在建设用地总量不增加，耕地特别是永久基本农田数量不减少、质量不降低、生态有改善的前提下，通过开展"土地整治＋都市现代农业""土地整治＋美丽乡村建设""土地整治＋城乡融合发展""土地整治＋生态空间修复""土地整治＋高标准农田建设"等综合整治，腾挪出发展空间，垦造出高标准农田，整治出美丽环境，做到资源与资本有效对接，实现农村地区生态空间重塑、生产空间重构、生活空间重建。

江苏省南通市从破解土地增量供给空间与城乡融合发展用地需求矛盾出发，坚持"三个聚焦"，即聚焦粮食安全、聚焦富民增收、聚焦生态建设，以土地综合整治为平台做"乘法"，集成高标准农田建设、城乡建设用地增减挂钩、新增耕地指标调剂使用机制等政策应用，通过开展土地综合整治推

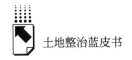

进土地供给侧结构性调整，实现整治目标"同质同化"向"差别整治"的转变，优化结构、腾挪空间，建设兼具历史风貌、地域特色、文化记忆的美丽乡村，较好地解决了乡村建设用地和耕地保护碎片化问题，使优质耕地集中连片，使农业农村各项发展合理用地，使农村人居环境美丽和谐，最大限度放大土地政策红利，发挥了土地综合整治在助推乡村振兴中的作用。

上海市松江区，积极探索纯农地区乡村发展之路，以土地综合整治为平台，统筹整合各类涉农资金，以集建区外低效建设用地减量化、优化城乡土地利用为目标，以土地利用规划为"底盘"，统筹协调交通、农业、土地整治、生态环境、社会经济发展等相关规划关系，优化生产、生活、生态用地空间布局，在市郊关键生态节点建设一批具有一定规模、拥有良好田园风光和自然生态景观，可以展现传统农耕文化、供都市休闲游憩，能够实现一二三产融合发展的"郊野单元"，做到守护生态之美、传承人文之心，让农业成为有奔头的产业，让农民成为有吸引力的职业，让农村成为安居乐业的美丽家园。

实践证明，"土地整治＋"理念具有强大生命力，土地综合整治将在今后相当长一个时期里，成为破解三农发展难题、助推城乡融合发展的重要平台，成为解决农业农村发展资金不足的有效手段，必将在推动乡村振兴伟大进程中有更大担当、发挥更大作用。

二　推进完善高标准农田建设工作体系

"十二五"以来，大规模推进高标准农田建设是党中央、国务院立足国家粮食安全和社会长治久安作出的重要战略部署。2017年2月17日，国家发展改革委、财政部、原国土资源部、水利部、原农业部、中国人民银行、国家标准委等七部门联合印发《关于扎实推进高标准农田建设的意见》（发改农经〔2017〕331号），提出"统一建设标准、统一上图入库、统一监管考核"要求，并将"健全机制，强化监管"作为基本原则，要求实现高标准农田建设全过程监管，督促各地及时将建成的高标准农田上图入库。在党中央、国务院的统一部署下，原国土资源部会同有关部门按照"以规划定任务,以任务定资金"原则,协同推进高标准农田建设,初步形成了以高标准农田建设规划和土地整治规划为指引、以政策文件为支撑、以技术标准为依据,统一开展实施建设和监管考核的工作局面。

整合规划引领高标准农田建设。《全国高标准农田建设总体规划》和各级土地整治规划明确了高标准农田建设任务,提出到2020年建成旱涝保收的高标准农田8亿亩,亩均粮食综合产能提高100公斤以上。《全国土地整治规划(2016~2020年)》确定了"十三五"高标准农田建设总体目标和重点布局,将再建4亿~6亿亩的建设任务分解到各省(区、市),进一步要求将建成的高标准农田统一上图入库,实行统一监管考核。省级高标准农田建设任务要通过市县级土地整治规划进一步分解落实,县级土地整治规划要把高标准农田建设任务落到项目、地块和图上,全面掌握高标准农田建设情况。

统一标准建设高标准农田。2014年5月,首部高标准农田建设国家标准《高标准农田建设 通则》(GB/T 30600-2014)发布实施。2016年10月,国家标准委发布实施了《高标准农田建设评价规范》(GB/T 33130-2016),明确了高标准农田建设评价的范围和时点,规定了评价原则、方法、对象、内容、程序和成果,建立了评价指标体系和权重分值计算规则,从建设任务完成情况、建设质量、建设成效、建设管理和社会影响五个方面对高标准农田建成后产生的经济、社会、生态和资源环境等效益进行评价,为各级各类高标准农田建设评价工作提供了标准支撑,同时为耕地保护责任目标考核、粮食安全省长责任制考核提供了重要技术依据。

统一高标准农田建设监管体系。近年来,土地整治监测监管不断强化,形成土地整治和高标准农田建设在线报备、动态监测、评估考核、督导指导等多措并举的监测监管工作格局。一是推进高标准农田建设统一上图入库。《关于扎实推进高标准农田建设的意见》(发改农经〔2017〕331号)把"健全机制,强化监管"作为一项基本原则,要求实现高标准农田建设全过程监管,督促各地及时将建成的高标准农田上图入库。《关于切实做好高标准农田建设统一上图入库的通知》(国土资发〔2017〕115号)要求依托国土资源遥感监测"一张图"和综合监管平台,利用农村土地整治监测监管

等有关部门的管理系统，集合建成高标准农田建设全国"一张图"，实现有据可查、全程监控、精准管理、资源共享，为动态掌握高标准农田建设基本情况和成效提供基础支撑。2017年11月，原国土资源部在北京召开有发改、财政、农业、水利、国土等省级部门同志参加的高标准农田建设统一上图入库培训会，进一步明确工作要求，统一技术流程，为不断强化上图入库夯实工作基础。二是统一开展高标准农田建设考核。2015年国务院办公厅印发《粮食安全省长责任制考核办法》，将高标准农田建设情况作为粮食安全省长责任制考核的重要内容。按照国务院有关要求，2017年，原国土资源部、国家发展改革委、财政部、水利部、原农业部五部门共同开展了2016年度高标准农田建设考核工作，形成《关于2016年度高标准农田建设考核情况的报告》报国务院，同时向各省通报考核情况。此外，五部委联合印发《2017年度高标准农田建设考核工作方案》（国土资厅发〔2017〕38号），部署启动了2017年度高标准农田建设考核工作。三是加大高标准农田建设日常监测监管力度。为确保能够及时发现高标准农田建设中存在的问题，近年来更加注重推广应用先进信息技术手段，进一步提升高标准农田监测监管能力。2017年，原国土资源部协同审计部门首次对高标准农田建设上图入库数据进行全面核查，在督促地方不断提高上图入库比例的同时，重点对"十二五"时期建成的高标准农田存在的非耕地地类情况进行抽查，并下发《关于做好高标准农田建设上图入库数据核实的通知》（国土资厅函〔2017〕1575号），要求各地依托国土资源遥感监测"一张图"和农村土地整治监测监管系统，对已建成的高标准农田存在非耕地、陡坡耕地的情况进行核实整改，切实做到"底数清、情况明"。

三　提升土地整治信息化监测监管能力

《中共中央　国务院关于加强耕地保护和改进占补平衡的意见》（中发〔2017〕4号）指出，高标准农田建设情况要统一纳入国土资源遥感监测"一张图"和综合监管平台，实行在线监管，统一评估考核，扩大全天候遥感监测范围，强化耕地保护全流程监管。为确保将中央要求落细落实，各级国土资源部门立足职能，不断探索信息化技术手段，努力提升土地整治和高标准农田建设监管能力和水平。

持续加强国土资源信息化监测监管能力建设。2017年7月，原国土资源部、国家测绘地理信息局印发《关于推进国土空间基础信息平台建设的通知》（国土资发〔2017〕83号），提出按照中共中央、国务院大力推进生态文明建设、加强国土空间用途管制的要求，依托国土资源、测绘地理等已有空间数据资源，建立国土空间基础信息平台，提升国土空间治理能力现代化水平。8月，原国土资源部印发《关于土地复垦"双随机一公开"监督检查实施细则》（国土资源部公告2017年第23号），提出对矿山土地复垦情况进行抽查，要求随机抽取检查对象、随机选派监督检查人员，及时公开抽查情况和查处结果。9月，原国土资源部、国家发展改革委等五部委联合印发《关于切实做好高标准农田建设统一上图入库工作的通知》（国土资发〔2017〕115号），要求逐步建成高标准农田建设全国"一张图"，实现有据可查、全程监控、精准管理、资源共享。

持续深化土地整治监测监管与指导服务工作。国土资源部土地整治中心坚持"日常监测分析、培训指导、上图核查、实地调研督导"四个常态化，在充分应用国土资源遥感监测"一张图"和综合监管平台的基础上，逐步完善自主研发的土地整治监测监管应用平台，配合开展了高标准农田上图核查、新增耕地核查标注、综合成效评估、土地整治专家库管理、城镇低效用地再开发项目管理等工作，目前已形成由项目基础数据、规划数据、综合成效评估数据、新增耕地核查数据、外业调查数据、综合知识库等多源数据组成的土地整治综合数据库，数据基础逐步夯实。积极研发土地整治内外业一体化现场调查平台，完成外业核查系统与监测监管平台的衔接，在满足日常动态监测监管的同时，不断强化土地整治全程全面可追溯管理能力。

各级土地整治机构不断加强土地整治信息化监管能力。在信息报备系统研发方面，截至2017年底，已有辽宁、上海、江苏、浙江、福建、山东、湖北、广东、重庆、四川、贵州、宁夏12个省（区、市）及新疆生产建设

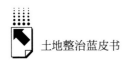

兵团建成服务于土地整治监测监管的应用系统，其中辽宁等 8 个省份及新疆生产建设兵团已通过与部系统对接实现项目信息报备。海南、陕西、甘肃、青海土地整治监测监管系统正在建设研发中。通过研发土地整治信息管理系统，有效提高了土地整治项目备案信息的准确性、真实性、及时性。在基础数据库建设方面，江苏省高标准农田项目管理信息系统、湖北省土地整治空间数据库及管理系统、四川省县域及省域永久基本农田精细化管理系统、山西省耕地质量等别成果管理系统等，不断提高了土地整治项目数据综合分析应用水平。在开展土地整治日常监测监管工作方面，江苏省创新国土资源监管模式，将 10.72 万平方公里国土资源全要素信息，汇集在"一张图"系统平台上，全省共布设 5437 个视频探头，对基本农田保护区、土地整治项目等进行在线实时监测。浙江省为加强对土地整治和高标准农田建设项目的全程管理，规范项目规划设计，强化项目日常监管和施工监理，在全省推广应用土地整治项目移动巡查系统，借助互联网与数据库技术，实现土地整治项目实施过程的信息交互与数据管理。广东省以数据共享实现全程信息化监管，先后开发了高标准农田建设进展报备管理系统和建后监管系统，并使之与农村土地整治监测监管系统对接，为高标准农田建设提供了全程信息化管理和服务支撑。重庆市开展农村土地整治项目管理系统（第二期）建设研发工作，增加了在线监管模块。福建省建成了土地整治项目远程监测监管平台。上海市土地整治项目审批监管系统、山东土地整治项目实施进展情况填报系统、贵州省土地整治项目现场远程监控系统等正在建设研发中。在行业监管方面，河北省建立了土地整治项目从业单位诚信管理系统，湖北省出台土地整治从业机构信息管理暂行办法并建立了土地整治行业信用管理体系，贵州省建立了土地整治从业单位备案登记管理信息系统，新疆维吾尔自治区建成了土地整治行业从业单位信用管理系统，实现了对土地整治从业单位的动态监测分析和规范化管理。在档案管理方面，内蒙古、湖北、广西、重庆、四川、宁夏、新疆已开展或完成库存项目档案数字化工作。大部分土地整治机构已使用档案管理系统软件管理档案，其中黑龙江省正在建设研发土地整治项目档案信息化管理系统，档案数字化、信息化工作正不断推进。

四　大力助推脱贫攻坚

《中共中央 国务院关于打赢脱贫攻坚战的决定》确定了新阶段脱贫攻坚的政策举措，将完善扶贫开发用地政策作为健全脱贫攻坚支撑体系的重要内容之一，明确提出中央和省级在安排土地整治工程和项目、分配下达高标准基本农田建设计划和补助资金时，要向贫困地区倾斜。连片特困地区和国家扶贫开发工作重点县开展易地扶贫搬迁时，城乡建设用地增减挂钩指标可在省域范围内流转使用。

按照坚持扶贫开发与经济社会发展相互促进，坚持精准帮扶与集中连片特殊困难地区开发紧密结合，坚持扶贫开发与生态保护并重，坚持扶贫开发与社会保障有效衔接原则，贫困地区被列入土地整治重点区域，中央分成新增费分配重点向贫困地区倾斜，用于支持贫困地区开展土地整治，大力建设高标准农田。有关贫困地区以土地整治为平台，积极整合集成政策资金，建成了一批集中连片、设施配套、高产稳产、生态良好、抗灾能力强、与现代农业生产和经营方式相适应的高标准农田。据不完全统计，党的十八大以来，原国土资源部在全国贫困地区共计安排土地整治项目5200多个，建设规模6100多万亩，累计投入资金940多亿元，土地整治成为扶贫攻坚的有效抓手，为贫困地区铺就了脱贫致富新出路。贵州省为10万就地脱贫人口每人整治1亩优质农田，惠及9.63万贫困人口。湖南省在湘西州花垣县投入资金1.7亿元，完成农村土地整治项目61个，有力地改善了县域农业基础设施，项目区群众通过到园区就业、土地流转方式收入大幅增加，成为当地精准扶贫示范项目①。

2017年，国务院印发《中共中央国务院关于加强耕地保护和改进占补平衡的意见》（中发〔2017〕4号），明确要"着力推进拆旧复垦，用好城乡建设用地增减挂钩等政策"。为此，原国土资源部充分发挥增减挂钩政策

---

① 张德霖：《认真总结土地政策助推脱贫攻坚取得的明显成效》，自然资源部（原国土资源部）门户网站，2017年10月9日。

支持脱贫攻坚的作用，进一步完善贫困地区增减挂钩节余指标使用政策，支持国家重点扶贫地区将实施土地整治时补充的耕地指标，向省域内经济发达地区有偿调剂，调剂形成的收益用于耕地保护、农业生产和农村经济社会发展。4月，《关于进一步运用增减挂钩政策支持脱贫攻坚的通知》（国土资发〔2017〕41号）印发，明确省级扶贫开发工作重点县可将增减挂钩节余指标在省域范围内流转使用，红利辐射范围由之前的832个贫困县拓展为1250个贫困县。据统计，截至2017年6月，国家级贫困地区增减挂钩节余指标协议交易达到334.53亿元，取得了很好的政策效果。如四川巴中市流转增减挂钩节余指标4500万亩，获得调剂使用资金13.2亿元；古蔺县、叙永县以"古叙挂钩项目"指标收益为基础，发行了全国第一支易地扶贫搬迁项目收益债券，筹措资金20亿元专项用于加快推进易地扶贫搬迁①。

2017年9月，原国土资源部部长姜大明在第四次乌蒙山片区区域发展与脱贫攻坚部际联席会议上讲话指出，各级国土资源部门要"翻箱倒柜、倾囊相助"，通过创新支持政策，扩大实施范围，大力支持深度贫困地区脱贫攻坚。他同时要求，为了全面贯彻党中央、国务院的决策部署，实施精准扶贫精准脱贫基本方略，聚焦"三区三州"（指西藏、新疆南疆四地州、四省藏区与甘肃的临夏州、四川的凉山州和云南的怒江州）及其他深度贫困县，以更大力度精准支持深度贫困地区脱贫攻坚。11月，《关于支持深度贫困地区脱贫攻坚的意见》（国土资规〔2017〕10号）印发实施，提出拓展城乡建设用地增减挂钩政策，深度贫困地区开展增减挂钩可不受指标规模限制等重要政策措施。12月28日，四川乐山市马边县与浙江省绍兴市越城区签订增减挂钩节余指标流转协议，签约流转马边县20个乡镇节余指标7000亩用于浙江省绍兴市越城区城镇建设，协议总金额50.4亿元，亩均价格72万元，在全国率先实现深度贫困地区增减挂钩节余指标跨省域流转②。在签订协议后，浙江省绍兴市越城区人民政府一次性支付1亿元预付款，指标流

---

① 陈健：《四川首例增减挂钩节余指标"省域内流转"促脱贫攻坚》，新华社，2016年4月11日。

② 寇敏芳：《四川增减挂钩节余指标首次跨省域流转》，《四川日报》2017年12月30日。

转的政策红利将全部用于马边县脱贫攻坚工作，为该县 2019 年高质量脱贫摘帽打下坚实基础，实现双方互助共赢。

2018 年 3 月，国务院办公厅印发《城乡建设用地增减挂钩节余指标跨省域调剂管理办法》，允许"三区三州"及其他深度贫困县城乡建设用地增减挂钩节余指标由国家统筹跨省域调剂使用。节余指标调出价格根据复垦土地的类型和质量确定，节余指标调入价格根据地区差异相应确定。从各地实践看，甘肃省出台政策支持 18 个省定深度贫困县、40 个深度贫困乡镇、3720 个深度贫困村脱贫攻坚工作，规定深度贫困地区开展城乡建设用地增减挂钩不受指标规模限制，鼓励开展跨省节余指标交易，相关收益主要用于脱贫攻坚。湖南省积极运用增减挂钩政策，支持贫困地区脱贫攻坚，截至 2017 年底 51 个贫困县中有 35 个组织开展了增减挂钩工作，成功流转节余指标 8698 亩，筹集脱贫攻坚资金 22.2 亿元①。河南省 2017 年共实现宅基地复垦券交易 6.01 万亩，交易总收益 131.07 亿元，惠及全省 23 个异地搬迁扶贫县、8 个黄河滩区居民迁建县和其他 4 个贫困县②。

实践证明，通过实施土地整治，运用城乡建设用地增减挂钩超常规政策，实现了扶贫开发与经济社会发展相互促进，精准帮扶与集中连片特殊困难地区开发紧密结合，扶贫开发与生态保护并重，扶贫开发与社会保障有效衔接，为实现到 2020 年让 7000 多万农村贫困人口摆脱贫困既定目标，确保我国现行标准下农村贫困人口实现脱贫、贫困县全部摘帽、解决区域性贫困问题提供了有力支撑。

五　积极促进绿色发展和绿色生活

绿色发展是以效率、和谐、持续为目标的经济增长和社会发展方式，是实现人与自然和谐共生、经济发展与生态环境保护相统一的根本举措。党的

---

① 张英、王丽容：《湖南省国土厅五年工作成绩单发布》，红网，2018 年 2 月 10 日。
② 河南省人民政府门户网站，2017 年 12 月 28 日。

十八届五中全会提出"创新、协调、绿色、开放、共享"五大发展理念。2017 年，习近平总书记在中央政治局第四十一次集体学习时指出，推动形成绿色发展方式和生活方式，是发展观的一场深刻革命。党的十九大报告指出"统筹山水林田湖草系统治理，实行最严格的生态环境保护制度，形成绿色发展方式和生活方式，坚定走生产发展、生活富裕、生态良好的文明发展道路"。中央的一系列战略部署充分体现了生产发展、生活方式绿色化的迫切性和重要性。土地资源是支撑经济社会发展的物质基础和重要载体，也是绿色生态系统的核心要素。土地整治则是优化土地资源利用，保护和改善生态环境，推动形成绿色发展方式和生活方式的重要抓手和平台。在当前生态文明建设加快推进的背景下，实施土地综合整治，优化国土空间开发格局，提高资源环境承载能力，是促进土地资源永续利用，推动形成绿色发展方式和生活方式的重要举措和必要路径。

强化生态整治理念，保障国家粮食安全，促进了绿色可持续发展。通过土地整治推进高标准农田建设，构建数量、质量、生态"三位一体"耕地保护新格局，是贯彻落实保障国家粮食安全战略的重大举措，也是推动形成绿色发展方式和生活方式的题中应有之义。黑龙江省将土地整治作为发展现代化大农业的重要抓手和基础平台，把小规模经营、分散零星、区块差异较大的耕地，整治成为"田成方、林成网、路相通、渠相连、旱能灌、涝能排"的集中连片优质农田，提高土地的规模化和集约化程度，改善农田基础设施和生态环境，促进黑龙江省"亿亩生态高标准农田"建设，为落实"藏粮于地"国家战略、发挥国家粮食安全"压舱石"的重要作用提供支撑和保障。以哈尔滨市为例，到 2020 年将建成高产标准农田 1287 万亩，亩均粮食综合生产能力提高 200 斤以上、平均亩产达到 1000 斤以上①。湖南省桑植县按照"产业扶贫、工业兴县、绿色发展"的总体思路，通过实施土地整治项目，使昔日荒芜的高山台地变成地成片、路成网、林成行的"万宝山"，依托"公司＋基地＋合作社＋农户""合作社＋土地流转＋贫困户"的发展模

---

① 王文伟：《哈尔滨 2020 年将建成高产标准农田 1287 万亩》，央广网，2016 年 6 月 20 日。

式，发展起高山蔬菜、优质烟叶、高山云雾茶等产业，促进了全县农业产业蓬勃发展，成为扶贫攻坚的"助推器"，奏响了经济发展、生态建设齐头并进的和谐曲。如潮溪镇新华村卓文洲是村里最穷的贫困户，通过土地整治，他家耕地连成片，并加入村里正宏蔬菜专业合作社，租了项目区60亩地种植萝卜，一年种三季，每季每亩纯收入1500元，全年种植萝卜收入达27万余元①。

推动资源节约集约利用，优化了国土空间格局，促进了发展方式向绿色转变。各地在土地整治中，积极创新思路和建设模式，有序开展"城中村"、老旧小区改造，实施村庄拆旧建新及砖瓦窑厂等工矿废弃地复垦，挖潜盘活城镇闲置低效用地，实现资源节约集约利用，促进生态涵养和绿色可持续发展。山东省充分利用城乡建设用地增减挂钩政策，整合农业、水利、交通、住建等多部门资金，将原先布局零散、利用低效、闲置废弃的工矿废弃地重新整治盘活，促进了土地适度规模化经营和农村一、二、三产业的协调发展，原来布局零乱、脏乱差旧的村庄，变成了整齐划一、整洁靓丽的新社区，当地农民群众的生产生活条件得到了显著提升。据统计，全省共改造村庄3000余个，拆旧面积50万余亩，新建社区2171个，实现向农村地区返还土地收益600多亿元，使用增减挂钩节余指标27.33万亩，新建各类项目4742个，带动投资近1600亿元，推动了全省城镇化进程②。江苏省徐州市是老工业基地和资源枯竭型城市，由于常年煤矿开采，大量农田被毁，生态环境恶劣。贾汪区潘安湖地区是全市最大、塌陷最严重、面积最集中的采煤塌陷区，面积1.74万亩，区内积水面积3600亩，平均深度4米以上，长期以来该区无法居住、无法耕种，形成了严重的历史包袱③。近年来，徐州市综合运用土地复垦、工矿废弃地复垦利用等手段，按照"基本农田整理，采煤沉陷区复垦，生态环境修复，湿地景观开发"四位一体的建设模式，

---

① 孟凡：《山成"万宝山"地变"刮金板"》，《中国国土资源报》2017年4月19日。
② 山东省土地综合整治服务中心：《土地整治绘锦绣 齐鲁大地好风光》，《中国国土资源报》2017年6月22日。
③ 焦思颖、陈彬、王佑钧：《江苏徐州：一城青山半城湖》，《中国国土资源报》2017年6月30日。

全面推进历史遗留矿区土地综合整治，开发建设潘安湖湿地公园，目前已初步形成湖泊景观、湿地景观、水岛景观、人文景观和高标准基本农田相互交织的自然生态景区，衍生出的旅游、餐饮等服务产业，取得了显著的社会、经济和生态效益，"一城青山半城湖"已成真实写照，被称为"国内城市废弃矿山治理的典范"。

推动发展方式转型升级，构建了生态文明格局，促进了生活方式向绿色转变。土地整治强调以永续发展为导向，布局科学合理的绿色生产空间、生活空间和生态空间，助推新型城镇化建设，促进生活方式的绿色转变，实现人口、资源、环境和谐发展，经济、社会、生态效益相统一。湖北省谷城县城关镇老君山村樱花谷，是占地近3万亩的生态景区，原先却是20世纪60年代的采石场，环境恶劣，饱受诟病。谷城县以矿山复绿和废弃工矿综合开发利用为突破口，投资6000多万元，对原废弃采石场进行综合治理，复绿了山体，打造了老子文化广场、观景桥、古窑民居、八角亭等多处景点，促进了生态国土建设与乡村旅游开发同步进行。该村2017年入选湖北省美丽乡村建设试点村，节假日每天接待游客达千人以上，带动了一、三产业的蓬勃发展。上海市以土地整治和建设用地减量化为抓手，做好加减法，加强城市环境治理，大力推进生态文明建设，向"生态之城"逐步迈进。以嘉北郊野公园为例，通过土地整治拆除"三高一低"企业和拆并农村宅基地，实现建设用地净减量147.52公顷、污水排放减量99.2万吨/年，农村生活垃圾减量778万吨/年[①]。如今，这里成为上海已投运开放面积最大的郊野公园，汇聚了原生态农田、林地、村落和水网，被称为城市"绿肺"，成为备受当地群众喜爱的休闲休憩郊野空间。

树立新发展理念，推广应用土地生态整治科技，促进了绿色可持续发展。土地整治注重强化生态整治理念，运用生态工程技术，建设绿色基础设施，降低工程建设对土壤性状、生物多样性和生态系统稳定性的负面影响，保护生物多样性和生态平衡。面对资源约束趋紧、环境污染严重、生态系统退化

① 卢为民、张天风：《上海：向"生态之城"迈进》，《中国国土资源报》2017年7月11日。

的严峻形势，湖南省长沙县积极探索低碳土地整治模式，于2013年启动我国第一个低碳型土地整治项目——长沙县金井镇涧山村耕地生态保护型土地整治项目，在项目规划设计、工程施工、后期利用阶段融入了低碳理念。项目区灌溉、排水渠道采用生态衬砌方式代替传统预制板衬砌，渠道设计水位以下采用波浪形卡扣生态砖护砌，设计水位以上采用草皮护坡，并在卡扣护坡砖上预留生态孔。斗沟、农渠、水塘等采用框格衬砌代替传统预制板衬砌，田间道路采用泥结石路面，通过采用低碳型工程措施，实现节能降耗、低碳减排，降低了水泥等建材及农药、化肥等消耗量。与传统项目相比，该项目打造低碳型灌排水工程，建设低碳型田间道路，采用农田渍水净化系统，通过一系列减量化措施、循环利用措施，减少材料近40%，能耗降低近30%，减少了400吨二氧化碳排放量，实现了生态功能、生产功能和观赏功能的有机统一[①]。吉林省白城市、山东省东营市及天津市滨海新区等地区通过创新土地整治实施模式，采取"暗管排碱"方式降低土壤含水率，减少土壤水分蒸发，减轻土壤返盐，提高了农田质量，为农作物生长提供了适宜环境。以吉林省白城市镇赉县哈吐气蒙古族自治乡土地整治项目为例，当地由于土地盐碱化、沙化严重，限制了粮食生产能力的增强。通过实施吉林省西部土地开发整理重大工程，有效降低了土壤盐渍化程度，水田产量已从最初的亩产780斤增加到1200多斤。仅粮食生产一项，全县粮食产量将达到30亿斤，每年可向国家贡献商品粮27亿斤，该县成为全国水稻种植面积最大的县之一[②]。

各地鲜活生动的实践为土地整治促进绿色发展和绿色生活提供了借鉴，一系列政策文件和《土地整治术语》等技术标准的出台，为土地整治推动形成人与自然和谐发展提供了制度保障，"土地整治工程技术人员"在最新版职业分类大典中被标注为"绿色职业"，土地整治也被赋予了更多的内涵和全新的时代使命。新时期，土地整治将继续围绕耕地质量提升、退化土地治理、荒废土地利用、土地生态修复等，以土地工程技术创新为抓手，增强

---

① 罗明、郭义强、曹湘潭：《低碳土地整治：打造生态文明建设新平台——以湖南省长沙县低碳土地整治示范项目为例》，《中国土地》2015年第4期。

② 孟含琪、齐海山：《吉林西部：盐碱地里稻花香》，新华网，2014年8月21日。

科技创新能力，为土地整治绿色提档升级注入源源不断的活力，进一步促进形成绿色发展、绿色生活方式。

六 土地整治投融资机制创新取得新进展

现行《土地管理法》颁布实施以来，新增建设用地土地有偿使用费、耕地开垦费、土地复垦费等成为我国土地整治的主要资金来源，形成了以政府投入为主渠道的土地整治投融资格局。随着新增费使用管理制度改革，在生态文明建设加快推进的背景下，土地整治工作专项资金不足和综合整治任务不断加重的矛盾日益凸显，创新完善投融资机制，巩固和拓展综合整治资金渠道迫在眉睫。

中央在财政预算管理制度改革方面，强调做好整合和撬动的文章。所谓整合，就是通过对存量资金进行统筹整合，集中力量把最该办的事办好；所谓撬动，是指将有限的财政资金用作"药引子"，构建吸引金融和社会资本流向农业农村的渠道。通过土地整治改革创新激活农村沉睡的土地资源，充分发挥土地整治的撬动作用就是一个有效的政策抓手，在拓宽资金投入渠道实现土地整治滚动发展的同时，还可为脱贫攻坚和乡村振兴筹集资金。2016年中央1号文件提出，探索将土地整治增加的耕地作为占补平衡补充耕地指标，按照谁投入、谁受益的原则返还指标交易收益；2017年中央1号文件强调，允许将土地整治增加的耕地作为占补平衡补充耕地指标在省域内调剂，按规定或合同约定取得指标调剂收益；中发〔2017〕4号文件进一步明确，拓展补充耕地途径，统筹实施土地整治、高标准农田建设、城乡建设用地增减挂钩、历史遗留工矿废弃地复垦等，新增耕地经核定后可用于落实补充耕地任务。城乡建设用地增减挂钩节余指标调剂管理政策也不断完善，节余指标从最初限定在县域内使用，到2016年允许集中连片特困地区、国家扶贫开发工作重点县和开展易地扶贫搬迁的贫困老区节余指标在省域范围内流转使用，再到2017年允许省级扶贫开发工作重点县节余指标在省域范围内流转使用，不断拓展节余指标使用范围。上述政策设计为金融资本和社会资本进入土地整治领域提供了强大驱动力，各地积极探索创新，涌现出一批典型经验做法，为新形势下进一步完善多元化投融资机制，推动实施"四区一带"国土综合整治奠定了坚实基础。

中国农业发展银行为金融资本参与土地整治提供了有益的借鉴。农发行自2010年开始相继推出了"农村土地整治贷款""高标准农田建设贷款""农村土地流转和规模经营贷款"等一系列农地信贷产品，支持内容涵盖了农村土地制度改革的各个领域和《全国土地整治规划》确定的各项建设内容及任务，已累计投放贷款近万亿元，有力支持了"两藏"战略和各地土地整治工作。尤其是自2015年起，该行将高标准农田建设、中低产田改造、耕地保护及土地复垦等纳入支持重点，信贷投入日益加大。农发行在实践中形成了以下典型模式：（1）河间市工矿废弃地复垦PPP模式。该项目总投资2.2亿元，其中项目资本金0.7亿元，申请农发行贷款1.5亿元，贷款期限10年4个月。项目主要建设内容包括河间市12个废弃砖厂的土地复垦和后期运营维护，项目总面积230.6公顷，预计新增耕地219公顷。复垦土地验收后，由河间市对新增农用地进行产业规划，结合河间市传统农业特色及旅游文化，开展特色小镇开发及美丽乡村的整体建设，同时引导鼓励广大农户自发加入，做大做强特色产业。（2）以增减挂钩为核心的崇州模式。崇州是重要的商品粮生产基地和国家级现代农业示范区，该市探索推出了以土地股份合作社为核心，新型农业科技服务、农业社会化服务、农业公共品牌服务和农村金融服务四大服务体系为支撑的"1＋4"新型农业经营体系，得到国务院领导充分肯定。探索实践依托的生产基地，就是由农发行支持的10万亩现代农业示范区粮食稳产高产基地。该项目总投资12.97亿元，其中农发行贷款8.8亿元，贷款期限7年。项目遵循生产生活生态同步原则，建设内容既包括新建现代粮食产业示范区10万亩，还包括美丽乡村宜居社区、休闲观光农业和现代农业社会化服务体系等建设，一次性解决了当地农业农村发展过程中各方面的建设需求，并可产生增减挂钩节余指标3393万亩，用于本项目还款资金来源，取得了较好的经济和社会效益。（3）整建制推进高标准农田建设之泰州模式。针对高标准农田建设财政资金投入不足的问题，农发行推出了"中央投资＋专项建设资金＋农发行贷款"整市（县）集中推进高标准农田建设的投融资新模式，并在江苏泰州市开展了试点。项目总投资 146.7 亿元，整市集中推进新建高标准农田 204.5 万亩，提升改造高标准农田 240.6 万亩，亩均投资额超过 3000 元。该模式得到国务院领导充分肯定，批示要求进一步扩大试点，加快建设进度，并在全国春耕生产现场会向与会代表推介，要求各地积极复制该模式。（4）统筹整合涉农资金集中推进高标准农田建设之江西模式。该项目的推进，将从省级层面建立"多个渠道饮水、一个池子蓄水、一个龙头放水"的资金统筹整合使用新机制，为提高江西农业综合生产能力、保障国家粮食安全、加快现代农业进程、实现精准扶贫等奠定坚实基础。通过项目建设，将高规格地完成全省 1158 万亩高标准农田建设任务，总投资计 348 亿元，亩均投资标准 3000元，农发行为本项目提供了 242.45 亿元的信贷资金支持。（5）以土地综合治理"1＋N"理念为引领的淮阴模式。为落实中央关于有效拓展高标准农田建设内涵的要求，着力解决高标准农田建设与产业发展衔接不紧密问题，农发行将农村土地流转和规模经营与精准扶贫有机结合起来，在江苏省淮阴区探索实施了"迁村腾地、高标准农田建设、新型城镇化建设、城乡土地置换、扶贫帮困"同步推进的"五位一体"信贷支持模式。该项目作为江苏省政策性金融扶贫示范点首批项目，位于淮阴区省定贫困人口最集中、脱贫难度最大的刘老庄片区，区域内村庄零乱分散，废弃土地复垦率低，中低产田比重大，田间设施年久失修，严重制约当地现代农业发展和人口脱贫。通过本项目的实施，可对项目区内零星村庄进行迁村复垦，安排农民集中居住，建设集中连片的高标准农田，推动土地有序流转和发展多种形式适度规模经营，带动贫困人口脱贫致富。项目总投资 8.8 亿元，其中农发行贷款 7亿元。该项目的实施将改善 1800 户低收入农民居住条件和生产生活环境，直接带动 6289 名省定贫困人口脱贫，实现支持美丽乡村建设与精准扶贫的有机结合，获得了"2017 年江苏省金融创新奖"①。

---

① 数据来源：中国农业发展银行。

一些地方积极探索构建社会资本参与土地整治的工作机制。河南省发挥国土资源开发投资管理中心投融资平台的经济手段作用，强力推动高标准农田建设，选取9个试点县，按照"土地流转—农田整治—土地再流转"的模式，开展了100多万亩的高标准农田建设。如邓州市孟楼镇，首先由省投资中心与邓州市政府共同出资，组建了"邓州市农村土地开发有限公司"，由土地开发公司作为运作平台，开展土地整治。遂平县试点反弹琵琶，根据一加一面粉、五得利面粉、正康粮油、徐福记食品等农产品加工企业的需求，实行土地整治"定制化""订单化"开展，吸引社会资金和投资中心投资5.4亿元，拟将全县36万亩永久基本农田实行全域整治。河南省同时推进"复垦券"模式，在社会资本参与下，将土地整治与扶贫有机结合，基于易地扶贫后整理出的新增耕地推出复垦券，在全省进行公开交易。截至2018年9月，全省共交易宅基地复垦券指标8.41万亩，筹集资金177.72亿元，惠及40多个易地扶贫搬迁县、贫困县和黄河滩区迁建县，为脱贫攻坚提供了有力的资金支持。内蒙古自治区批复以赤峰市巴林右旗PPP模式实施高标准农田建设项目，项目建设总规模12.7万亩，总投资2.09亿元，亩均投资1646元。其中，政府投资1.53亿元，社会资本投资0.56亿元[①]。该项目采用BOT（建设－运营－移交）"投建管服一体化"方式运作，通过市场机制引入社会资本和专业农业技术管理公司，让专业人做专业事，使政府和社会资本方发挥各自的优势，形成互利合作关系，以较低的成本为农牧民提供优质高效服务。山西省政府办公厅印发《关于鼓励引导社会资本参与土地整治的指导意见》，在全省范围内创新土地整治机制，充分运用耕地占补平衡政策，发挥市场的作用，以政府资金为引导，鼓励采取PPP模式和委托代建、先建后补等方式，引导农村集体经济组织、农民、新型农业经营主体、土地整治专业机构、工商资本等依据土地利用总体规划、土地整治规划，规范有序投资或参与土地整治。山东省济宁市针对财政资金不足等问题，积极探索引入社会资金整乡镇推进农村土地综合整治，并采取"土地

---

① 数据来源：河南省国土资源厅。

整治 + "模式，率先在梁山县开展试点工作。湖南省娄底市出台《社会投资耕地开发项目管理办法》，对社会投资耕地开发行为进行规范，提高全市新开发耕地农业产业化水平和管护效果，助推乡村振兴。

不仅是农村地区土地整治，城镇工矿建设用地整理也为金融和社会资本进入开辟了广阔的空间。近年来，按照"全面探索、局部试点、封闭运行、结果可控"要求，广东省对现行土地管理制度进行适度创新，积极开展以"三旧"改造为主要内容的城镇低效用地再开发，形成一条存量建设用地再开发的新路径，有力促进了新型城镇化建设及产业转型升级。2008 年至2017 年，累计投入改造资金 1.2 万亿元，"三旧"改造腾挪增加可利用土地面积占完成改造土地面积的 46.5％，实现节约土地 15.91 万亩①。广东省在推进"三旧"改造的实践中，探索形成了"政府主导、保留集体、自主实施"的猎德改造模式、"政府主导、征转国有、市场运作"的琶洲改造模式、"政府主导、土地整合、集中开发"的广佛国际商贸城改造模式、"政府主导、捆绑出让、净地移交"的佛山祖庙东华里片区历史文化传承与保护改造模式、"政府整备、留地安置、利益共享"的深圳坪山沙湖整村统筹整备模式等多种实施模式，积极引导金融资本和社会资本参与，取得明显成效，实现了多方共赢的目标。

七 土地整治行业发展迎来新机遇

1986 年《土地管理法》颁布后，土地管理事业进入现代化、规范化发展轨道。30 年来，土地整治职业、专业、行业有了长足的发展，尤其是2015 年至 2017 年，以土地整治职业的设立为契机，连续突破土地整治工程技术人员（职业）、土地整治工程专业、土地整治服务行业三大发展桎梏，走出十多年来土地整治事业发展与国民经济定位、专业人员教育、创新人才培养难以匹配的困境，为今后土地整治事业乃至土地管理事业的跨越式发展

---

① 数据来源：广东省国土资源厅。

注入了新的驱动力。

2015 年 7 月，新修订的《中华人民共和国职业分类大典》首次将"土地整治工程技术人员"（GBM20237L）纳入国家职业，成为首个土地类职业，并被标示成为数量稀少的"绿色职业"，提高了社会对土地整治的认知度和美誉度。

2017 年 3 月，国家教育部批准新设"土地整治工程"（082306T）专业（本科），意味着土地整治工程被正式纳入国民教育本科序列，长安大学和中国地质大学（北京）随即开办了土地整治工程专业；2018 年 3 月 15 日，《教育部关于公布 2017 年度普通高等学校本科专业备案和审批结果的通知》（教高函〔2018〕4 号）公布了新增备案本科专业名单，河北地质大学、河北农业大学、东北农业大学、河南农业大学、云南农业大学、甘肃农业大学等 6 所大学获批开办"土地整治工程"专业。继 2006 年中国地质大学（北京）成立土地科学技术学院之后，为突出培养土地科学技术方面的专门人才，2017 年底，中国农业大学成立了土地科学与技术学院，该学院重点建设与发展土地资源学、土地管理学、土地整治工程、土地信息技术四个学科方向。新专业的开办与新学院的创建，为大力培养高素质高层次土地科技人才、夯实土地管理事业持续发展的基础提供了有力支撑。

2017 年 10 月，新修订的《国民经济行业分类》（GB/T 4754－2017）正式实施，"土地管理业"被纳入国家标准成为"水利、环境和公共设施管理业"门类下的大类，土地管理成为一个名副其实的行业。同时，"土地整治服务"正式被纳入"土地管理业"大类之下，标志着土地整治服务行业将肩负引导土地整治专业化发展、凸显行业核心价值的历史使命。一同被纳入的还有土地调查评估服务、土地登记服务、土地登记代理服务、其他土地管理服务等。此次行业分类的变化，体现了土地管理业在国民经济和社会发展中的重要地位。

从土地整治工程技术人员被纳入国家职业大典，到设置土地整治工程新专业、明确土地管理新行业，几乎一年一个新台阶，令土地管理人欢欣鼓舞，行业认同感、职业自豪感不断增强，必将开创土地整治乃至土地管理事业发

展新局面，为土地管理的行业发展、职业分类、学科设立等奠定坚实基础。

随着原国土资源部"三深一土"科技创新发展战略的全面实施，土地学科建设的重要性和迫切性日益凸显，土地科技创新的核心是人才，根基在学科。土地学科建设是国土资源事业长远发展的基础，与实施土地科技创新战略相辅相成、相互促进。加强土地学科建设与土地管理事业发展息息相关，构建具有国际水准、中国特色的专业，将在着力培养高素质高层次土地科技人才的同时，让广大土地工作者享有更多接受土地学科高等教育及专业培训的机会，大幅提升专业素质，全面增强土地科技创新能力。

为推进实施土地科技创新战略，加快培养土地科技创新高层次人才，2017年初，原国土资源部启动土地一级学科建设工作，在人事司的组织下，国土资源部土地整治中心与相关高校共同研究推进有关工作。

2017年政协十二届全国委员会第五次会议上，许晔等10位委员提出了"关于创建土地科学与技术一级学科的提案"，建议设立土地科学与技术一级学科、开设土地专业硕士、搭建国家级土地科技研发平台；赵松等15位委员提出了"关于设立土地科学一级学科的提案"，建议设立土地科学一级学科、加强土地学科人才培养、设置土地管理专业硕士。教育部已对上述提案进行了答复，同意在下一次学科调整时，将"土地科学"提交专家研究，在此之前，教育部支持有条件的高校自主设置土地科学相关学科，开展研究生培养工作。可见，推进土地学科建设工作，已得到科技界、经济界等有关人士的高度关注与认同。

2017年12月15日，原国土资源部印发《国土资源部办公厅关于成立土地学科建设专家委员会和工作组的通知》（国土资厅函〔2017〕1839号），决定成立土地学科建设专家委员会和工作组。专家委员会主任由原国土资源部副部长曹卫星担任，委员由多名院士、教授等专家学者担任，负责全面指导学科建设工作。工作组主任由原国土资源部人事司、科技与国际合作司、土地整治中心及中国土地勘测规划院主要领导担任，负责学科建设各项具体工作，工作组办公室设在国土资源部土地整治中心。

八 土地整治科技创新迈出新步伐

一年多来，土地整治领域贯彻落实创新驱动发展战略、"三深一土"国土资源科技创新发展等战略部署，以新时代中国特色土地科技创新之路为指引，面向土地整治国家需求，尊重科研规律，加快推进土地科技创新，主持和参与国家自然科学基金、国家科技支撑子课题、国家重点研发计划子课题、国土资源公益性行业科研专项、高校基础科研费优秀导师基金、北京社会科学基金青年项目、省级科技专项和国际合作项目等百余项，开展了重金属污染农用地安全利用、低碳型土地整治技术与示范、土地复垦与生态重建、高标准农田建设综合成效评估、全国耕地等级评定与产能核算、土地整治监测监管等研究，在关键技术攻关、示范应用、平台建设等科技创新中取得一定成效；获得国土资源科学技术奖一等奖2项、国土资源科学技术奖二等奖5项，地理信息科技进步奖、神农中华农业科技奖等省部级科技奖4项；发布实施《土地整治术语》等行业标准4项，湖南、上海、重庆发布实施《农村土地整治工程监理规范》等地方标准3项；土地整治科技创新团队、退化及未利用土地整治工程科技创新团队等获得"国土资源部科技创新团队"称号，2人获得"国土资源部科技领军人才"称号，3人获得"国土资源部杰出青年科技人才"称号，8人入选第一批"中国土地学会首席土地科学传播专家"，全年行业内针对高标准农田建设统一上图入库、耕地占补平衡动态监管等专题开展业务培训逾万人次，为土地整治事业发展提供了智力支持和技术支撑。

一是开展低碳型土地整治技术与示范应用研究。针对土地整治全过程碳收支技术难点和空白点，首次开展了土地整治全过程碳收支甄别分析，对土地整理、露天煤矿土地复垦两类土地整治项目的碳源/汇全过程进行了甄别分析，揭示了土地整理、土地复垦的碳收支变化规律。研发了低碳土地整治工程技术，提出了低碳泥结石路面技术、低碳沟渠选配衬砌技术等关键技术，较传统土地整理具有节能降耗、减排固碳等优势；构建了复垦地土壤碳库与植被碳库快速恢复技术，复垦后土壤植被碳储量增加显著。创立了低碳土地整治全过程碳收支计量技术体系，建立了包含土地整治碳减排潜力、土地利用碳储量、土壤/植被碳收支和小块并大块碳减排测算的全过程计量模型与方法，解决了土地整治碳收支测算方法缺失、碳排放难以量化等难题，填补了低碳土地整治计量空白。据测算统计，项目成果在华北、华中、华南、西南等四大区域的 12 市、16 县开展了示范应用，湖南、山西、河北等 6 省示范推广面积达 27.4 万亩，该研究工作提高了土地整治施工工艺、碳效应动态监测精度，改善了农民生产生活条件，增加了经济效益，减少了建筑耗材、能源消耗和碳排放量，提升了土壤和植被固碳能力，应用前景广阔。

二是研制土壤不透水层自动钻孔填砂智能设备。针对干旱区盐碱地土地生态治理的迫切需求，研究开发了土壤不透水层钻孔灌砂设备，突破了关键工作系统与部件的材料、工艺、结构、性能等技术瓶颈，填补了国内空白，为干旱区盐碱地土地生态治理提供了装备支撑。该设备能够在盐碱土壤中钻孔穿过不透水层，然后在孔中安装滤水导管，最后灌砂覆土，具有钻孔、安管、灌砂、覆土平地、智能定位等多种功能。该设备既可用于内陆盐碱土地水盐运移科学研究，也可有针对性地用于解决实际不透水层问题，配合暗管排盐工程，有效提升排盐效率；设备还可应用于电力、市政、工民建等领域，完成砂土层、淤泥层、黏土层、填土层、冻土层等不同地质层钻工作业，应用前景广阔。

三是开展重金属超标农用地安全利用技术集成与示范研究。针对我国土壤环境质量等多部门、多源数据缺乏有效融合和分区管控的问题，开展农用地土壤环境质量、农用地分等成果等多源数据融合研究，对全国农用地重金属超标情况进行了宏观态势分析，划分了全国重金属超标农用地风险区类型，提出了针对不同风险类型农用地的分类管控对策建议，核算了全国农用地绿色产能数据与空间分布情况；开展不同尺度下重金属污染农用地快速调查与风险识别研究，研发基于不同尺度数据融合的农用地综合质量类型分区技术，提出了县－乡尺度重金属污染农用地快速调查与诊断技术；开展重金属超标农用地安全利用管控研究，提出了农用地土壤和可食作物的安全利用评价方法，围绕土地整治和高标准农田建设，研发了重金属污染农用地安全利用的空间配置技术，提出了服务于基本农田划定、占补平衡、表土剥离时重金属污染农用地利用管理的政策建议；构建了重金属超标农用地治理技术体系、污染场地治理技术体系和污染矿地治理技术体系。通过构建农用地土壤修复技术数据库，研发了超标农用地修复技术决策系统；项目成果在京津冀、长三角、珠三角地区建立了示范区，集成了包括植物萃取、化学钝化、客土深翻等10套重金属污染农用地治理技术体系，在河北保定、江苏宜兴、广东东莞等进行了示范应用。

四是全面推进协同创新平台建设。截至2017年底，建立了以土地整治重点实验室、农用地质量与监控重点实验室2个部级重点实验室、山西平朔和福建建阳2个部级野外观测基地、13个省级科研工作站和3个野外实验基地为依托的土地整治科技协同创新网络，部、省、市、县级土地整治机构四级联动，通过60余项科研项目推动平台发展，主要开展了盐碱地暗管改碱、耕地质量等别监测与更新等技术研究，技术研发与试点示范成效明显，比如新疆兵团开展了千亩基地持续跟踪监测，实现了节地10%、节水17%，土壤平均排盐率接近50%，增产约45%[1]；在吉林、陕西等省市开展了优质耕作层工程化快速构建，亩均增产30%甚至50%以上[2]。各级土地整治机构共同搭建了人才团队培养平台，逐步建立健全人才培养交流机制，多渠道、多途径吸引和培养技术人才，提升土地整治人才技术水平和团队合作能力，如福建省土地开发整理中心推荐青年科技骨干到福建省农林大学开展博士后科研工作，上海市建设用地和土地整理事务中心引入跨专业的科研团队、社会调查团队、互联网金融机构等社会化创新力量参与土地整治。

五是土地科技创新机构建设取得实质性进展。2016年9月，姜大明

---

① 国土资源部土地整治中心2017年课题"盐碱土地治理实施效果跟踪监测与评价研究"成果。
② 国土资源部土地整治中心2017年课题"优质耕作层工程化快速构建技术研究"成果。

部长在全国国土资源系统土地科技创新大会上明确指出"实行耕地数量、质量、生态'三位一体'保护势在必行，核心在土地整治，突破口在土地科技创新"，明确要求"拟在国土资源部土地整治中心基础上组建土地工程技术研究院，搭建国家级土地工程科技创新平台，争取用十年左右时间改变目前土地工程技术创新跟踪模仿的局面，进入世界第一方阵，同时要求各省（区、市）也要结合实际，及早谋划和推进土地工程技术创新"。在部党组的高位推动和协调指导下，2017年12月1日，中央编办正式批复，在国土资源部土地整治中心加挂"国土资源部土地科技创新中心"牌子，财政补助事业编制由105名增加至140名，标志着土地科技创新中心建设取得实质性重要进展，为支撑土地科技创新事业发展提供了重要保障。

六是标准化建设取得关键性突破。一年来，土地整治行业标准和地方标准多点开花、成效突出。土地整治标准主要涉及基础术语、信息化、基础调查、工程建设等工作环节，具体业务涵盖土地整治、工矿废弃地复垦和高标准农田建设等关键领域，土地整治标准化建设逐步向多元化、精细化管理方向转变。《土地整治信息分类与编码规范》（TD/T 1050 – 2017）、《土地整治项目基础调查规范》（TD/T 1051 – 2017）、《农用地质量分等数据库标准》（TD/T 1053 – 2017）、《土地整治术语》（TD/T 1054 – 2018）4项土地整治行业标准相继发布；湖南省《农村土地整治工程监理规范》（DB43/T 1254 – 2017）、上海市《土地整治工程建设规范》（DB31/T 1056 – 2017）、重庆市《高标准农田建设规范》（DB50/T 761 – 2017）陆续出台，成为各自领域的首个地方标准。《农用地产能核算技术规范》《县级历史遗留工矿废弃地复垦利用专项规划编制规程》2项行业标准报批，《耕地质量调查监测评价规范》1项行业标准完成送审。值得一提的是，《土地整治术语》弥补了多年来土地整治基础类标准的空白，首次厘清了新时代土地整治的业务体系，科学界定了土地整治的内涵与外延，是土地整治行业又一里程碑式的重大事件。此外，国土资源部土地整治中心牵头成功申报土地领域的第一个国家重点研发计划"土地复垦与生态修复通用技术标准研究"，计划在2020年6

月底形成 38 项国家标准报批稿。《土地整治技术标准体系》进一步修改完善，在吸收 NQI 国家重点专项和土地工程技术创新最新成果的基础上，土地整治技术标准数量调整为 88 个。

七是国际合作研究与交流成果丰硕。2017 年，土地整治领域国际合作交流务实推进，充分发挥了国际合作支撑土地科技创新、乡村振兴、绿色发展等方面研究的积极作用。国土资源部土地整治中心执行了国家外国专家局引智项目"低碳生态型土地整治技术研究"，邀请德国、比利时、日本等 5 个国家 7 位外国专家，赴四川省和上海市开展生态型土地整治调研。外国专家对中国生态型土地整治给予了高度评价，认为中国开展的生态型土地整治对推进绿色发展具有典型意义，显化了中国土地整治的国际影响力。该项目实施对加强土地领域的国际前沿理论、方法、技术、装备的引进与吸收以及促进土地科技创新具有示范带动作用。同时，围绕农村地区综合发展与国土治理主题，德国汉斯·赛德尔基金会主办、国土资源部土地整治中心协办的国际研讨会在山东省济南市举办。来自老挝、泰国、越南、孟加拉国、马来西亚、柬埔寨、菲律宾等国家的 30 余名专家学者进行了交流，共同分享了土地综合整治的成功经验，探讨了土地综合整治促进乡村振兴战略实施的路径。秉持积极"走出去"的原则，国土资源部土地整治中心组织国土资源系统 38 名管理技术人员赴美国、英国、俄罗斯等国家开展土地整治与农用地生态景观建设、土地科技创新、土地管理法律等多个领域的学术交流，拓展了与发达国家在相关领域的交流互鉴，深化了双边务实合作。

地方推进土地整治领域国际合作交流也迈出重要步伐。2017 年 4 月 26 日，安徽省国土资源厅与德国下萨克森州农业部签订了关于"土地综合整治生态景观示范村建设"的友好合作框架协议（2017～2020 年），拟在金寨县花石乡大湾村等 3 个村同步开展示范建设，深化在项目规划、施工工艺、工程监管、综合效益提升等方面的合作交流。7 月 10 日，四川省国土资源厅，南充市人民政府，仪陇县、西充县人民政府与德国汉斯·赛德尔基金会签订了《川德合作土地综合整治与农村发展示范区建设战略合作协议》，拟在上述地区推进中德土地综合整治与农村发展示范区建设。

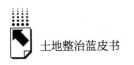

九　土地整治频频亮相宣传主阵地

2017 年，土地整治在主流宣传平台频频亮相，屡屡成为中央主流媒体和全社会的关注热点。土地整治助力生态文明建设、保障国家粮食安全、促进城乡融合发展、推动减贫脱贫的多重功效被更广泛地传播，有力促进了耕地保护和土地整治各项重点工作的顺利开展。

土地整治宣传片入选"砥砺奋进的 5 年"大型成就展。在党的十九大召开前夕，"砥砺奋进的 5 年"大型成就展在北京展览馆隆重开幕。展览由中央宣传部、国家发展改革委、中央军委政治工作部、北京市委主办，是一个高规格、全方位展示十八大以来各项成就的大型展览。由原国土资源部制作的《整治一方地 造福万家人——推进土地整治 建设高标准农田》专题视频，经过层层选拔审批，成功入选这次展览并广受好评，成为少数在展览现场设专门展位播出的视频。该视频以无人机航拍为主，用高清画面展示了东北黑土地、浙江八卦田、福建茉莉花田、中原大粮仓、青海万亩油菜花田等近 20 个省份的高标准农田壮阔场景，让广大观众仿佛身临其境一般感受了耕地保护和高标准农田建设的伟大成就。据统计，自 2017 年 9 月 25 日开幕以来，"砥砺奋进的五年"大型成就展累计现场参观人数达 266 万、网上展馆参观量 2283 万、网上点赞献花量 1212 万[1]。《整治一方地 造福万家人——推进土地整治 建设高标准农田》视频在这一大型展览上持续播出 3 个多月，是土地整治在主流宣传平台的一次成功亮相，极大提高了这项工作的知名度和美誉度。

"双绿报道"关注土地整治。"绿色发展、绿色生活"系列报道，是 2017 年中宣部高度重视、直接安排部署的重大宣传活动。全国十余家中央主流媒体和少数地方媒体组成"全国报道组"，对精心筛选的报道线索进行了蹲点式深入采访。可喜的是，土地整治成为此次"双绿报道"的一个重

---

① 《"砥砺奋进的五年"大型成就展圆满落幕》，新华社北京 2017 年 12 月 31 日电。

点关注领域，一些地方的典型经验陆续登上全国性大报的头版，引起了社会的广泛关注。2017 年 8 月 11 日《人民日报》头版，以"上海着力拓展绿色空间"为题，报道了上海郊野公园和建设用地减量化发展情况。2017 年 8 月 10 日《经济日报》头版文章《云南"兴地睦边"工程惠及各族群众》指出，云南"兴地睦边"土地整治重大工程是"十二五"时期土地整治重大工程的典型代表，为落实中央兴边富民战略做出了突出贡献，在石漠化治理方面进行了有益探索，得到了人民群众的欢迎。《经济日报》还先后刊发《荒漠如何变绿洲》《保水治地方能兴边富民》等文章，关注广西"小块并大块"等土地整治模式。《中国科学报》也为各地丰富多彩的土地整治模式开辟专栏，以"土地整治＋"为主线，刊发 8 篇系列文章进行报道。

善用新闻发布会发出权威声音。新闻发布会是贯彻落实政务公开要求、加强政府部门与公众交流的重要手段。2017 年，耕地保护和土地整治领域的重要政策频频发布，每次政策发布都在第一时间召开了新闻发布会。其中，1 月 24 日，在国务院新闻办发布 1 次，介绍《中共中央国务院关于加强耕地保护和改进占补平衡的意见》有关情况。在原国土资源部举办 4 次，分别为：2 月 15 日，原国土资源部召开新闻发布会，发布《全国土地整治规划（2016～2020 年）》。9 月 20 日，原国土资源部与原农业部联合召开永久基本农田划定成果新闻发布会。12 月 6 日，原国土资源部召开《国土资源部关于支持深度贫困地区脱贫攻坚的意见》新闻发布会。12 月 26 日，原国土资源部召开 2016 年全国耕地质量等别更新评价成果新闻发布会。每次新闻发布会后，为提高公众对政策的理解，均策划起草了系列解读文章，供行业媒体和中央主流媒体刊登。

《土地整治蓝皮书（2017）》媒体座谈会。《土地整治蓝皮书（2017）》由国土资源部土地整治中心蓝皮书课题组组织编写，是全面反映 2016 年中国土地整治发展实践、综合成效、探索创新的年度性研究报告。2017 年 6 月 23 日，为迎接第 27 个全国"土地日"，按照《国土资源部办公厅关于组织开展第 27 个全国"土地日"主题宣传周活动的通知》的要求，原国土资源部办公厅、土地整治中心邀请 15 家中央主流媒体，组织召开了《土地整

治蓝皮书（2017）》媒体座谈会，首次面向社会公开发布、解读土地整治的工作成就和发展趋势。《人民日报》、新华网、中新社、《农民日报》、《光明日报》、《科技日报》、《人民政协报》等主流媒体对此次座谈会和蓝皮书的发布情况进行了报道，引起社会广泛关注，半月谈网刊发的《土地整治为生态国土建设提供重要支撑》一文，点击阅读量迅速突破十余万人次。

央广土地日特别节目。2017 年 6 月 25 日晚间，应中央人民广播电台中国之声频道邀请，原国土资源部和土地整治中心有关负责人走进名牌栏目《政务直通》演播室，围绕土地日主题和当前土地资源保护与利用现状，与全国听众进行直播交流。这是我们与央广合作开展全国土地日主题宣传和栏目录播的第 7 个年头。此前，该频道另外一档节目《今天我值班》，在当天上午分四个时段解答了听众和网友的疑问，现场答问内容随后被央广网转载，成为宣传推广耕地保护和土地整治工作的有效方式。

两个微信公众号开通运行。为更好地宣传土地整治工作，服务全国土地整治机构及人员，2017 年 3 月 31 日，国土资源部土地整治中心正式开通运行了"中国土地整治"和"土地科技创新"两个微信公众号。"中国土地整治"以了解土地整治重大事件与行业进展，宣传土地整治成效与典型经验做法，传播土地整治新理念、新技术、新模式为主旨，全年推送信息 92 条，关注用户 5635 人，信息阅读人次近 20 万。"土地科技创新"以大力推进土地科技创新、保障经济社会可持续发展为主旨，全年推送信息 26 条，关注用户 1415 人，信息阅读人次超过 2 万。

地方宣传活动有声有色。土地整治宣传正呈燎原之势，在一些地方循序展开。截至目前，已有上海、新疆、湖南、贵州、河南、广西、甘肃 7 个地方土地整治中心开通微信公众号，加强了信息发布、经验推广、便民服务等功能。上海市以全国"土地日"为契机，创新思路、别出心裁，采取"田野运动＋专业论坛"的形式，在世界级生态岛崇明举办了系列活动，引导人们在领略郊野美景、体验趣味农事的同时，置身于自然，切身感受土地整治建设成效，唤起对乡野生活的记忆，提升对耕地保护的自觉。据统计，2017 年新闻媒体关于上海市郊野公园的报道有 13 篇，关于上海市建设用地减量化发展的报道8篇，关于上海市"土地整治＋"模式的报道12篇。甘肃省土地整治中心推出《苍山誓言 大地流金——甘肃东部百万亩土地整治重大工程暨高标准农田摄影展作品选》，收录了100余幅专业摄影人员拍摄的土地整治项目场景。河南省土地整治中心定期组织专业人员航拍土地整治重大工程，制作成宣传片向社会传递重大工程的成效。

参考文献

张德霖：《加快释放扶贫用地政策新效能》，《中国土地》2017年第11期。

贾文涛：《金融和社会资本参与土地整治的实践与启示》，《农业发展与金融》2018年第8期。

程杰、韩霁昌、张扬、王欢元、马增辉：《从土地现状谈土地工程学科建设》，《中国人口·资源与环境》2017年第27卷第5期。

李平：《土地扶贫政策，脱贫攻坚的"金钥匙"》，《中国矿业报》2017年10月11日。

焦思颖：《国土资源部创新六项政策支持深度贫困地区脱贫攻坚》，《中国国土资源报》2017年12月7日。

毛志红、张金萍：《全国两会代表委员为耕地"三位一体"保护献计献策》，《中国国土资源报》2017年3月16日。

高文：《国土资源部政策创新助力深度贫困地区脱贫攻坚》，《农民日报》2018年1月9日。

吴启华：《国民经济行业分类新增土地管理业"其他行业中类"包括地质勘查、海洋服务、测绘地理信息服务》，《中国矿业报》2017年10月23日。

中共中央文献研究室：《习近平关于科技创新论述摘编》，中央文献出版社，2016。

《全国高标准农田建设总体规划》（国函〔2013〕111号），2013年10月17日。

《全国土地整治规划（2016～2020年）》（国土资发〔2017〕2号），2017年1月10日。

《高标准农田建设 通则》（GB/T 30600－2014），2014年5月6日。

《高标准农田建设评价规范》（GB/T 33130－2016），2016年10月13日。

B.2
土地整治发展形势分析与展望

蓝皮书总报告编写组*

摘　要：　随着国家机构改革的深入推进和社会主要矛盾的转变，土地
整治作为土地供给侧结构性改革的重要方面，需要加快转型
发展、提档升级，主动应对新时代背景下经济社会持续健康
发展新的更高要求。本文从五个方面对今后一个时期土地整
治事业发展作出了预判分析：一是推动高质量发展，更好地
服务于供给侧结构性改革；二是巩固平台作用，助推乡村振
兴战略实施；三是实施差别化整治，促进区域协调发展；四
是加强国土综合整治，推进美丽国土建设；五是强化监管、
优化服务，为改革创新提供保障。

关键词：　土地整治　供给侧改革　乡村振兴　国土综合整治　生态
修复

一　推动土地整治高质量发展，更好地
服务于供给侧结构性改革

随着国民经济发展"新常态"的到来，我国经济社会转型步入矛盾日

---

* 编写组成员：贾文涛、杨剑、张燕、刘新卫、田玉福、梁梦茵。报告统稿：杨剑、张燕。杨
剑：管理学硕士，国土资源部土地整治中心研究员，主要研究方向为土地资源管理政策与土
地整治资金预算管理。张燕：管理学硕士，国土资源部土地整治中心高级工程师，主要研究
方向为土地资源管理政策、土地整治实施监管与绩效评价。

益突出、深化改革攻坚克难的关键时期。党的十九大报告指出，我国经济已由高速增长阶段转向高质量发展阶段，正处在转变发展方式、优化经济结构、转换增长动力的攻关期，必须以供给侧结构性改革为主线，优化要素配置，扩大有效供给，把提高供给体系质量作为主攻方向，不断提高经济发展的质量和效益。2018年中央农村工作会议进一步明确了高质量发展要求，提出要以农业供给侧结构性改革为主线，推进农业由增产导向转向提质增效，夯实农业生产能力基础，构建农村一二三产融合发展体系，加快实现由农业大国向农业强国转变。

土地是支撑经济社会发展的物质基础和空间载体，是供给端重要生产要素。新时代自然资源管理工作要在推动高质量发展上有更大作为，必须要由重规模扩张转向重质量提升，通过破除资源无效低效供给，扩大优质增量供给，助推供给侧结构性改革。土地整治是优化土地利用结构、提高土地利用效率的政策工具。从农业供给侧要素来看，土地整治涉及土地资源配置调整、农村基础设施建设、农村劳动力重新安置及农业农村建设资金投入等方面，具有典型的供给侧结构优化特征。因此，在加快推进供给侧结构性改革背景下，进一步拓展土地整治内涵和外延，实现土地整治高质量发展，更好地发挥土地整治1 + N综合效应，为农业农村发展提供土地资源保障，助力劳动力资源和相关行业资金优化配置，是践行新发展理念，更加主动服务供给侧结构性改革的重要举措和必然路径。

以土地整治为重要平台，更加主动地服务供给侧结构性改革，要准确把握农业供给侧结构性改革方向。首先，是保障国家粮食安全，确保"中国的饭碗一定要端在自己的手里，碗里面主要装中国的粮食，或者说我们有能力随时生产出足够装进我们饭碗的中国粮食"；其次，是破解农产品供需结构性矛盾，以提高供给质量为主攻方向，坚持市场导向，优化供给结构，实现农产品供给由主要满足"量"的需求向更加注重"质"的需求转变；再次，是切实增加农民收入，在稳定农业经营收入这个农民收入基本盘的基础上，通过大力发展新产业新业态，实现一二三产融合发展，促进农业提质增效和农民持续增收；最后，是有效缓解资源环境压力，转变农业生产方式和

资源利用方式，提高农业生产布局与环境的匹配度，满足农业农村绿色生产、绿色发展需求。

党中央、国务院对土地整治十分重视，广大农民群众也对这项工作寄予了厚望。推动土地整治高质量发展，促进农业供给侧结构性改革，是各级政府履行职责、树立形象、取信于民的重大使命。在当前机构改革和职能调整大背景下，土地整治人要不忘初心、牢记使命，以更高的站位、更宽的视野和更大的担当来认识、谋划和推进土地整治工作，根据区域经济发展目标和供给侧结构性改革方向，搭建起效率高、质量优的土地利用平台，发挥土地整治在要素市场化配置、聚合社会资本、吸引产业落地、促进生态治理等方面的平台作用，通过"高标准造田、增减挂节地、资产化筹钱、新产业留人"，破解农业农村发展中要素配置结构性矛盾，促进农业农村发展由过度依赖资源消耗、主要满足量的需求，向更加注重满足质的需求转变，实现农业农村可持续发展。

总的来看，今后一个时期应重点抓好以下工作：一是继续深入实施藏粮于地战略，严守耕地红线，加快划定和建设粮食生产功能区、重要农产品生产保护区、特色农产品生产优势区，在高标准农田建设、农业机械化、土地科技创新、智慧耕地等方面迈出新的步伐，夯实农业生产能力基础，确保国家粮食安全，推动实现质量兴农。二是按照"布局合理、特色突出、产业多元、底蕴深厚"的原则，大力推进农村建设用地整理，因地制宜进行规划设计，优化农村各类用地布局，盘活农村低效闲置土地，为农村一二三产融合发展腾挪出用地空间。努力打通增减挂钩与占补平衡政策，健全新增耕地指标和城乡增减挂钩结余指标跨省调剂机制，实现农村土地资产与资本有效对接，不断拓宽资金渠道。三是践行绿水青山就是金山银山的理念，坚持绿色导向，加大农业生态系统保护力度，统筹山水林田湖草系统治理，通过开展土地整治推广绿色生产方式，大力发展生态产业、绿色产业、循环经济和生态旅游，提供更多更好的绿色生态产品和服务，提高农业农村可持续发展水平。四是继续深化改革，以农村土地制度改革为契机，以土地权属调整为手段，激活农村资源要素，提高农业规模化经营水平，促进农村劳动力从农业生产中解放出来，支持和鼓励农民就业创业，发展乡村共享经济、创意农业、特色文化产业等，实现劳动力资源在供给侧领域的优化调整。

二 巩固土地整治的平台作用，助推乡村振兴战略实施

党的十九大将实施乡村振兴作为贯彻新发展理念、建设现代化经济体系的重要战略，这是继城乡统筹发展、城乡一体化之后，我党在农业农村发展理论和实践上的又一重大飞跃，标志着农业农村发展步入了新时代。与党的十六届五中全会提出的新农村建设 20 字方针相比，乡村振兴的总要求转变为"产业兴旺、生态宜居、乡风文明、治理有效、生活富裕"。除"乡风文明"以外，其他要求的变化不仅体现出内涵上的深化提升，更反映出国家对"三农"工作的全新定位。由"农"变"乡"，一字之差，目标对象和发展路径全然不同。农村突出"农"，强调产业或经济，重视的是农业生产力的进步和物质基础；乡村突出"乡"，强调文化与社会，重视的是人与自然的共生和文明传承。乡村经济以农业为基础，但农业不是唯一的，更为重要的是文化、风俗、传统和历史。实施乡村振兴战略，与经济、政治、文化、社会、生态"五位一体"总体布局息息相关，要从这五个方面着手，分散用力，均衡发展，不仅要实现农业产业、基础设施等硬条件现代化，也要实现乡风、文化、生态等软环境的现代化。土地整治本身兼具工程建设和社会治理双重属性，不仅为乡村发展提供优质高效的土地利用平台，也为提升乡村治理体系和治理能力提供方法路径，这些都与乡村振兴的多重目标高度契合。

深刻理解土地整治助推乡村振兴战略的功能定位。土地整治核心目标是调整土地权属关系和组织土地优化利用，对调节供给侧结构、调整国土"生产、生活、生态"空间结构和布局等方面具有关键作用[①]。近年来，各地认真贯彻党中央关于深化改革的新部署新要求，主动对接经济社会发展新

[①] 王军：《土地整治的深度认识与创新》，《中国土地》2017 年第 5 期。

需求，按照"土地整治＋"理念，创新实施机制和模式，涌现出一批典型经验做法，在聚合资本投入、吸引产业落地、促进生态治理、发掘乡村价值、培育新型主体等方面发挥了重要平台和基础作用。特别是浙江、上海、江苏等地探索开展全域土地综合整治，进一步提升了土地整治1＋N综合效益，成为破解乡村发展不平衡、不充分的有效抓手。面临新时代，要紧紧围绕乡村振兴总要求，以目标和问题为导向，以补短板和强弱项为重点，以体制机制创新为突破口，立足多功能定位、多样化实施、多元化投入，大力推进土地综合整治，实施山水林田湖草综合治理，建设耕地集中连片、土地集约高效、人居环境优美、地方特色浓郁、农民安居乐业的美丽乡村，积极发挥土地在资源配置、资产优化、资本集聚中的载体作用，激活乡村人口、土地、产业等关键要素，为乡村地区的生产空间重构、生活空间重建、生态空间重塑创造条件。

准确把握土地整治助推乡村振兴的基本原则。一是坚持保护优先、目标多元。要坚持底线原则，树立耕地保护优先和生态保护优先的理念，在确保耕地面积不减少、建设用地规模不增加、生态环境有改善、人文风貌有保存的前提下开展土地整治。统筹农用地整理、建设用地整理、人居环境整治、生态保育修复、工矿废弃地复垦利用等多项土地利用活动，多途径实现对乡村社会、经济、生态、文化发展的多目标服务功能。二是坚持规划统筹、要素融合。按照相互衔接、功能互补、全域覆盖的要求，结合村土地利用规划编制工作，制定目标综合、内涵丰富、手段多样、多规合一的区域土地综合整治详细规划，统筹推进各项土地整治工程建设，优化耕地保护、村庄建设、产业发展、生态景观、文化传承等用地布局，发挥土地整治对各要素资源的集聚和配置作用，推动与产业发展、生态建设、文化教育、休闲旅游、乡村治理等领域的跨界融合。三是坚持改革创新、循序渐进。充分借力农村土地制度改革和农村集体产权制度改革契机，逐步完善土地整治政策措施和实施机制，探索盘活农村低效闲置土地和住房的有效途径，满足农村各类新产业新业态用地需求，激发农村各类资源要素的潜能和各类主体的活力。通过体制机制创新，实现小农户与现代农业发展相衔接。按照"封闭运行、过程监管、风险可控、定期评估"的思路,以点带面地推进体制机制创新,不断总结提升经验,发挥示范带动作用。四是坚持因地制宜、以人为本。从地区实际出发,遵循客观规律,突出特色资源,以解决乡村发展不平衡、不充分问题为导向,以满足人民群众对美好生活的需要为落脚点,精确定位、精细实施,引导农田集中连片、建设用地集约紧凑,进一步挖掘和提升土地复合使用功能,推进农业农村绿色发展,实现"给自然留下更多修复空间,给农业留下更多良田,给子孙后代留下天蓝、地绿、水净的美好家园",提高人民群众的获得感和幸福感。

土地整治制度改革为乡村振兴提供政策助力。据统计,2016 年 2 月至 2017 年 12 月,全国通过实施土地整治,实现增减挂钩节余指标省域内流转收益 596 亿元[①],为贫困地区发展提供了有效资金保障。2018 年中央 1 号文件明确要求,建立新增耕地指标和城乡建设用地增减挂钩节余指标跨省域调剂机制,调剂收益全部用于巩固脱贫攻坚成果和支持实施乡村振兴战略。2018 年 3 月,《跨省域补充耕地国家统筹管理办法》和《城乡建设用地增减挂钩节余指标跨省域调剂管理办法》两项含金量极高的土地政策红利出台,提出建立跨省域补充耕地指标收益调节分配机制,助推脱贫攻坚和乡村振兴。土地整治扶持政策的改革与突破,为落实耕地数量质量生态"三位一体"保护、加强土地利用规划计划管控提供了新方案,也为优化城乡资源资金再配置、拓宽乡村振兴资金渠道提供了新路子,其释放的政策效应将成为我国全要素生产率提高的重要源泉,进一步凸显工业化、城镇化对农业农村发展的带动作用。

土地整治在助推乡村振兴中要更为关注边远村落和贫困群体。推动乡村振兴不能忽视边远村落和贫困群体,实现绝大多数乡村的同步振兴才是具有战略意义的乡村振兴。随着大量农村人口转移进城,一些地方会出现"空

---

① 2016 年 2 月,原国土资源部印发的《关于用好增减挂钩政策积极支持扶贫开发及易地扶贫搬迁工作的通知》(国土资规〔2016〕2 号)规定,集中连片特困地区、国家扶贫开发工作重点县和开展易地扶贫搬迁的贫困老区开展增减挂钩的,可将增减挂钩节余指标在省域范围内流转使用。

心村",缺乏人气,这是现代化进程中的必然现象。要按照分类施策,循序渐进总体要求,制定具有前瞻性的村庄发展规划,以土地综合整治为平台,打造不同维度的美丽乡村和宜居乡村。结合土地整治重大项目安排和扶贫工程建设,财政资金、扶持政策等国家资源应进一步投向经济欠发达或贫困地区,用于支持开展全域土地综合整治,推动落后地区实现农业增效、农民发展、农民增收。从国家层面开展土地综合整治行动,并在《国家乡村振兴战略规划(2018~2022年)》中作出统一部署和安排,通过实施土地综合整治行动,在全国范围率先支持创建一批示范区,不断提高土地整治综合效益,助推乡村振兴战略落地。

三 实施差别化土地整治,促进区域协调发展

我国幅员辽阔,区域差异显著,不同区域的土地利用程度和社会经济发展水平不同,土地利用方式、特点、类型多样。当前,我国社会主要矛盾已转化为人民日益增长的美好生活需要和不平衡不充分发展之间的矛盾,区域之间发展不平衡的问题日益突出,影响人民群众的获得感、幸福感和安全感。党的十九大明确提出实施区域发展战略,大力支持革命老区、民族地区、边疆地区、贫困地区快速发展,持续推进西部大开发,振兴东北等老工业基地,推动中部地区崛起,率先实现东部地区优先发展。同时,以疏解北京非首都功能为重点,推动京津冀协同发展,以共抓大保护、不搞大开发为导向推动长江经济带发展,深入推进"一带一路"建设战略实施。

新时代,自然资源管理工作要以十九大精神为指导,严格落实国家区域协调发展战略,优化国土空间开发格局,促进"四大板块""三大战略"实施,将增加城镇建设用地同吸纳农村转移人口落户数量挂钩,创新适应新型城镇化要求的用地管理模式,推动以城市群为主体构建大中小城市和小城镇协调发展的城镇格局。新时代,土地整治作为实现土地规划目标的重要载体,理应争取更大作为,根据区域土地整治限制因素和功能需求差异,结合区域经济社会发展水平、自然特征、资源禀赋情况,着力发挥优势,创新模

式，强化举措，分区分类实施差别化土地整治，促进区域协调发展，为加快建设安全、绿色、高效、法治、和谐的美丽国土做出应有贡献。

第一，落实《全国土地整治规划（2016～2020年）》，统筹推进区域土地整治。新时期土地整治要落实区域发展总体战略，根据九大整治区的资源条件、土地利用特点、经济社会发展阶段的差异，开展差别化土地整治，发挥土地整治多功能多效益特征。东北地区以高标准农田建设为主要方向，京津冀鲁区以土地综合整治为主要方向，晋豫地区以恢复矿山生态环境为主要方向，苏浙沪地区以建设用地整理为主要方向，湘鄂皖赣地区以农用地整理为主要方向，闽粤琼地区以城乡建设用地整理为主要方向，西南地区以建设生态安全屏障和提高农用地利用效益为主要方向，青藏地区以保护和改善区域生态环境为主要方向，西北地区以改善和保护土地生态环境为主要方向。在明确区域主攻方向基础上，要引导土地整治资金向"老民边贫"地区倾斜，支持"老民边贫"地区发展。同时，还要积极关注京津冀协同发展、雄安新区建设等国家战略发展的重点区域，开展土地整治方向和模式的研究。

第二，优化土地整治模式，因地制宜开展土地整治。根据地形条件的不同，因地制宜实施不同的土地整治策略。平原区，集中连片建设高标准农田，合理引导土地流转，改善农田生态环境，提高粮食综合生产能力。丘陵山地区，将土地整治与生态环境保护相结合，强化通过改善农业生产条件和生态环境提高耕地质量，加大退耕还林还草力度，加强荒山荒坡治理，鼓励生态脆弱、经济落后、交通不便的地区移民搬迁。根据不同区位特征，对城镇空间、农业空间、生态空间要实施不同的土地整治策略。对城镇空间内的土地，纳入城市整理开发和管理，加强城中村改造，开展城乡结合部土地整治；对农业空间的土地，积极推进农用地整理，做好乡村规划，合理引导农民相对集中居住，促进自然村落适度撤并，对废弃建设用地进行整理复垦；在生态空间范围内，加大土地生态修复和建设力度，开展土地整治和保护工程。

第三，整体推进农村土地综合整治，支持贫困地区快速发展。开展农村

土地整治,通过田、水、路、林、村综合整治,改善农村生产生活条件和生态环境,带动农村土地承包经营权流转,促进规模生产,打造特色农业产业园和农田景观功能区,产生规模效益和综合效应,增加农民收入。结合"空心村"改造,落实好城乡建设用地增减挂钩支持扶贫开发政策,推动节余指标在东西部扶贫协作和对口支援框架内调剂使用,资金收益全部用于深度贫困地区脱贫攻坚。全力开展工矿废弃地复垦利用试点,紧紧围绕水土流失治理、生态植被恢复、水源污染消除等目标,本着"宜农则农、宜林则林、宜草则草"的原则,推进工矿废弃地恢复生态和植被,助推产业扶贫。开展低丘缓坡荒滩等未利用土地开发利用试点,拓展工业产业发展用地空间,统筹保障发展和保护资源,促进城乡统筹发展。开展城镇低效用地再开发试点,提高城镇土地集约利用,缓解建设用地与耕地保护之间的矛盾,推动地方经济发展,带动群众就业脱贫。

第四,优化实施方式,持续推进土地整治重大工程。在《全国土地整治规划(2016~2020年)》确定的土地整治重大工程区域,坚持目标导向和问题导向相结合,落实深化自然资源"放、管、服"改革和适应新增建设用地土地有偿使用费转列一般公共预算管理改革要求,在集中连片特困地区、革命老区、耕地后备资源丰富地区、粮食主产区、边疆地区和民族地区支持地方深入推进重大工程建设,更好地发挥示范引领作用。按照"权力下放、重心下沉、压实责任、注重实效"的思路,积极优化重大工程实施方式,探索"奖补结合、先建后补"的资金支持方式,激发地方积极性,完善建设管理制度体系,充分彰显重大工程"1+N"综合效应。根据《全国国土规划纲要(2016~2030年)》的部署,组织实施国土综合整治重大工程,发挥国土综合整治在推进山水林田湖草系统治理中的重要平台作用,促进自然生态保护修复,提高资源环境承载能力。

四 加强国土综合整治,推进美丽国土建设

十九大在现代化强国建设目标中增加了"美丽"二字,并将"坚持人

与自然和谐共生"作为新时代坚持和发展中国特色社会主义的一项基本方略。自然资源开发利用方面存在的突出问题，已经致其提供的资源保障和生态产品与人民日益增长的美好生活需要严重不符，亟须统筹推进以山水林田湖草系统治理为主要内容的国土综合整治，在保障国民经济发展所需资源的同时，提供更多优质生态产品与服务，为人民创造良好生产生活环境，筑牢生态文明建设根基。

新时代国土综合整治的战略目标。形成人与自然和谐发展的现代化建设新格局，提供更多优质生态产品和服务满足人民日益增长的优美生态环境需要，建成美丽中国。具体目标包括：一是自然资源环境得到保护。水土流失、林草退化、湿地破坏、湖泊减少、水体污染、生物多样性下降等自然资源环境领域突出问题得到有效治理，受损国土生态系统得到有效修复，自然资源环境质量整体提升，和谐人地关系系统加快形成。二是国土空间格局得到优化。统筹协调自然要素、山上山下、地上地下、陆地海洋及流域上下游等方面，优化不同尺度生产生活生态空间，健全城乡区域自然资源开发利用联动机制，促进实现城乡区域国土空间互动。三是国土利用方式实现转型。健全覆盖全面、科学规范、管理严格的自然资源总量管理和集约节约制度，自然资源使用浪费严重、利用效率不高等问题得到有效解决，促进经济发展动力由要素驱动、投资驱动转向创新驱动。

新时代国土综合整治要按照因类施策、循序渐进的原则推进，可分成两个战略阶段：第一个阶段，从现在到2035年，建成较为完善的国土综合整治制度体系，有序推进国土综合整治工作，建成一批生态保护修复示范区，形成可复制、可推广的成功模式，体制机制、政策措施、技术体系等基本形成，重点区域生态问题基本解决，美丽中国目标基本实现；第二个阶段，从2035年到21世纪中叶，国土综合整治制度体系更加健全和完善，实现国土综合整治治理体系和治理能力现代化，筑牢生态安全屏障，社会主义现代化强国的"美丽"特征更加突出，为实现富强民主文明和谐美丽的社会主义现代化强国发挥重大支撑作用。

新时代国土综合整治的主要任务。一是提升资源环境承载能力。通过实

施国土综合整治，优化配置自然资源，加强污染环境治理，倒逼经济发展方式根本转变和产业结构战略调整，提高资源利用效率和增强环境保护效果。具体而言，要大规模建设高标准农田，完善农业基础设施，改善农业生产条件，坚决守住耕地红线，健全耕地草原森林河流湖泊休养生息制度；继续推进城乡建设用地整治，通过开展诸如"三旧"改造和"空心村"治理等，推进土地资源节约集约利用；坚持预防为主、综合治理，以解决损害群众健康的突出环境问题为重点，强化水、大气、土壤等污染防治，着力推进绿色发展、循环发展、低碳发展。二是优化国土空间开发格局。围绕构建符合生态文明建设要求的国土空间开发格局，统筹推进国土综合整治，调整国土开发利用行为和方式，促进形成安全、和谐、富有竞争力和可持续发展的国土空间。具体而言，要通过实施差别化措施，明确不同地区国土综合整治工作定位、方向、任务和实现途径，落实区域发展总体战略；要根据区域整体功能定位管控国土综合整治活动，加强监测与预警，促进形成科学合理的城镇化格局、农业发展格局和生态安全格局，推动主体功能区建设。加强陆海统筹，合理开发利用海洋资源，加强蓝色国土整治。三是修复治理受损生态系统。树立并遵循尊重自然、顺应自然、保护自然的工作理念，加大自然生态系统保护力度，并以解决突出生态问题为重点加强修复治理，不断提升国土生态安全水平。具体而言，一方面要在准确开展环境影响评价的前提下，尽可能降低国土综合整治对区域生态系统的损害程度；另一方面要在水土流失、土地沙化、土壤污染和生物多样性损失严重地区，实施以生态修复为主要内容的国土综合整治重大工程，扩大森林、湖泊、湿地面积，保持林地、水网完整性，恢复并提高城镇内绿地系统、河流水系等的生态功能，增强生态产品供给能力。四是建设宜业宜居美好家园。围绕"生产空间集约高效、生活空间宜居适度、生态空间山清水秀"目标，在农村地区持续开展山水林田湖草系统治理，稳步建设美丽乡村；在城镇地区统筹推进旧城改造和新区建设，综合整治城镇人居环境。特别要在规划统筹下实现城乡区域国土综合整治联动，通过调整城乡国土利用结构布局，优化生产生活生态空间格局，真正实现为人民创造良好生产生活环境，增强广大人民的可获得感。

新时代实施国土综合整治的关键环节。一是编制专项规划。要在国土空间规划指导下，按照生态文明建设的总体部署和要求，以优化国土空间开发格局为目标，以生态保护、资源节约、空间优化为导向，编制区域国土综合整治规划，识别和评价主要生态问题，明确国土空间分区和用途管制要求，建设集疏适度、优势互补、集约高效、陆海统筹的国土集聚开发空间格局，确定国土综合整治的重点区域、整治方向、目标任务和工程布局，提出相关保障措施。二是分区推进国土综合整治。城市化地区，以开展城市低效用地再开发和人居环境综合整治为重点，着力优化城乡生产生活生态空间格局，促进节约集约用地，改善人居环境；农村地区，以实施田水路林村综合整治和高标准农田建设为重点，着力解决土地利用细碎化问题，切实提高耕地质量，持续推进农村人居环境治理，不断改善农村生产生活条件；生态脆弱和退化严重的重点生态功能区，应以自然修复为主，人工恢复为辅，适度实施生态修复工程，重构和提升国土生态系统，增强生态产品生产能力；矿产资源开发集中区，应加强矿山环境治理恢复，建设绿色矿山，推进工矿废弃地复垦利用；海岸带和海岛地区，重点修复受损和脆弱生态系统，提升环境质量和生态价值。三是统筹各类工程。国土综合整治是一项系统工程，涉及土地管理、农业发展、城乡统筹、环境保护和生态建设等诸多方面。实施国土综合整治要根据区域主要生态问题，综合考虑产业结构调整、生态功能保护修复要求及资金筹措保障能力等，充分发挥各部门职能优势，科学编制工程实施方案。要以国土综合整治为平台，在时空布局上统筹各类保护修复措施，确定国土综合整治各类工程项目的时序安排和空间布局，努力形成工程建设合力。四是整合政策资金。要将国土综合整治与生态移民、扶贫攻坚、乡村振兴及城乡建设用地增减挂钩、矿山地质环境治理恢复、工矿废弃地复垦利用等政策集成整合起来，形成政策合力，提高国土综合整治成效。建立健全分级分类投入机制，构建事权清晰、权责一致、中央支持、省级统筹的国土综合整治投入体系。对维护国家生态安全格局具有全局性及战略性意义的国土综合整治重大工程，中央财政可给予重点支持；对跨地区、跨流域的

生态系统安全具有重要保障作用的国土综合整治活动，由中央财政对符合条件的按一定比例给予支持；对受益范围地域性强、直接面向基层的国土综合整治工程，鼓励地方通过统筹利用各级各类资金开展建设。五是完善体制机制。遵循山水林田湖草生命共同体理念，构建国土综合整治政策体制机制，形成源头严控、过程严管、责任追究的自然资源开发和生态空间红线管控制度体系；探索建立区域生态补偿机制，引导生态受益地区与生态保护地区之间、流域上游与下游之间生态共建共享，形成生态损害者赔偿、受益者付费、保护者得到合理补偿的运行机制；实施最严格的耕地保护制度，推行以绿色生态为导向的农业补贴制度，试行耕地轮作休耕制度；探索资源资产化、资产资本化模式，把市场运作与政府扶持、政策引导有机结合，激活主体、激活要素、激活市场，采取政府与社会资本合作、设立基金、财政贴息等方式，撬动金融和社会资本参与国土综合整治活动。六是开展科技创新。实施国土综合整治需要关键理论和技术支持，要开展国土综合整治理论方法研究，通过横向合作，整合科技资源，加强重点生态环境治理与修复领域的科学研究和技术攻关，提高综合集成创新能力，全面提升科技支撑水平，加强科普宣传及人员培训。加快建立普适的国土综合整治标准体系，从生物多样性保护、森林保护与修复、矿山环境治理、土地整治与修复及流域水环境保护等方面加强科技成果和适用技术的推广及应用，形成一批低成本、高效率、易维护的生态环境保护实用技术成果，积极研发生态产品，以创新驱动为国土综合整治提供有力支撑。

五 强化监管优化服务，为土地整治改革创新提供保障

党中央高度重视转变政府职能，简政放权、放管结合、优化服务改革则是转变政府职能的"先手棋"。几年来的实践证明，"放管服"改革是推动政府全面正确履行职能、实现治理能力现代化的重要抓手，是加快培育发展新动能、保持经济平稳增长和就业稳定的有力支撑，取得了一举多得、牵一发动全身的综合效益。《中共中央关于深化党和国家机构改革的决定》就深

入推进简政放权、强化事中事后监管提出明确要求，李克强总理在 2018 年政府工作报告中对深化"放管服"改革作出重要部署。

近年来，随着财政预算管理制度改革不断深化，土地整治资金保障压力不断加大，同时乡村振兴、脱贫攻坚、生态文明建设等国家战略落地对土地整治提出更高要求，亟须改革完善土地整治管理体制机制，创新的核心任务是要解决资金不足问题。总的来说有两个途径，一是节流，积极推动实施模式创新，着力提高资金使用效率和效益；二是开源，积极构建多元化投入机制，进一步巩固和拓展资金渠道。构建多元化投入机制，既要稳定土地整治工作专项等财政资金投入，更要充分用好土地整治改革创新政策，完善激励机制，吸引金融资本和社会资本主动进入，努力打造多方共赢的土地整治投融资格局。

耕地占补平衡管理方式不断改进和城乡建设用地增减挂钩节余指标使用范围不断拓展，将进一步激发金融资本和社会资本参与土地整治的积极性，为破解土地整治和高标准农田建设资金不足难题，推进耕地数量质量生态"三位一体"保护提供新动力，也将使土地整治工作在助推脱贫攻坚和乡村振兴中有更大作为。中共中央国务院印发的《关于加强耕地保护和改进占补平衡的意见》（中发〔2017〕4 号），明确了改进耕地占补平衡管理的重大措施，实现了从省域内易地占补到分类实施国家统筹、从使用新增费增加的耕地不能用于占补平衡到打通补充耕地渠道"算大账"的转变。耕地占补平衡打通渠道"算大账"，核心是在各种来源各种类别资金支持下开展的各类土地整治，新增耕地经核定后均可用于占补平衡。2018 年中央一号文件提出，改进耕地占补平衡管理办法，建立高标准农田建设等新增耕地指标和增减挂钩节余指标跨省域调剂机制，将所得收益通过支出预算全部用于巩固脱贫攻坚成果和支持实施乡村振兴战略；国务院办公厅于 2018 年 3 月 10 日印发跨省域补充耕地国家统筹管理办法和增减挂钩节余指标跨省域调剂管理办法。这是土地整治政策的重大改革创新，将发挥"一石多鸟"的政策效应。一是为金融资本、社会资本参与土地整治和高标准农田建设提供了动力和抓手，有利于加快高标准农田建设步伐；二是为实现耕地占补平衡开辟

了新途径，可以有效缓解一些地区耕地占补平衡的压力；三是能够起到鼓励整理复垦、限制未利用地开发的导向作用，是对生态文明建设的有力支撑。允许高标准农田建设新增耕地用于占补平衡，是中央综合多方因素慎重考量的结果，既可以保障高标准农田建设的资金投入，还可以拓宽乡村振兴筹资渠道，但必须确保通过高标准农田建设新增的耕地，数量是真实的，质量是可靠的，真正做到"占优补优"。在利好政策刺激下，金融和社会资本参与土地整治已成燎原之势。近期，中国农业发展银行探索推出了以2项土地指标收益为支撑、全方位支持乡村振兴和脱贫攻坚的投融资新模式，有效落实了"公益性项目、市场化运作"的金融监管要求，较好地解决了区域间资源不平衡和"城市发展缺地、农村发展缺钱"等现实矛盾。2018年4月，农发行在召开全国支持高标准农田建设现场推进会的基础上，向全系统印发《关于全力支持高标准农田建设工作的通知》，安排部署全行服务土地整治和高标准农田建设工作。面对新形势新任务和"放管服"改革新要求，必须紧紧扭住土地整治改革创新的"牛鼻子"，切实强化监管优化服务，保障土地整治事业规范健康发展。

强化监管，既是党中央、国务院对土地整治工作的明确要求，也是确保土地整治改革创新举措规范实施的必然选择。习近平总书记多次指出，耕地占多补少、占优补劣、占近补远、占水田补旱地等情况普遍存在，特别是花了很大代价建成的旱涝保收的高标准农田也被成片占用；要采取更有力的措施，加强对耕地占补平衡的监管，坚决防止耕地占补平衡中出现的补充数量不到位、补充质量不到位问题。党中央、国务院印发的《国家新型城镇化规划（2014~2020年）》规定，强化耕地占补平衡和土地整理复垦监管。中发〔2017〕4号文件更明确指出，要采取更加有力的措施，依法加强耕地占补平衡规范管理；高标准农田建设情况要统一纳入国土资源遥感监测"一张图"和综合监管平台，实行在线监管，统一评估考核。任何改革在运行中都伴随一定风险，必须坚持稳中求进工作总基调，必须抓住主要矛盾和矛盾的主要方面，必须可监测、可管控、可考核、重奖惩。耕地占补平衡补充耕地指标和增减挂钩节余指标管理就是土地整治改革创新的"牛鼻子"，指标在进行跨区域调剂时产生巨额收益，直接关系到地方经济社会发展，必然导致地方政府、农村集体经济组织和农民以及资本方之间的利益博弈，这一领域也将成为重要的廉政风险点。必须切实抓好土地整治监测监管工作，把补充耕地指标和增减挂钩节约指标的产生、核定及其调剂过程管住管好，才能有效化解失控风险，防止改革创新政策走歪走偏甚至走入歧途，坚决避免出现好政策产生不了好结果的问题。

建立健全"空、天、地、网"一体化的监测监管技术体系，努力实现土地整治全程全面可追溯管理。近年来，国土资源部门不断强化土地整治监测监管，占补平衡补充耕地、土地复垦、增减挂钩、土地整治重大工程等各类项目已初步形成在线报备、动态监测、督导指导、评估考核等多措并举的监测监管工作格局。从今后一个时期耕地占补平衡政策导向看，补充耕地将主要来源于对现有农用地的整理特别是高标准农田建设，通过归并整合零碎地块、减少田坎面积等增加耕地。要充分认识农用地整理新增耕地核定和监管工作的难度，准确把握任何来源新增耕地所具有的一般地理属性，即位置、范围、地类、面积、质量、权属等基本要素。只有把每一块新增耕地搞清楚，才能避免"虚增耕地"问题，确保耕地占补平衡打通渠道"算大账"政策真正落地。面对土地整治监管工作的规范化、精细化、智能化需求，必须高度重视信息技术手段的研发和应用，不断提高监测监管能力，确保能够及时监测、发现和解决实际问题，技术管理岗位承担着越来越重要的责任。在土地整治监测监管技术体系建设思路上，从"天上看、地上查、网上管"向"空、天、地、网"一体化转变，是实现全程全面可追溯管理的必然趋势，要依托国土资源综合监管平台、农村土地整治监测监管系统等相关信息管理平台，对网上报备数据、遥感监测数据、实地采集数据等多源异构数据，进行集中存储、统一管理、综合分析，通过各种技术手段的集成应用和各类数据的融合管理，达到摸清底数、查准情况的目的，实现土地整治全程留痕、步步可查。

根据《深化党和国家机构改革方案》，由自然资源部统一行使全民所有自然资源资产所有者职责，统一行使所有国土空间用途管制和生态保护修复

职责，统筹山水林田湖草系统治理。新形势新任务客观上推动土地整治向国土综合整治转型发展，必须夯实筑牢山水林田湖草整体保护、系统修复、综合治理的总平台，对新时期监测监管工作提出新的更高要求。应当围绕山水林田湖草自然资源全要素、全覆盖、全天候监测监管的新目标，加快构建和完善监测监管工作体系、标准体系和技术体系，不断提升监测监管综合能力和水平。同时，要认真贯彻以人民为中心的发展思想，切实增强服务意识，以利企便民为出发点，为地方和企业提供更多指导和优质服务，让人民有更多获得感。

参考文献

赵龙：《为乡村振兴战略做好土地制度政策支撑》，《行政管理改革》2018 年第 4 期。

叶兴庆：《新时代中国乡村振兴战略论纲》，《改革》2018 年第 1 期。

贺雪峰：《不可复制的乡村建设意义何在》，《探索与争鸣》2017 年第 12 期。

严金明、王晓莉、夏方舟：《重塑自然资源管理新格局：目标定位、价值导向与战略选择》，《中国土地科学》2018 年第 4 期。

贾文涛：《强化监管，为土地整治改革创新保驾护航》，《中国土地》2017 年第 11 期。

徐祥临：《化解农村矛盾，振兴乡村》，百度文库，2018 年 10 月 4 日。

曹卫星：《加强土地科技创新 推动国土综合整治》，《国土资源科普与文化》2018 年第 2 期。

贾文涛：《从土地整治向国土综合整治的转型发展》，《中国土地》2018 年第 5 期。

贾文涛：《金融和社会资本参与土地整治的探索与启示》，《中国土地》2018 年第 8 期。

刘新卫、杨磊、梁梦茵：《土地整治工作促进美丽中国建设》，《中国发展》2013 年第 6 期。

孙绍骋：《牢固树立绿水青山就是金山银山理念》，《学习时报》2017 年 11 月 24 日第 1 版。

梁梦茵：《突出区域特色开展差别化土地整治》，《中国国土资源报》2017 年 2 月 23 日第 5 版。

毛志红等：《立足科技创新 践行绿色发展》，《中国国土资源报》2017 年 9 月 7 日。

习近平：《习近平谈治国理政第二卷》，外文出版社，2014。

中共中央文献研究室：《习近平关于社会主义生态文明建设论述摘编》，中央文献出版社，2017。

《土地整治术语》（TD/T 1054 – 2018），2018 年 3 月 15 日。

《全国国土规划纲要（2016~2030 年）》（国发〔2017〕3 号），2017 年 1 月 3 日。

《全国高标准农田建设总体规划》（国函〔2013〕111 号），2013 年 10 月 17 日。

《全国土地整治规划（2016~2020 年）》（国土资发〔2017〕2 号），2017 年 1 月 10 日。

进展成效篇

Progress and Achievements

B.3
土地整治重大工程进展与成效

土地整治重大工程课题组*

摘　要： 本文以 2008 年以来国家支持的 14 个土地整治重大工程为研究对象，在梳理土地整治重大工程政策文件、总结建设成效的基础上，分析得出如下结论：土地整治重大工程稳步推进，制度化和标准化不断加强；土地整治重大工程建设成效逐步显化，成为推动国家战略落实的有效抓手。未来，将结合新一轮国家战略目标，加大土地整治重大工程支持力度，优化支持方式和程序，为助力脱贫攻坚、乡村振兴、生态文明建设等发挥更大支撑作用。

---

* 课题组成员：孟宪素、田玉福、吕婧、赵庆利、杨晓艳、陈艳林、李少帅、李晨、代文静。报告执笔人：李少帅，土壤学硕士，国土资源部土地整治中心正高级工程师，主要研究方向为土地整治项目管理。

关键词： 土地整治重大工程　制度建设　成效分析

2008 年以来，为贯彻落实国家粮食安全战略，保障国家耕地总量动态平衡，依据土地整治规划，原国土资源部、财政部（以下简称两部）先后支持吉林、黑龙江、河南、湖北、湖南、海南、云南、陕西、甘肃、青海、宁夏、新疆等 12 个省（区）实施了 14 个土地整治重大工程，发挥了以保障耕地总量平衡为基础，促进现代农业发展、助推脱贫攻坚、改善生态环境、强化乡村治理能力的"1 + N"综合效应。

2016 ~ 2017 年，土地整治重大工程稳步推进，制度建设不断强化，已先后有 4 个重大工程完成整体验收和综合评估，建设成效逐步显化。

一　重大工程建设管理进一步规范

2016 年 7 月，原国土资源部发布《土地整治重大项目实施方案编制规程》（TD/T 1047 – 2016），为各地谋划新一批土地整治重大工程、规范重大工程前期工作提供了行业标准。已发布的《土地整治重大项目可行性研究报告编制规程》（TD/T 1037 – 2013）虽然为重大工程论证阶段的准备工作和资料编制提供了依据，但由于重大工程具有规模大、投资高、周期长、区域特色明显和工程措施差异大等特点，其在项目申报、实施组织、施工安排、实施过程、检查验收等环节对项目技术资料及设计深度的要求不断提高，亟须强化和规范重大工程实施方案的编制工作。土地整治重大工程实施方案是在可行性研究的基础上，围绕规划目标，在时间和空间上对重大工程的建设内容进行合理安排，并制定保障重大工程顺利实施的组织、管理制度和控制等措施。实施方案重点针对可行性研究确定的建设任务与工程量进行年度分解，据此安排各年度的资金额度，提出质量控制、资金控制、变更管理、权属管理等相关管理办法，是重大工程决策、资金分配、施工组织、绩效评价的重要依据。

2016 年 11 月，两部联合印发《关于切实做好土地整治重大工程整体验收工作的通知》（国土资发〔2016〕148 号，以下简称 148 号文件），为规范土地整治重大工程验收工作提供了依据。148 号文件对组织开展重大工程整体验收工作提出明确要求，在整体验收前，重大工程子项目要全部竣工验收，地方要做好重大工程建设信息的上图入库和资料归档工作；重大工程建设管理机构在上述工作基础上对重大工程预算执行情况进行决算和审计，编制重大工程竣工报告。按照"谁立项、谁验收"的原则，重大工程由省级人民政府组织整体验收，并出具验收意见和结论。148 号文件同时要求，省级国土资源和财政主管部门在重大工程整体验收的基础上开展成效评估，全面总结重大工程建设管理工作，形成工作总结报告。两部在此基础上开展综合评估，客观评价重大工程建设任务的完成情况。

2017 年 5 月，两部联合印发《中央支持土地整治重大工程综合评估工作方案》（国土资厅函〔2017〕718 号），为规范土地整治重大工程综合评估提供了依据。综合评估的目的是客观评价重大工程建设任务完成情况、工程建设管理情况、建设成效和典型经验，督促问题整改，提出政策建议，进一步提升重大工程建设管理水平。评估范围是已经完成整体验收的重大工程。综合评估的内容有三类：一是建设情况，包括建设任务完成、建设质量和资金使用管理等情况。二是管理情况，包括制度建设和执行、资料归档和工程建后管护利用等情况。三是综合效益，包括重大工程的总体实施效益和典型子项目的建设成效。

二 建设成效进一步显化①

截至 2017 年底，全国累计安排实施 14 个土地整治重大工程。其中，宁夏中北部土地开发整理重大工程、黑龙江省三江平原东部地区土地整理重大工程项目、湖北省南水北调中线湖北省丹江口库区"移土培肥"及配套坡

---

① 数据来源于宁夏、黑龙江、河南和湖南四个土地整治重大工程工作总结报告。

改梯土地整治重大工程、湖南省环洞庭湖基本农田建设重大工程4个重大工程已先后完成整体验收。2017年底，两部组织专家在上述重大工程整体验收基础上开展了综合评估。重大工程所在省份的国土资源和财政主管部门在整体验收过程中，以重大工程可行性研究报告、实施方案确定的建设目标为依据，在收集和分析重大工程施工、竣工决算等材料的基础上，通过对项目区村委和农户进行问卷调查和访谈等方式，全面总结了重大工程建设成效。总体看，重大工程建设已成为推动国家有关战略加快落实的重要平台，发挥土地整治示范引领作用的重要抓手，在保障国家粮食安全、助推脱贫攻坚、助力生态文明建设、促进乡村振兴等方面发挥了重要作用，"土地整治+"综合效益日益显现。

1. 有力推动藏粮于地战略落地，为保障国家粮食安全提供支撑

4个重大工程共完成建设规模1082万亩，新增耕地132.96万亩，耕地质量平均提高约1个等级，耕地综合产能得到提高。

2. 提升集约节约利用水平，增强资源保障能力

通过农田基础设施配套和土地利用结构调整，土地利用布局得到优化，田块更加规整集中，基础设施布局更加合理，提高了土地集约节约水平和水资源利用效率。湖南重大工程农田灌溉水利用系数提高0.14；通过推广节水灌溉技术，宁夏重大工程灌区用水量减少约1/4。

3. 维护群众利益，助推脱贫攻坚

通过集中连片、整体推进方式促进精准扶贫，聚合部门和社会力量，全面深化土地整治与扶贫攻坚的深度融合，推动"造血式扶贫"机制形成，为贫困地区脱贫致富提供了基础条件。湖南重大工程建成后，土地流转亩均收益增加319.45元；农民参与工程建设收入10.89亿元，通过重大工程建设配合相关精准扶贫工作减少贫困人口3.83万人。湖北重大工程新增耕地0.44万亩，使库区1.98万移民基本实现有耕地安置，有效缓解了库区突出的人地矛盾。宁夏重大工程涉及生态移民项目建设规模40.85万亩，投入资金4亿元，为9.2万移民提供了生产生活保障。

4. 融入绿色发展理念，推动生态文明建设

重大工程建设中，一些地方将绿色发展理念融入土地整治，通过坡耕地治理、边坡防护、沙地治理、盐碱地改良等，提升了农田绿色植被覆盖度，减少了水土流失，改善了生态环境。宁夏重大工程治理沙化地 5.6 万亩，改良盐碱地 19 万亩，土地治理共达到 72.11 万亩，改善了当地的生态环境。湖北重大工程配套坡改梯 5.96 万亩，治理水土流失 2.27 万亩，减少了坡耕地水土流失和水库泥沙量，改善了水库生态环境。

5. 促进产业融合发展，助推乡村振兴

各地以重大工程建设为契机，发展适度规模经营，引导培育特色产业，聚集现代生产要素，建成一批集"生产 + 加工 + 科技"为一体的现代农业农村产业园区，培育了农业农村发展新动能。湖南以重大工程为平台，累计流转土地 90.87 万亩，农业企业和种粮大户用地规模 96.18 万亩，流转后的土地主要用于绿色优质高附加值农产品生产、加工和休闲旅游等多种经营，促进了一、二、三产业融合发展。

三 发展趋势

未来，土地整治重大工程实施将进一步贯彻落实国家"放、管、服"改革和土地整治资金管理制度改革要求，为积极助力脱贫攻坚、乡村振兴、生态文明建设等一系列国家战略实施，发挥更大支撑作用。

1. 申请重大工程的积极性进一步增强

当前在建的重大工程建设资金主要来源于新增建设用地土地有偿使用费，按原政策规定，新增建设用地土地有偿使用费增加的耕地不能用于占补平衡，这在一定程度上限制了地方政府实施土地整治重大工程的积极性。2017 年 1 月 9 日，党中央、国务院印发《关于加强耕地保护和改进占补平衡的意见》，提出要拓展补充耕地途径，统筹实施土地整治、高标准农田建设、城乡建设用地增减挂钩、历史遗留工矿废弃地复垦等，新增耕地经核定后可用于落实补充耕地任务。这项政策的出台有利于调动地方实施重大工程的积极性。此外，2017年2月，两部印发了《关于新增建设用地土地有偿使用费转列一般公共预算后加强土地整治工作保障的通知》（国土资函〔2017〕63号）。文件指出，在国家层面，中央财政将设立"土地整治工作专项"，对地方开展的高标准农田建设、土地整治重大工程和灾毁耕地复垦等土地整治工作予以重点支持。

2. 重大工程的支持方式和程序将进一步优化

根据《关于进一步做好中央支持土地整治重大工程有关工作的通知》（国土资发〔2018〕30号），在支持方式上，重大工程未来将由"先补后建、边建边补"调整为"奖补结合、先建后奖"，即将中央支持资金分为基础奖补和绩效奖补。基础奖补在重大工程纳入支持范围时下达，绩效奖补在重大工程完成总体建设任务后视整体验收情况下达。在支持程序上，未来重大工程将引入竞争性评审方式，即两部组织专家采取竞争性评审的方式，对地方申报的重大工程进行评审论证，择优给予支持。此外，鉴于个别已实施的重大工程存在未按计划完工等情况，今后重大工程在安排上将限制其实施规模，并将实施期限由原来的5~7年缩短为不超过3年。

3. 将优先支持落实国家有关战略的重大工程

根据国土资发〔2018〕30号文件，在支持范围方面，未来将优先考虑与国家战略目标相一致，助力脱贫攻坚、乡村振兴和生态文明建设作用明显的重大工程，向集中连片深度贫困地区、革命老区和边疆地区倾斜。

参考文献

赵庆利、陈艳林、林涛：《土地整治重大工程实施模式研究》，《中国土地》2016年第8期。

赵庆利、任大光、范叶婷：《土地整治项目管护模式适用性分析》，《中国土地》2017年第10期。

孟宪素、李晨：《以农村土地整治重大工程促进乡村振兴》，《中国土地》2018年第6期。

贾文涛：《用改革思维破解投融资困局》，《经济日报》2017年9月26日。

《土地整治重大项目实施方案编制规程》（TD/T 1047－2016），2016年6月12日。

《关于切实做好土地整治重大工程整体验收工作的通知》（国土资发〔2016〕148号），2016年11月10日。

《关于印发中央支持土地整治重大工程综合评估工作方案的通知》（国土资厅函〔2017〕718号），2017年5月8日。

《关于加强耕地保护和改进占补平衡的意见》（中发〔2017〕4号），2017年1月9日。

《关于新增建设用地土地有偿使用费转列一般公共预算后加强土地整治工作保障的通知》（国土资函〔2017〕63号），2017年2月5日。

《关于进一步做好中央支持土地整治重大工程有关工作的通知》（国土资发〔2018〕30号），2018年3月2日。

B.4
建设用地整理实践与发展

雷逢春　张　峥　杨　红*

摘　要： 建设用地整理是土地整治的重要内容，是优化城乡建设用地结构和布局、提高建设用地节约集约利用水平、促进土地利用方式转变和城乡融合发展的重要抓手。本文以土地储备和城镇低效用地再开发为重点，在分析总结2017年工作进展的基础上，结合当前供给侧结构性改革的有关要求，从严格土地储备机构和资金管理、规范土地储备行为、防范土地储备风险、促进城镇低效用地再开发、完善制度机制等不同方面提出加强我国建设用地整理的措施建议。

关键词： 建设用地整理　节约集约　存量建设用地利用

　　党的十九大报告提出"我国经济已由高速增长阶段转向高质量发展阶段"，"坚持质量第一、效益优先"，强调以供给侧结构性改革为主线，推动"经济发展质量变革、效率变革、动力变革，提高全要素生产率"，要"优化存量资源配置"；加快生态文明体制改革，坚持"节约优先、保护优先、自然恢复为主的方针"，形成"节约资源和保护环境的空间格局、产业结构、生产方式、生活方式"，推进"资源全面节约和循环利用"。十九大报

---

* 雷逢春，管理学硕士，国土资源部土地整治中心高级工程师，主要研究方向为土地资源利用与管理；张峥，工学硕士，国土资源部土地整治中心工程师，主要研究方向为土地资源利用与管理；杨红，理学博士，国土资源部土地整治中心研究员，主要研究方向为土地资源利用与管理、土地整治。

告中关于国土资源的重要论述为建设用地整理提供了遵循、指明了方向、明确了要求。

一　建设用地整理制度体系不断完善

（一）土地储备机构和资金管理更加严格规范

土地储备规范管理是土地储备工作重点。随着《关于加强土地储备与融资管理的通知》（国土资发〔2012〕162号）、《国务院关于加强地方政府性债务管理的意见》（国发〔2014〕43号）及《关于规范土地储备和资金管理等相关问题的通知》（财综〔2016〕4号）等文件的相继印发，土地储备机构大规模举债、大规模储备的工作方式已不再适应新形势下土地储备发展要求，同时，土地储备金融风险防范也成为土地储备的一项重要工作。为规范土地储备融资行为，防范土地储备金融风险，促进土地储备事业持续健康发展，2017年5月16日，财政部、原国土资源部联合印发《地方政府土地储备专项债券管理办法（试行）的通知》（财预〔2017〕62号），允许各省（区、市）政府发行土地储备专项债券（设区的市、自治州，县、自治县、不设区的市、市辖区级政府不能直接发行土地储备专项债券，确需发行的只能由相应的省区市政府统一发行并转贷），以合法合规方式保障土地储备项目融资需求。该办法明确：土地储备专项债券的发行，必须严格对应项目实施。土地储备专项债券所对应的土地储备项目，应当有稳定的预期偿债资金来源。项目所对应的政府性基金收入，应当能够保证偿还债券本金和利息，实现项目融资和收益自求平衡。2017年，中央批复各地土地储备专项债券2810亿元，占全国专项债券的35%。为严格土地储备机构管理，11月16日，《土地储备机构名录（2017年版）》（国土资厅函〔2017〕1569号）印发，根据更新审核结果，共有2565家机构进入新的土地储备机构名录。为贯彻落实党的十九大精神，加强自然资源资产管理和风险防范，严格规范土地储备管理，增强政府对土地市场的调控和保障能力，促进土地资源高效配置和合理利用，在总结原管理办法实施成效的基础上，结合新的政策文件要求，2018 年 1 月 3 日，原国土资源部、财政部、中国人民银行、中国银行业监督管理委员会修订印发了《土地储备管理办法》（国土资规〔2017〕17 号）。新修订的《土地储备管理办法》重点对业务全流程管理进行了规范，内容包括总体要求、储备计划、入库储备标准、前期开发、管护与供应、资金管理和监管责任，共 7 个部分 26 条。办法明确了土地储备名录制管理，增加了土地储备专项债券相关内容，深化和健全了土地储备全流程管理，规范了土地储备资金管理和融资方式调整，建立了绩效评价制度，构建了多部门联合的监管体系。

（二）城镇低效用地再开发全面推进

城镇低效用地再开发是推进供给侧结构性改革的重要内容，是解决不节约不充分不平衡发展的重要路径，是践行绿色发展、满足人民美好生活需要的重要举措。早在 2015 年，中央全面深化改革领导小组就将完善城镇低效用地再开发政策列为重要改革任务。为贯彻落实中央系列部署，2016 年 11 月，原国土资源部印发《关于深入推进城镇低效用地再开发指导意见（试行）》。随后，2017 年 7 月，印发《城镇低效用地再开发工作推进方案（2017 年~2018 年）》，对开展城镇低效用地再开发进行了全面具体部署。

城镇低效用地是指经第二次全国土地利用调查已确定为建设用地中的布局散乱、利用粗放、用途不合理的城镇存量建设用地。2013 年原国土资源部选取 10 个试点地区探索创新城镇低效用地再开发工作机制和模式，从实施总体情况看，截至 2017 年 11 月底，广东、上海、浙江、江苏、湖北、辽宁、陕西等 7 省市已完成城镇低效用地再开发项目 14835 个，面积达 46147 公顷①。已完成项目主要集中在长三角、珠三角城市群，广东、江苏、浙江 3 省占总完成项目数的 97%。各地结合实际，坚持问题导向，共研究制定相

---

① 数据来源于原国土资源部 2017 年对内蒙古、辽宁、上海、江苏、浙江、福建、江西、湖北、四川、陕西、广东等 11 个省份的函调统计结果。

关配套政策近 220 个；调查摸底、标图建库及专项规划编制等基础性和统筹性工作有序推进。各试点地区结合实际情况，围绕产城融合、文化传承、提质增效、服务民生，积极探索创新，形成向"存量"要"增量"的多种再开发模式。一是以杭州、宁波为代表的退二进三、转型升级型。二是以常州、无锡为代表的腾笼换鸟、增容技改型。三是以广州、深圳、常州为代表的旧城改造、有机更新型。四是以广州、武汉为代表的"城中村"改造型。五是以深圳、无锡为代表的集中成片开发型。六是以宁波、武汉为代表的地上地下空间拓展型。各地通过实施多种再开发模式，土地集约利用水平明显提高，实现了城市功能完善，补齐了公共服务、公共设施、公共空间短板。

二 建设用地整理地方实践成效显著

（一）土地储备作用不断强化，成为服务城市发展的重要工具

土地储备经过二十多年的探索和制度创新，取得了长足发展。实践证明，土地储备不仅有效解决了土地无偿使用制度下产生的诸多历史遗留问题，为我国的土地使用权制度改革注入了活力，而且为政府培育、规范和调控土地市场，优化土地资源配置，促进国民经济发展发挥了重要作用，已成为服务城市发展的一个重要工具。其作用具体体现在以下五方面：一是履行土地批次征用、国有土地收回和前期开发的法定职责，保障土地一级市场供给，保证了规划的实施。二是增强了政府调控土地市场的能力，为政府掌控城市存量土地提供了体制和机制保障，使政府能够根据城市发展和市场的需求，有计划地、适时、适量供应土地。三是完成土地权属分割和前期开发，使传统的"毛地"、"生地"出让转向"净地"、"熟地"出让。四是提供了保障性住房用地等公共和公益事业用地。储备土地能够立即投入使用，既降低了成本，又能平衡土地用途收益，保证建设进度。五是促进了土地节约集约利用，通过收购方式对城市内部的空闲土地，因企业破产、撤销、搬迁腾出的土地，以及旧城改造的土地进行重新开发和利用，实现城市经济布局和

产业结构优化,提高土地的利用效率,发挥城市土地的综合效益,实现土地资源优化配置。

同时,一些地方在土地储备具体实践过程中,逐渐形成了一些可供借鉴的土地储备发展模式。如杭州市土地储备经过二十多年的实践与发展,从注重新增向盘活存量转变,从注重效益向质量和效益并重转变,逐渐形成"六统一、六优先"的土地储备发展模式(即统一平台运作、统一规划引导、统一计划管理、统一收储政策、统一做地标准、统一交易出让,民生保障优先、环境评价优先、配套建设优先、文化传承优先、循环利用优先、生态美化优先),在推进城市更新、促进经济社会生态和谐发展、调控土地市场等方面发挥了积极作用。杭州市先后实施了 20 多个旧城改造项目,盘活低效用地数万亩,改造土地总面积万余亩,完成 500 多亩地下空间收储,移交十几万亩土地,用于道路、学校、社区配套用房等基础设施和公共服务设施建设,增强了政府对土地市场的调控能力,维护了土地市场健康平稳,提高了民生水平,增强了人民的获得感。宁波市将土地储备作为实现城市更新的重要平台,通过"中远期规划、三年滚动计划、年度计划"分级统筹融合的土地储备规划、计划双轮驱动模式,发挥了土地储备在服务城市更新中的基础性预见和统筹协调作用。其中,以《宁波市级"十三五"土地储备规划(2016~2020)》为统领,明确今后 5 年存量建设用地收储规模达到总收储规模的 83%;以土地储备计划为抓手,完成了以城隍庙站、藕池站地块为代表的"地上地下"立体空间利用的"轨道交通 + 物业"项目;通过开展土地收储项目可行性研究,实现了土地收储与开发利用同步;并通过空间重组、产业升级和文化重构体现城市更新。厦门市则将土地储备作为促进城市经济社会发展的重要手段,建立了"土地收储、土地整理、土地出让"三位一体的良性运行机制,积极探索形成存量建设用地收储模式,主要体现为:在工业用地上实现"腾笼换鸟";在废弃用地上实现"变废为宝";推动工业企业搬迁再收储以实现存量建设用地盘活利用。先后完成以柯达海沧厂(实现单位面积总产值 1.13 亿元/公顷)、厦门软件园废弃采石场(实现年产值 543 亿元)为代表的存量建设用地收储再利用项目,收回工业企业

搬迁用地 50 多万平方米，有效助力盘活旧企业、引进新产业，提高了存量建设用地利用价值。

（二）城镇低效用地再开发成效初显

各地自开展低效用地再开发工作以来，在稳增长、调结构、转方式、惠民生等方面取得了阶段性成效，主要体现在以下几个方面。

保障稳增长。一是促进节约集约用地，增强了城市发展的用地保障。广东通过低效用地再开发项目实现节地率 47.09%，浙江全省存量建设用地供应比例从 2014 年的 32.3% 提高到 2016 年的 37.2%。通过实施城镇低效用地再开发，江苏苏州存量土地供应占比连续多年保持在 50% 以上。二是带动投资和消费增长，增强了经济发展的动力。广东通过"三旧"改造不仅有效保障了新增投资的建设用地供应，而且带动了社会资本投资，"三旧"改造实施以来，已累计投入改造资金 11375.4 亿元，其中社会投资 9559.22 亿元，占比高达 84%。浙江筹集资金约 4823.4 亿元，其中社会投资 2807 亿元。江苏通过各种渠道筹集资金约 2023.8 亿元①。

促进调结构。一是促进土地利用结构不断优化。上海力波酒厂再开发项目中，减少了工业用地，增加了公共开放空间，绿地率达到了 30%；张江高科技园区项目，把工业用地转为科研教育用地，优化了土地利用结构。辽宁辽阳市首山镇实施"退二进三"改造开发，利用 3825 平方米停产企业用地，新建了辽阳仁济医院，盘活了低效用地，增加了公共服务功能。江苏常州市创意产业基地项目，通过调整土地利用结构，打造商业、办公一体化的产业基地。二是促进经济结构调整，提升了产业竞争力。广东已改造项目中，属于产业结构调整项目 3246 个，占改造项目总数的 59.42%，其中，属于淘汰、转移"两高一资"项目 496 个，引进现代服务业和高新技术产业项目 442 个，投资超亿元项目 720 个。浙江推动淘汰落后产能企业 7500 多家，整治和

---

① 数据来源于原国土资源部 2017 年对内蒙古、辽宁、上海、江苏、浙江、福建、江西、湖北、四川、陕西、广东等 11 个省份的函调统计结果。

淘汰"低小散"企业 7 万多家，处置"僵尸企业"555 家，高新技术、装备制造、战略性新兴产业增加值占规模以上工业的比重持续提高。

实现转方式。一是转变土地利用方式，从单一用途到复合功能，提高了土地利用率。浙江已完成再开发的地块中，工矿仓储用地的平均容积率从 0.78 提高到 1.71，投资强度从 101 万元/亩提高到 257 万元/亩，亩均产出从 86 万元提高到 275 万元。2016 年底全省单位建设用地 GDP 达到 23.8 万元/亩，较 2010 年增长 50.6%。江苏南通市打造复合功能经济开发区，投资强度由 250 万元/亩提高到 1250 万元/亩，容积率由 0.81 提高到 4.32[①]。二是由粗放经济向低耗、高效经济转型，转变了经济发展方式。辽宁已批的低效用地再开发项目中，绝大多数属于产业结构或转型升级，一批规模小、效益差、能耗大的企业被低能耗、高附加值的优质项目所替代，土地产出效益大幅提升。大连市旅顺口三涧堡街道城镇低效用地再开发项目，成功引入中石化催化剂大连基地项目，利用城镇低效用地 11 公顷，投资 8 亿多元，达产后年产值超过 10 亿元。

落实惠民生。一是促进群众生活改善，维护社会和谐稳定。广东省通过"三旧"改造，进一步优化二、三产业就业结构，就业人口增加了 0.75 倍，完成旧村庄改造 9.4 万亩，村集体收入增长了 2.46 倍。上海市在低效用地再开发过程中采取"零星盘活"方式促进产业转型，使力波酒厂摇身变为创客空间，增加就业岗位 1.1 万个，有效促进当地就业和吸纳人才。二是改善居民的生活环境，促进宜居建设。在广东省已完成的改造项目中，城市基础设施和公益事业项目建设 1201 个，涉及用地 5.63 万亩，新增公共绿地 8960.27 亩；保护与修缮传统人文历史建筑 777.06 万平方米；同时，建设各类保障性住房 4.55 万套，建筑面积 415 万平方米。浙江省瓯海区牛山片棚户区改造项目实施后，曾经低小脏差的重灾区在四年后化茧成蝶，蜕变成了山水兼备、环境优美、配套齐全的美丽家园，成为宜居宜商的现代化城市综合社区[②]。

---

① 根据原国土资源部 2017 年对内蒙古、辽宁、上海、江苏、浙江、福建、江西、湖北、四川、陕西、广东等 11 个省份的函调统计结果。

② 根据原国土资源部 2017 年对内蒙古、辽宁、上海、江苏、浙江、福建、江西、湖北、四川、陕西、广东等 11 个省份的函调统计结果。

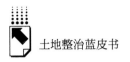

三 建设用地整理发展展望

（一）严格土地储备机构和资金管理，防范土地储备金融风险

随着地方政府债务压力的持续增加，宏观经济发展、货币供应政策和社会投资体系的不断变化，加之土地储备专项债券的发行，以及土地储备管理办理办法的新修订，土地储备制度发展面临新的要求。2018 年全国国土资源工作会议在部署年度工作任务时，第一项重点工作是"要坚决守住国土资源领域不发生系统性风险的底线"，工作重点主要集中在土地储备方面。下一步，要贯彻落实《地方政府土地储备专项债券管理办法（试行）的通知》（财预〔2017〕62 号）、《土地储备管理办法》（国土资规〔2017〕17号）和《土地储备资金财务管理办法》（财综〔2018〕8 号）等相关政策文件精神，树立正确的土地储备目标导向和价值取向，积极推动土地储备机制和工作方法理念的改革创新，加强土地储备机构自身能力建设，严格土地储备机构和资金管理，规范地方土地储备行为，建立健全土地储备标准体系，探索开展土地储备成效评估工作，不断完善土地储备制度。

（二）完善城镇低效用地再开发体制机制，实现多方共赢

党的十九大报告提出，以供给侧结构性改革为主线，坚持质量第一、效益优先，优化存量资源配置。改革方向是使市场在资源配置中起决定性作用和更好发挥政府作用，兼顾公平与效率。一是构建再开发利益共享机制，实现多方共赢。按照发挥市场在资源配置中决定性作用的要求，积极探索土地增值收益分配实现路径，协调好政府、改造方、土地权利人等各方利益，建立完善土地增值收益分配机制，合理分配政府、原土地权利人、再开发单位等主体的土地收益，实现多方共赢。二是建立健全多元投入机制，破解资金瓶颈。积极探索社会资金参与城镇低效用地再开发的实施路径，充分发挥政府投资"四两拨千斤"的引导带动作用，积极推广政府和社会资本合作模

式。三是完善城镇低效用地再开发法律法规。加强对上海、广州、深圳等实践经验做法的总结，完善现有法律法规政策。建立低效用地认定、监管、处置等方面的法规政策和技术标准；制定合理的土地权利转换和差异化补偿的政策和方法，理顺土地增值收益在政府、集体经济组织、用地企业和原权利人之间的合理分配关系。

要实现十九大报告提出的践行绿色发展，推动资源全面节约和循环利用。建设用地整理是一项系统工程，涉及土地产权制度、规划体系、市场建设、收益分配、财政金融、税收制度及相关配套法律法规等诸多方面，按照兼顾公平与效率原则，需要在不断改革中完善，贵在制度创新，在实践中不断丰富和发展建设用地整理的实施路径。

参考文献

李倩：《存量变革演绎动能转换》，《中国自然资源报》2018 年 7 月 9 日。

李丽辉：《土地储备融资 首发专项债券》，《人民日报》2017 年 6 月 2 日。

《国土资源部 财政部 中国人民银行 中国银行业监督管理委员会关于印发〈土地储备管理办法〉的通知》（国土资规〔2017〕17 号），2018 年 1 月 3 日。

《财政部 国土资源部关于印发〈地方政府土地储备专项债券管理办法（试行）〉的通知》（财预〔2017〕62 号），2017 年 5 月 16 日。

《国土资源部关于深入推进城镇低效用地再开发指导意见（试行）》（国土资发〔2016〕147 号），2016 年 11 月 11 日。

B.5
土地复垦实践与发展

土地复垦课题组*

摘　要：　2017年，土地复垦顺应改革形势，创新监管方式，跟踪试点动态，持续开展政策研究，整体态势有所提升，各项工作全面推开。一年来，着力开展了政策调研、监督检查、验收评估、遥感监测等各项重要研究和探索。在持续构建新的工作抓手和平台、不断夯实监管工作的基础上，土地复垦再为集约节约用地、切实保护耕地做出进一步贡献，显化了土地复垦在生态文明建设总体框架中的重要作用。

关键词：　土地复垦　监督检查　验收评估　遥感监测

一　2017年度矿山地质环境保护与土地复垦
方案评审顺利进行

（一）受理、评审方案总体情况

截至2017年底，全年受理土地复垦方案17个、矿山地质环境保护与土地复垦方案28个，全部为生产类项目。其中煤矿30个，占66.67%

---

* 课题组成员：周旭、范彦波、周妍、周际、张丽佳、陈元鹏、翟紫含。报告执笔人：张丽佳，博士，国土资源部土地整治中心工程师，主要研究方向为土地复垦政策与技术标准；陈元鹏，博士，国土资源部土地整治中心工程师，主要研究方向为土地复垦工程技术与遥感技术。

（包括露天煤矿 2 个、井工煤矿 28 个）；油气矿 14 个，占 31.11%。论证方案 49 个/次。论证通过 36 个，其中一次通过 35 个。

（二）年度已批复/公告方案情况

2017 年，已批复/公告的 71 个方案，合计损毁土地 61960.81 公顷，包括农用地 50174.08 公顷，建设用地 8313.87 公顷，其他 3472.86 公顷。损毁土地中已损毁 24723.56 公顷，占 39.9%，比上年度上升 15 个百分点，在建、改扩建生产项目编制方案比例有所上升；拟损毁 37237.25 公顷，占 60.1%。复垦土地 57538.08 公顷，其中已复垦土地 8874.41 公顷，占 15.4%；拟复垦土地 48663.66 公顷，占 84.6%，拟安排复垦资金（静态）384421.94 万元，平均土地复垦率（即复垦土地占复垦责任范围土地面积的百分比）约 92.9%。

表 1　2017 年度土地复垦方案基本信息

类型	损毁（公顷）			复垦（公顷）			复垦率（%）	复垦静态投资（万元）
	合计	已损毁	拟损毁	合计	已复垦	拟复垦		
农用地	50174.08	18200.01	31974.07	49070.84	6934.55	42136.29	—	—
建设用地	8313.87	4864.98	3448.89	5091.76	1585.69	3506.07	—	—
其他	3472.86	1658.58	1814.28	3375.48	354.17	3021.31	—	—
合计	61960.81	24723.56	37237.25	57538.08	8874.41	48663.66	92.9	384421.94

注：数据来源于土地复垦方案咨询论证信息系统，有关分析数据直接从系统中导出。图 1、图 2、图 3 同此数据来源。

2017 年方案涉及损毁农用地 50174.08 公顷，其中损毁耕地 27405.48 公顷；预计复垦 49070.84 公顷，其中复垦耕地 25281.39 公顷。复垦后农用地比重有所上升，建设用地比重有所下降，耕地复垦率达到 92.25%。

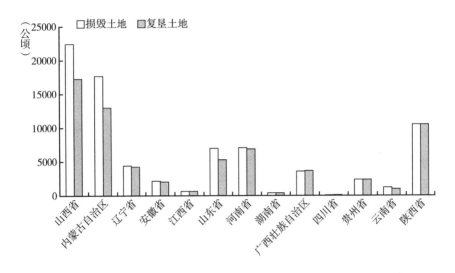

图1　2017年度方案分省损毁与复垦面积

说明：整体上山西省、内蒙古、陕西省为损毁及复垦土地面积较大的省份。其中，四川省损毁土地面积82.41公顷，复垦土地面积111.92公顷，数据偏小，难以在图中清晰显示。

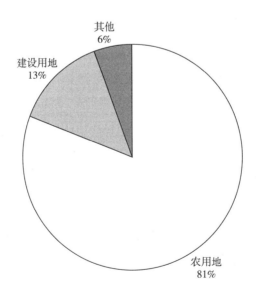

图2　2017年度方案损毁土地

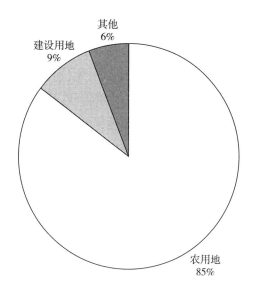

图3 2017 年度方案复垦土地

二 土地复垦"双随机、一公开"监督检查拉开序幕

党中央、国务院高度重视简政放权、放管结合、优化服务改革。推行土地复垦"双随机、一公开"监督检查，随机抽取检查对象，随机选派监督检查人员，抽查情况及查处结果及时向社会公开，是落实"放、管、服"改革要求的具体措施。2017 年度，《国土资源部土地复垦"双随机、一公开"监督检查实施细则》发布实施，对部本级推行土地复垦"双随机、一公开"监督检查工作的原则、程序、方式、内容等做了全面规定。推行土地复垦"双随机、一公开"监督检查，是加强和完善土地复垦事中事后监管的重要内容和关键环节，对规范土地复垦监督检查行为，减少权力寻租空间和行政不作为，提升土地复垦监管的公平性、规范性和有效性，都具有重要意义。

（一）创新监管方式，提高企业履行义务的自觉性

土地复垦"双随机、一公开"是政府监管理念和监管方式的创新，其

有效实施，需要跟进信息共享、信用约束、联合惩戒、举报监督等配套措施。推行土地复垦"双随机、一公开"监督检查，充分考虑了国土资源管理工作的特点和实际情况，确保做到"三个联动"。一是与智能监管联动。通过利用国土资源遥感监测"一张图"和综合监管平台，采用室内作业上图核查与实地随机抽查相结合的方式开展，保证必要的覆盖面和工作力度，防止实地检查过多，避免和减少执法扰企，提升监管效率和效果。二是与信用监管联动。对检查中发现的不符合土地复垦法律法规的矿山企业，纳入矿业权人异常名录，已纳入绿色矿山名录的，要予以除名。三是上下协同、横向联动。通过土地复垦监督检查管理信息系统，地方各级国土资源主管部门可以了解土地复垦义务人年度法律义务履行情况，并以此推动日常管理工作，实现上下协同。同时将土地复垦监督检查结果与用地审批、采矿权审批、绿色矿山建设等工作衔接，实现横向联动，形成管理合力。

（二）落实法规政策，抓牢复垦方案编报与实施

《土地复垦条例》规定了"谁损毁、谁复垦"的基本原则，对土地复垦义务人的法律义务做出了明确规定。土地复垦"双随机、一公开"就是根据《土地复垦条例》相关规定，检查、督促义务人切实履行土地复垦法律义务和社会责任，检查内容包括以下几个方面。一是土地复垦方案编报与备案情况，二是土地复垦资金保障与使用管理情况，三是土地复垦实施与验收情况，四是土地复垦利用情况与成效。对有关国土资源主管部门代为组织复垦的，还要检查复垦义务人复垦费缴纳情况。

目前，所有报部批准采矿权的固体矿山（铀矿除外）土地复垦方案均完成了初步审核，其中有506个矿山企业未按规定编报或备案土地复垦方案，有关矿山名单已在部门户网站公示。公示期间，名单得到广大矿山企业高度关注，陕西、河北、湖北、山西、辽宁等省份原国土资源主管部门积极咨询并协助梳理了本省矿山企业方案编报情况，其中辽宁、贵州两省对本辖区内涉及的矿山企业进行梳理，统一报送了说明材料，基本实现了督促土地复垦义务人补充编报、备案土地复垦方案的目的。未编报复垦方案的矿山企

业也积极行动起来，着手开展方案的组织编报工作。下一步，将根据有关要求继续推进相关工作。

（三）强化信息化管理，提升监管和服务水平

目前，已经建立"土地复垦义务人名录库"和"土地复垦监督检查人员名录库"，有关部门正抓紧研发"土地复垦监测监管信息系统"，在与智慧国土系统平台建设对接后投入运行。通过"两库、一系统"的建设，可确保做到对市场主体的监督检查一视同仁，抽查过程全程可追溯，检查结果向社会公示，有效规范土地复垦监督检查行为，切实提升监管和服务水平。

三　历史遗留工矿废弃地复垦利用试点工作有序开展

（一）试点工作整体实施进展

1. 试点工作实施进展

2012～2017年，全国开展复垦利用试点工作的省份共23个，原国土资源部批复复垦利用规模总计132000公顷，其中进行信息报备的省份有13个。经对13个省份报备数据的分析发现，截至2017年12月，原国土资源部下达规模112727公顷，省立项规模38487公顷，占下达规模的34%，同比增长1%，增幅较上年收窄2个百分点，其中拟复垦成耕地26900公顷；验收规模15120公顷，占立项规模的39%，同比增长5%，增幅较上年增长10个百分点；批准建新规模8727公顷，占验收规模的58%，同比下降15%，增幅较上年下降15个百分点。13个试点省份实施进展情况见表2、图4。

2. 各省工作综合评价

试点工作实施5年来，各省因自然、社会、经济、人口等因素存在差异，工作进展各有不同。为尽可能使评价工作科学严谨，采取聚类分析方法，以安排使用量、完成复垦面积、完成投资情况3项指标为评价准则开展

表2　13个试点省份实施进展情况

单位：公顷

序号	省份	部下达规模	省立项规模			项目验收规模			项目建新规模		
			面积	进度（%）	其中耕地	面积	进度（%）	其中耕地	批准面积	实际建新面积	进度（%）
1	河北	6973	2207	32	1760	880	40	680	533	327	61
2	山西	7713	1373	18	1193	733	53	607	553	507	76
3	内蒙古	11293	5913	52	567	513	9	0	60	60	11
4	辽宁	4693	500	11	387	80	16	67	40	40	52
5	江苏	14333	7027	49	6640	5320	76	5007	3427	1393	64
6	安徽	14000	7207	51	6427	3327	46	2920	1293	1293	39
7	江西	4333	867	20	180	133	15	33	0	0	—
8	山东	9820	1827	19	1760	520	29	513	187	47	36
9	河南	5727	1013	18	980	640	63	620	493	493	77
10	湖北	7600	2080	27	1267	1467	71	913	1933	1927	132
11	四川	18667	6380	34	4740	887	14	627	207	0	23
12	陕西	6667	1420	21	1000	620	44	600	0	0	—
13	宁夏	907	673	74	0	0	—	0	0	0	—
合计		112727	38487	34	26900	15120	39	12587	8727	6087	58

数据来源：工矿废弃地复垦利用试点监管系统，有关分析数据直接从系统中导出。图4、图5的数据也来源于此。

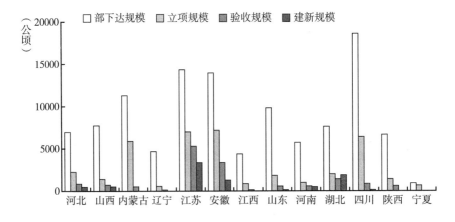

图4　13个试点省份实施进展统计

综合评价，评价结果将 23 个试点省份划分为四类地区。一类地区：江苏；二类地区：安徽、内蒙古 2 个省份；三类地区：湖北、河北、四川、山东 4 个省份；四类地区：其余 16 个省份。评价结果见图 5。

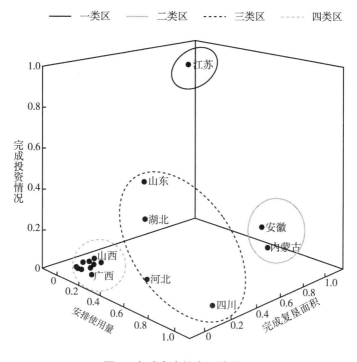

图 5　各试点省综合评价结果

（二）试点实施的主要做法与成效

经过 5 年多的实践，历史遗留工矿废弃地复垦利用试点在促进绿色发展上，取得了显著成效。一是坚持深入调查和科学规划，优化了土地利用格局，助力完善绿色发展的空间底盘，通过详细的调查、科学的适应性评价、合理的规划管控引导，卓有成效地优化了试点所在区域的用地结构和空间布局。二是因地制宜综合整治，促进了"生态、生产、生活"空间的治理，助力绿色发展基本任务的落实。试点政策激励各地加大了历史遗留工矿废弃地复垦投入，逐步消化了矿产资源开采对环境破

坏的历史欠账，废弃地变成"田成方、林成网、渠相通、路相连"的新型农业用地，改善了当地生态环境，消除了地灾隐患，有效防止了水土流失，提升了城镇发展质量。三是严格管控复垦质量，助力完善绿色发展的技术支撑体系，通过严把项目验收关口、复垦模式探索创新、项目全程跟踪监测、管护职责落实到位等举措，有效保障了复垦土地质量和生态安全，构筑了区域生态安全的屏障。四是充分发挥政策组合效应，助力构建绿色发展的制度机制，通过将试点工作与棚户区改造、资源枯竭型城市转型、土壤污染防治、采煤塌陷区治理等工作有机结合、统筹推进，充分发挥了政策组合拳效应，有效构建了生态文明建设、绿色发展的保障机制。

（三）试点政策完善方向

为深入贯彻落实党的十九大提出的"建设生态文明"、"形成绿色发展方式和生活方式"精神，进一步加快推进工矿废弃地复垦利用，全面助推绿色发展，下一步需从以下方面完善相关政策。一是拓宽复垦资金筹措渠道，鼓励地方政府和社会资本以 PPP 方式合作开展历史遗留工矿废弃地复垦利用，允许社会资本参与建新指标流转收益分成，鼓励社会资本成立基金为复垦项目提供资金支持，通过多种方式拓宽资金渠道，推进复垦工作有效落地实施。二是扩大节余复垦利用指标流转使用范围，将复垦利用指标流转使用范围拓展到市级行政区域，有条件的地区进一步突破范围允许节余指标在省域范围内流转使用。三是按土地利用总体规划确定建新用地落地区域，在符合土地利用总体规划的前提下，允许地方根据自身实际情况，灵活处理建新区落地区域问题。四是强化复垦技术支撑，针对复垦技术难度增大的问题，加大对相关科研及应用示范项目的财政投入力度，引导有关技术单位、高校、科研院所等，围绕历史遗留工矿废弃地复垦规划、工程建设、验收、跟踪监测等方面关键技术问题，开展长期系统研究，形成有关技术标准，为工作推进提供强有力的理论和技术支撑。

四 采矿用地方式改革试点验收评估工作顺利完成

（一）采矿用地方式改革试点实施进展

为全面掌握采矿用地方式改革试点情况，切实加强试点实施监管，研究完善试点政策，根据《国土资源部办公厅关于组织开展采矿用地方式改革试点验收评估的函》（国土资厅函〔2017〕1193号）要求，原国土资源部于2017年9月对山西省采矿用地方式改革试点进行了验收评估。山西省采矿用地方式改革试点分两批批复实施。2011年实施的第一批试点有3个矿区，试点总面积9437.74公顷，县级已办理采矿临时用地手续面积为289.91公顷，开展复垦面积为79.01公顷，复垦比例为27.25%；2012年实施的第二批试点有10个矿区，试点总面积5815.44公顷，县级已办理采矿临时用地手续面积为462.97公顷，开展复垦面积为322.76公顷，复垦比例为69.72%。按照试点方案要求，各试点地区县政府均组织试点企业与相关农村集体经济组织按照平等协商的原则签订了采矿临时用地合同，组织试点企业与县国土资源主管部门签订了复垦还地合同、与银行的三方履约保证合同，建立了复垦费用专门账户，共预存复垦费用2.63亿元。

（二）采矿用地方式改革试点实施成效

一是促进节约集约用地，助推生态文明建设。根据试点方案"原则上完成采矿和土地复垦的实施周期不超过五年"的要求，试点企业采用"边开发、边复垦"的模式，从用地到复垦还地，平均5年左右，缩短了土地使用周期，极大提高了用地效率，加快了矿区土地生态环境的恢复治理进度。二是耕地数量增加，质量进一步提高。试点地区多位于山区，复垦前地貌单元破碎，耕地起伏不平，分布零散；复垦后土地田块规整，田面平坦，边坡地用于种植林草，耕地面积将大幅增加，矿区的土地将得到综合整治。三是履行补偿责任，全面保障农民各项权益。改征地为临时用地，土地使用

权待复垦后归还被占地农民，集体土地属性不发生变化，保证农民仍有地可种，同时保障了农民生活水平，保障了矿区社会的和谐稳定。四是创新临时用地供地方式，降低企业生产用地成本。

下一步，将根据有关要求，开展试点政策制度完善和监督检查等工作。

图6　安家岭煤矿内排土场可复垦还地现状

图7　安家岭煤矿已复垦土地——种植燕麦

五　土地复垦遥感监测工作初见成效

遥感技术是摸清土地复垦底数、查清损毁土地数量、监测复垦土地质量的重要技术手段之一，是土地整治"天、地、网"一体化监测监管技术体系中的重要技术环节。面向生态文明建设进行顶层设计，面对国土资源数量、质量、生态"三位一体"保护总要求，用好遥感技术手段助力土地复垦"数量"的清查、"质量"的监测具有重要意义。

（一）遥感技术在土地复垦"数量"清查中的探索与应用

2016～2017年，国土资源部土地整治中心分别利用遥感技术对历史遗留工矿废弃地复垦利用和生产建设项目土地复垦工作进行了监测分析。

1. 监测对象和数据

不同监测对象有着不同特性，在遥感监测过程中根据监测对象的独特性，如监测对象范围、监测区域地形、监测环境的天气条件等因素，需制定不同的监测方案、选择不同的监测数据。卫星遥感数据的选择主要取决于卫星传感器参数、影像空间分辨率、采集时间、云量等指标。近2～3年的土地复垦遥感监测工作中所采用的卫星遥感数据主要为高分1号、高分2号、资源3号和Landsat系列卫星遥感影像。

2. 监测方法和指标

在监测方法上采用了常规的遥感影像解译技术路线，首先对影像进行辐射定标、大气校正、正射校正、图像配准和裁剪等预处理工作，再结合影像特征参数，提取各项光谱指数，如植被指数（Normalized Difference Vegetation Index，NDVI）、水体指数（Automated Water Extraction Index，AWEI）、建设用地指数（Normalized Difference Impervious Surface Index，NDISI）等，利用混合像元分解、机器学习方法等，开展土地利用/覆被信息的识别分类和提取，同时编写计算自动处理机程序完成影像数据的批处理工作，有效提高了工作效率。经实地踏勘检验、与无人机航拍影像交叉验

证，卫星遥感影像的信息提取精度可靠，年度遥感监测技术路线可行，能够有效地支撑土地复垦监测监管工作。遥感影像解译成果示意图见图8、9。

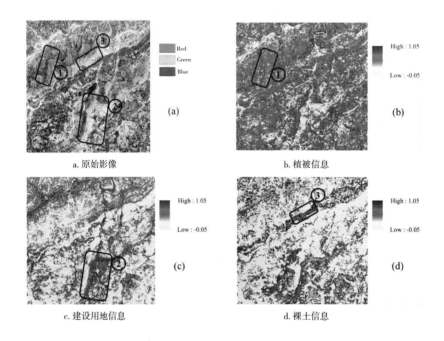

a. 原始影像　　　　　　　　　　　　　　　　b. 植被信息

c. 建设用地信息　　　　　　　　　　　　　　d. 裸土信息

图8　基于遥感影像的地类信息提取

注：影像覆盖区域为四川省泸州市历史遗留工矿废弃地复垦项目区。图由 ENVI 和 Arcgis 制图软件生成，原图为彩图。

（二）遥感技术在土地复垦"质量"监测中的探索与应用

面向国土资源数量、质量、生态"三位一体"综合管理顶层设计要求，不仅需要清查土地复垦"数量"，还需对土地复垦"质量与生态"相关指标进行调查监测分析，故此高光谱遥感技术在土壤监测领域得到广泛发展与应用。2017 年，土地复垦在与遥感监测技术融合应用中不仅开展了"数量"监测，还在"质量"监测中进行了探索，利用无人机载高光谱遥感数据、ASD 光谱仪实地采样高光谱遥感数据开展了"空、天、地"一体化的土壤重金属含量监测工作。通过对无人机载高光谱数据、实地采样高光谱数据及

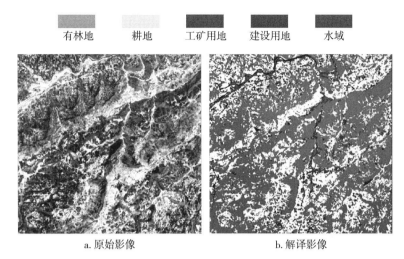

有林地　　　耕地　　　工矿用地　　　建设用地　　　水域

a. 原始影像　　　　　　　　　　b. 解译影像

图9　基于遥感影像的土地利用/覆被信息分类

注：影像覆盖区域为四川省泸州市历史遗留工矿废弃地复垦项目区。图由 ENVI 和 Arcgis 制图软件生成，原图为彩图。

土壤样点重金属元素数据的建模分析，有效识别出了工矿复垦区土壤中镉（Cd）、铬（Cr）、砷（As）、镍（Ni）等重金属元素的含量，其中对镉（Cd）元素的含量实现了高精度识别。土壤样点高光谱曲线如图10所示。

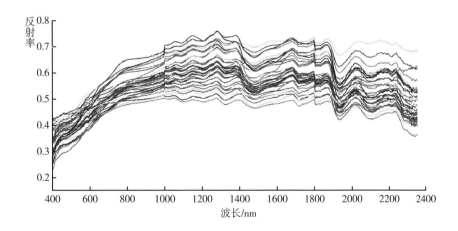

图10　土壤样点高光谱曲线

数据来源：四川省泸州市历史遗留工矿废弃地复垦项目土壤样点高光谱测量数据。

079

（三）对未来土地复垦遥感监测工作的展望

区域化的土地复垦遥感监测虽然取得了一定成效，但立足全国、面向未来，土地复垦乃至国土综合整治遥感监测工作依然任重道远，其良好、可持续开展，还需注意以下方面。一是建立长效工作机制，积极促进行业交流。应建立稳定长效的工作机制，明确专职机构和职责，制定相应的规划、计划、方案，完善工作程序，形成稳定的经费支持。注重数据的充分共享与行业间密切协作，加强技术交流和数据共享，促进资源共享、使用率最大化。二是优化现有技术路线，努力提升工作效率。应持续开展技术攻坚，不断优化技术路线，充分利用机器学习、深度学习等前沿科技方法在兼顾经济、精度的同时提升影像数据处理的工作效率，同时提高大数据处理能力，不断增强对国家层面特大范围土地复垦遥感监测的技术支撑能力。三是丰富多元技术手段，坚持多措并举推进。对全国各类土地复垦、整理项目进行监测，数据量庞大，单一的技术手段支撑庞大的监测任务难度较大，需多措并举、多管齐下，通过不同的技术手段与合作途径开展全国性的土地复垦、整理行业监测监管和信息化建设工作。四是注重成果积累转化，适时形成技术标准。还应注重科技成果的积累和转化，总结形成数据差别化、区域差别化、技术差别化、特色鲜明的适用于土地复垦的遥感监测技术行业标准，以更好地指导地方土地复垦监测监管工作的开展。

六　总结

2017年度，土地复垦工作主动顺应形势，迅速捋顺了工作思路，调整管理需求，全面把好了复垦方案审查关；瞄准了监管重点对象和难点问题，创新了土地复垦监管方式，为法律法规政策的落地提供了切实抓手；面向存量时代土地管理新要求，对土地复垦制度制约因素开展调研，结合可持续发展、乡村振兴、区域协调发展等战略要求，提出可行的制度修订方案；验收评估了采矿临时用地试点探索成果，为下一步工作方向提出了政策建议；进一步强化土地复垦遥感监测，为复垦信息化管理和应用提供了技术支撑。土地复垦工作将顺应改革调整的大形势，进一步对准监管重点，把握时代脉搏，为绿色生产方式和生活方式的形成及生态文明的长足发展奠定应有基础。

参考文献

周妍、白中科、罗明等：《中国土地复垦监管体系问题与对策》，《中国土地科学》2014 年第 2 期。

王金满、白中科等：《基于专业序列的中国多层次土地复垦标准体系》，《农业工程学报》2010 年第 5 期。

赵奎涛、胡克等：《矿山复垦土地处置问题对策探讨》，《中国煤炭》2009 年第 4 期。

韩武波、殷海善等：《露天矿用地演化特征与租地制度探索》，《中国土地科学》2012 年第 11 期。

周伟、曹银贵等：《煤炭矿区土地复垦监测指标探讨》，《中国土地科学》2012 年第 11 期。

薛建春、白中科等：《生态脆弱矿区土地复垦方案实施监测评价研究——以平朔矿区为例》，《水土保持研究》2012 年第 1 期。

贺振伟、白中科等：《中国土地复垦监管现状与阶段性特征》，《中国土地科学》2012 年第 7 期。

陈元鹏、罗明、彭军还等：《基于网格搜索随机森林算法的工矿复垦区土地利用分类》，《农业工程学报》2017 年第 14 期。

陈元鹏、郧文聚、周旭等：《基于 MESMA 和 RF 的山丘区土地利用信息分类提取》，《农业机械学报》2017 年第 7 期。

陈元鹏、周旭：《浅议遥感技术在土地复垦监测中的应用》，《中国土地》2017 年第 7 期。

贾文涛：《强化监管，为土地整治改革创新保驾护航》，《中国土地》2017 年第 11 期。

罗明、周旭主编《土地复垦典型案例汇编》，中国大地出版社，2016。

国土资源部土地整治中心编著《矿山土地复垦实施关键技术研究》，中国大地出版社，2015。

胡振琪等编著《土地复垦与生态重建》，中国矿业大学出版社，2008。

陈国栋、梁守德：《大地情·中国梦——中国"第二次全国土地调查"启示录》，中国大地出版社，2016。

Zhenqi Hu, Yanhua Fu：Ecological Restoration Plan for Abandoned Underground Coal Mine Site in Eastern China, *International Journal of Mining Reclamation and Environment*, 2015, 2 (4)：316 – 330.

Huang Lei, Zhang Peng：Vegetation and soil restoration in refuse dumps from open pit coal mines, *Ecological Engineering* 94 (2016) 638 – 646.

Bisset R. Social Impact Assessment and Its Future Mining Environmental Management ［J］. *International Journal of Remote Sensing*, 1996, 3：9 – 10.

Chen S., Zhao Y. *Geo-Science Analysis of Remote Sensing* ［M］. Beijing：The Publishing House of Surveying and Mapping, 1989.

Cloutis E. A. Review Article Hyperspectral Geological Remote Sensing：Evaluation of Analytical Techniques ［J］. *International Journal of Remote Sensing*, 1996, 17 (12)：2215 – 2242.

B.6
土地整治示范建设综合成效评估

周同　桑玲玲　饶静　张雷*

摘　要： 为更好推进土地整治工作，各地按照"统筹谋划、典型示范、试点引路、规划先行"的原则组织开展土地整治示范建设，取得了良好效果。2017年，国土资源部土地整治中心依托地方各级土地整治机构和高校的力量，对土地整治示范建设开展情况和综合成效进行了全面评估。评估结果显示，各示范区县通过开展示范项目建设，在保护耕地资源、保障粮食安全、切实改善农村地区生产生活条件、优化城乡土地利用结构布局、改善土地生态环境和修复受损生态系统等方面取得显著成效。本文介绍了本次评估工作开展情况和评估成果。

关键词： 土地整治　示范建设　成效评估

一　评估背景

1998年8月修订的《土地管理法》中明确提出"国家鼓励土地整理"。为更好推进土地整治，原国土资源部按照"统筹谋划、典型示范、试点引

---

* 周同，工学硕士，国土资源部土地整治中心高级工程师，主要研究方向为土地整治绩效评价、公众参与等；桑玲玲，工学博士/博士后，国土资源部土地整治中心高级工程师，主要研究方向为土地整治监测监管技术与方法实践；饶静，管理学博士，中国农业大学副教授，主要研究方向为农业农村社会影响评价等；张雷，中国地质大学（北京）土地资源管理专业硕士，主要研究方向为土地复垦、土地整治等。

路、规划先行"的原则，相继启动了 20 个土地开发整理示范区建设、116
个国家基本农田保护示范区建设、10 个农村土地整治示范省建设和 500 个
高标准基本农田示范县建设，在构建基本农田建设性保护机制、切实搭建统
筹城乡发展平台、有效推动高标准农田建设等方面进行了深入探索，取得了
显著成效，土地整治示范建设逐渐成为新时期引领和带动全国土地整治工作
的主要抓手。2014 年，国土资源部土地整治中心联合省级土地整治机构共
同开展了示范省建设综合成效评估，摸清了 10 个示范省立足本省经济社会
发展大局和资源省情，大力推进田水路林村综合整治，在保障国家粮食安
全、促进新农村建设和城乡统筹发展、推进生态文明建设等方面发挥的重要
支撑作用和取得的综合成效。

在土地整治事业发展 20 年之际，为全面评价和总结展示土地整治示范
建设综合成效和典型经验做法，2017 年 3～12 月，部土地整治中心依托各
省级土地整治机构，共同开展了土地整治示范建设综合成效评估工作。

二 评估工作开展情况

（一）评估技术方法

在往年评估研究成果基础上，依托中国农业大学共同开展了土地整治综
合成效评估技术方法研究，并在北京、江西、四川开展了实地调研，对研究提
出的评估方法与指标体系进行了试点验证，最终确定了本次评估的技术方法。

1. 数据采集方法

本次评估主要采用资料调查法、问卷调查法、访谈法等方法来获取项目
建设一手数据资料。通过资料调查法了解项目建设基本情况，包括项目建设
规模、资金投入、各主要单项工程量等。通过问卷调查法、访谈法来收集项
目建设成效、项目区农民收入变化情况、土地流转、农民满意度等基础数
据。本次评估主要是由市县评估人员结合农村土地整治监测监管系统中报备
的项目基础信息，查阅项目立项、可研批复、规划设计、工程施工、验收决

算等方面的资料，在评估软件中填报有关项目建设基础信息的数据。按比例抽取部分项目开展实地调研访谈，现场查看项目建设及建后管护利用情况，了解项目区农户对项目建设的意见和建议。

2. 数据分析方法

在评估数据分析汇总阶段，主要采用目标比较法、专家评议法和横向比较法。通过对项目建设前设定的预期建设目标、完成后实际建设情况和取得成效进行对比，研究分析项目预期建设目标实现情况。并对同区域、同类型的项目建设工程量、资金投入情况、建设成效进行横向比较、类比分析，以此来对项目评估数据进行相互验证，确保数据的合理性。在评估过程中，对难以直接量化计算的指标，通过抽样调查测算，并邀请业内专家对有关数据进行审核，以确保数据的科学性。

（二）评估指标体系

围绕本次综合成效评估的对象和重点，结合近年来实践情况，在与各省评估人员充分对接、补充完善地方特色评估指标的基础上，主要从建设任务完成情况、土地整治项目带来的直接效益和直接影响以及土地整治项目带来的间接效益和间接影响三个方面来构建本次评估指标体系。

1. 建设成效评估

重点对建设任务完成情况进行评估。主要根据综合成效评估的具体要求和目标来设置详细的二级指标和三级指标，如项目建设规模、资金投入情况、田间道路工程量、灌溉排水工程量、农田输配电工程量、农田防护生态环境保持工程量等具体评估指标。

2. 直接成效评估

重点对项目带来的直接成效进行评估。包括耕地资源本身条件的改善、农业生产条件的改善、土地利用的优化提升、农田生态环境的改善面积以及农民对工程建设直接成效满意度等。

3. 间接成效评估

主要从生产发展、生态宜居、生活方式、治理有效、人口变化等五个方

面来对项目带来的间接成效进行评估。其中，对农业生产发展的影响，包括粮食生产能力、农民收入、土地集中、基础设施、防灾抗灾能力等方面的成效。对生态宜居的影响，可包括生态环境、水土保持、农村风貌等方面的成效。对生活方式的影响，可包括居住方式、生活用水、通行方式等方面的成效。对社区治理的影响，可包括对农村组织力、土地权益保护、公众参与、治理能力、社会和谐等方面的成效。对人口变化的影响，可包括城镇化、人口流动、少数民族、贫困人口、性别平等、乡风文明等方面的成效。

表1 土地整治示范建设综合成效评估指标体系

一级指标	二级指标	三级指标 （可根据情况设自选指标或增设自选指标）
建设任务完成情况	基本情况	1. 土地整治及高标准农田建设项目总数 2. 建设规模 3. 高标准农田建设任务 4. 建成高标准农田面积
	资金投入	5. 投资总额 6. 非政府资金投入总额 7. 单位面积投资标准
	田间道路工程量	8. 田间道长度 9. 田间道宽度 10. 生产路长度 11. 生产路宽度
	灌溉与排水工程量	12. 灌、排渠（管）道 13. 农用桥 14. 涵（含渡槽、倒虹吸） 15. 机井、塘堰等水源工程 16. 水闸 17. 泵站
	农田输配电工程量	18. 输电线路
	农田防护与生态环境保持工程量	19. 农田防护林
	农民对工程建设数量和质量的满意度	20. 农民对工程建设数量和质量情况满意度

一级指标	二级指标	三级指标 （可根据情况设自选指标或增设自选指标）
直接成效	改善耕地资源本身条件	21. 田坎系数 22. 新增耕地面积 23. 耕地质量等别提高值 24. 新增粮食产能
	改善农业生产条件	25. 田间道路通达度 26. 新增和改善机耕面积 27. 新增和改善农田防涝面积 28. 新增和改善节水灌溉面积
	节约集约用地	29. 村集体建设用地节地面积 30. 新增耕地率
	改善农田生态环境	31. 农田防洪面积 32. 农田防护面积 33. 水土流失治理面积 34. 盐碱地治理面积 35. 沙地治理面积 36. 钉螺治理面积 37. 污染土壤治理面积
	农民对工程建设直接成效满意度	38. 农民对工程建设直接成效满意度
间接成效	生产发展	39. 农业企业、种粮大户数量 40. 农业企业、种粮大户生产用地规模 41. 土地流转面积 42. 农民人均新增农业年纯收入 43. 农民新增土地租金收入 44. 农民参与工程施工收入 45. 农民返村务工收入 46. 吸引农民返乡务工人数 47. 新增就业岗位数量
	生态宜居	48. 农民对生态环境的评价
	生活方式	49. 农民对生活基础设施改善满意度
	治理有效	50. 农民土地权益保护满意度 51. 农民对项目群众参与水平的满意度 52. 农民对重大公共事务决定方式的满意度 53. 农民对基层（县、乡、村）党委政府干部工作的满意度 54. 农民对基层（县、乡、村）党委政府组织能力变化的评价 55. 土地相关违法、违纪、信访、治安案件变化的比例

一级指标	二级指标	三级指标 （可根据情况设自选指标或增设自选指标）
间接成效	人口变化	56. 城镇化率 57. 父母均外出打工的留守儿童变化率 58. 妇女对女性项目参与水平的满意度
	精准扶贫	59. 贫困人口减少数量 60. 贫困人口的满意度
	农民总体满意度	61. 农民总体满意度

（三）评估控制措施

1. 落实评估工作责任

部土地整治中心分别与31个省级土地整治机构（不含北京）签订项目合同书，明确了工作内容、成果要求和责任义务。在部、省、市、县分别成立固定的评估工作团队，明确项目负责人和评估工作联系人，研究制定土地整治示范建设评估工作指南，对评估各环节的目标任务、分工、程序、方法、保障措施等分别进行明确。组建外围专家团队，在评估过程中提供技术支撑，协助解决各地在推进评估工作中遇到的技术难题。

2. 统一明确技术要求

由部土地整治中心组织召开省级评估工作人员技术培训会，对各省级评估人员进行技术培训，不断完善评估工作QQ群，及时上传相关技术文件资料和答疑情况汇总，对评估工作方法、程序、指标内涵、指标间逻辑关系及计算方法进行明确。

3. 不断完善技术手段

对土地整治综合成效评估系统和填报软件进行升级完善，实现与农村土地整治监测监管系统中数据的对接，提升了数据处理、统计、分析的效率，设置了评估数据自动比对校核功能，实现了系统间数据的对比，保障了数据的科学性、规范性和准确性。在评估过程中，黑龙江、宁夏等省份运用遥感技术实现了项目数据上图分析，丰富了成效评估数据分析与表达的手段。

三 示范建设总体情况

土地整治示范建设项目是指各示范区县自确立以来，至 2017 年底竣工验收的全部土地整治项目，其中包括"十二五"期间高标准农田建设项目 45778 个。由于部土地整治中心已在 2015 年组织开展过"十二五"高标准农田建设综合成效评估[①]，因此相关项目未计入本次成效评估范围。扣除"十二五"高标准农田项目后，本次评估共涉及土地整治项目 30485 个。

（一）建设任务完成情况

从评估情况看，截至 2017 年底，全国各类示范区县共实施土地整治示范建设项目 30485 个，总建设规模 7654 万亩。河北（1054 万亩，13.8%）、黑龙江（946 万亩，12.4%）、河南（530 万亩，6.9%）、新疆（470 万亩，6.14%）、山东（448 万亩，5.9%）等产粮大省示范建设规模位居前列。《中共中央关于推进农村改革发展若干重大问题的决定》中提出："大规模实施土地整治，搞好规划、统筹安排、连片推进。"各地通过集中连片推进土地整治示范建设，将基本农田等优质耕地大面积连片布局，优化空间格局，有效提升农田生物多样性，构建景观优美、人与自然和谐的宜居环境。从评估数据看，全国土地整治示范建设单个项目平均建设规模为 0.9 万亩，共计 13 个省份在推进土地整治示范建设时实现了万亩连片整治。其中，黑龙江平均单个项目建设规模 4.57 万亩，河南平均单个项目建设规模 3.6 万亩，新疆兵团平均单个项目建设规模 2.1 万亩。

（二）资金投入情况

据统计，全国土地整治示范建设共投入资金 1298 亿元，亩均投资 1696

---

① "十二五"高标准农田建设综合成效评估情况，见《中国土地整治发展研究报告（No.2）》中相关专题报告。

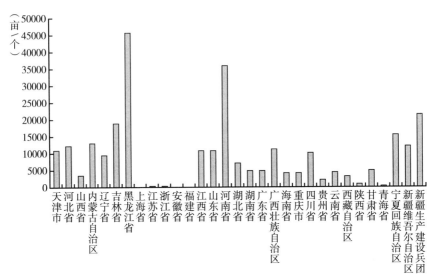

图1 全国土地整治示范建设单个项目建设规模分布

数据来源：2017年土地整治示范建设综合成效评估数据。

元/亩。从各省份投资强度看，上海市土地整治示范建设亩均投资远高于其他省份，亩均投资达到22738元。在空间分布上，各省份示范建设亩均投资

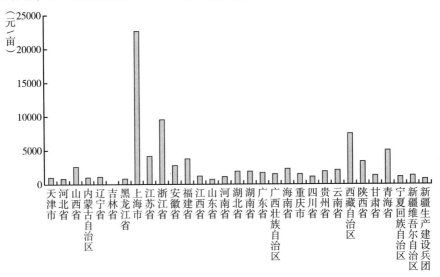

图2 全国土地整治示范建设项目亩均投资分布

数据来源：2017年土地整治示范建设综合成效评估数据。

标准与区域经济发展水平基本保持一致。苏浙沪区、湘鄂皖赣区位居前列，高于全国平均投资水平。广东省在安排项目建设资金时对示范区、示范县予以一定政策倾斜，按照 1800 元/亩的标准予以补助，市县在此基础上视当地财政情况予以资金配套。

四　建设成效

近年来，我国土地整治项目的数量和资金投入规模保持稳定增加，土地整治在改善农业生产条件、实现粮食高产稳产、促进农业现代化发展和新农村建设、推动区域经济社会全面协调可持续发展方面发挥了重要作用。

（一）切实保护耕地资源，保障国家粮食安全

随着我国改革开放的进程不断加快，生产建设占用耕地数量快速增加，耕地面积持续减少。土地整治围绕保障国家粮食安全，通过治理低效利用、不合理利用和未利用土地，恢复利用生产建设破坏和自然灾害损毁土地，以及推进城乡建设用地增减挂钩、城镇低效用地再开发、工矿废弃地复垦利用和低丘缓坡荒滩开发利用等，从增加耕地数量、提高耕地质量和减少建设占用等方面促进了耕地保护，提升了粮食综合产能，夯实了国家粮食安全的资源基础。

十八大以来，各有关部门、各地按照党中央国务院的决策部署，持续加大投入和政策支持力度，通过土地整治、农业综合开发、新增千亿斤粮食生产能力规划田间工程、农田水利建设、土壤改良等方式，建成高标准农田 4.8 亿亩，其中土地整治建成的高标准农田占 60% 左右，新增耕地 2400 多万亩，新增粮食产能约 440 亿公斤，在增加耕地数量的同时，提高耕地质量，优化农田布局和生态环境，改善农村生产和生活条件，不断夯实保障国家粮食安全、加快现代农业发展的物质基础。

（二）通过改善农村地区的生产、生活条件，促进农业增效、农民增收和农村发展

据统计，各地通过开展土地开发整理示范区建设、基本农田保护示范区建设等，累计投入资金 1298 亿元，惠及农民 5649 万人，新增农村就业岗位 6.6 万个，吸引社会投资 19.82 亿元。通过开展增减挂钩，加强对农村散乱、闲置、低效建设用地的整理，有效改善了农村人居环境，促进了美丽乡村建设。同时，支持贫困地区开展土地整治，100 个国家扶贫开发工作重点县被纳入全国 500 个高标准农田建设示范县范围，有效引导土地整治项目和资金向贫困地区倾斜，推动老、少、边、穷地区农村脱贫致富①。

土地整治通过归并零散地块、改善农田基础设施，提高了农田的排灌能力、抵御自然灾害能力和机械化耕作水平，推动了农业适度规模经营；通过村庄整治，改变了农村散、乱、差的面貌，促进了农民居住相对集中、农村基础设施和公共服务配套设施大大改善，特别是一些地方在推进农村土地整治中，注重保持农村特色，保留传统的农耕文化和民风民俗中的积极元素，使现代城市和现代农村经济社会和谐相融；通过提高耕地质量，改善农业生产条件，特别是实现了农业的规模化、产业化经营，农民的农业收入稳定提升；农民通过参与土地整治工程施工，还直接增加了劳务收入，土地整治因此成为解决农民就业、增加农民收入的有效途径。另外，通过实施土地整治项目，增强了农民的科学观念，增强了农民的参与意识、自我发展和自主管理能力，有利于培育适合新时代发展要求的新型农民，并促进了农村文明社区建设和提升有效治理水平。

（三）通过优化城乡土地利用结构和布局，促进城乡融合和乡村振兴

十七届三中全会提出"我国总体上已进入以工促农、以城带乡的发展

---

① 《全国土地整治规划（2016～2020 年）》，2017 年 1 月。

阶段"，如何促进城乡融合发展成为土地资源管理面临的重要问题。针对城乡二元结构导致的生产要素流通障碍，各地把土地整治特别是城乡建设用地增减挂钩试点作为努力构建统筹城乡发展的抓手和平台。十九大报告提出实施乡村振兴战略，明确提出要坚持农业农村优先发展，按照产业兴旺、生态宜居、乡风文明、治理有效、生活富裕的总要求，建立健全城乡融合发展体制机制和政策体系，加快推进农业农村现代化。各地深入贯彻落实十九大报告精神，以城乡建设用地增减挂钩、工矿废弃地复垦利用和城镇低效用地再开发政策为引擎，积极探索开展城乡建设用地整理，不仅有效保护了耕地，还进一步拓展了城乡发展空间。一方面，利用节约出来的一部分集体建设用地，引导财政资金和民间资本投入农村，明显改善了村容村貌和农民生产生活条件，切实增强了农村自身发展能力；另一方面，通过挖潜集体建设用地并在优先满足农村发展需要的前提下，将节余的土地指标调剂到城镇，有效拓展了工业化、城镇化发展空间，将增值收益返还到农村后还加快了新农村建设，实现了土地、资本要素城乡之间有序合理流动和经济社会发展成果城乡共享。

城乡建设用地增减挂钩等试点相继实施以来，既增加了耕地面积，又优化了城乡用地结构布局，促进了城乡统筹和经济社会一体化发展。"十二五"期间，通过开展城乡建设用地增减挂钩、工矿废弃地复垦利用、城镇低效用地再开发等，全国共整理农村闲置、散乱、粗放建设用地 233.7 万亩，复垦历史遗留工矿废弃地 936.6 万亩，改造开发城镇低效用地 150 万亩，优化了城乡用地结构和布局，促进了节约集约用地，整理复垦后土地利用率提高 9.83%，为新型城镇化和县域经济发展拓展了空间①。

（四）通过改善土地生态环境和修复受损生态系统，促进生态文明建设

2007 年党的十七大报告提出要"建设生态文明"，十八大进一步将生

---

① 《全国土地整治规划（2016~2020 年）》，2017 年 1 月。

态文明建设纳入社会主义现代化建设"五位一体"总体布局。十九大报告提出加快生态文明体制改革，建设美丽中国。明确提出要实施重要生态系统保护和修复重大工程，优化生态安全屏障体系，构建生态廊道和生物多样性保护网络，提升生态系统质量和稳定性；完成生态保护红线、永久基本农田、城镇开发边界三条控制线划定工作；开展国土绿化行动，推进荒漠化、石漠化、水土流失综合治理，强化湿地保护和恢复，加强地质灾害防治；完善天然林保护制度，扩大退耕还林还草；严格保护耕地，扩大轮作休耕试点，健全耕地草原森林河流湖泊休养生息制度，建立市场化、多元化生态补偿机制。土地整治工作通过改善土地生态环境和修复受损生态系统，成为生态文明建设的重要力量。云南、贵州等省份在推进土地整治过程中，针对一些地区土地退化程度较为严重、自然灾害损毁和生产建设破坏土地现象较为普遍的情况，综合运用工程、生物等措施，着力改善土地生态环境，修复、提升土地生态功能。天津、上海、湖南等省份注重利用农用地集湿地、绿地、景观等多种生态功能于一身的特点，在推进土地整治项目建设中综合采取工程、生物、物理、化学等措施，着力改善土地生态环境，提高生态涵养能力，并在控制土地沙化、盐碱化和减轻水土流失等方面发挥了重要作用。另外，通过塌陷区和采空区充填、尾矿库造田、排土场改土造林及风景观赏区建设等，有效修复了矿区生态系统、恢复了受损生态功能。

数据显示，土地整治在促进全国生态文明建设方面作用显著。通过开展各类示范建设，完善农村基础设施，建成田间道、生产路37.23万公里，修建灌排渠道70.33万公里，种植农田生态防护林7612万株，采取工程、生物等措施，开展沙化、盐碱化和石漠化等土地治理，治理水土流失面积355.7万亩；加大工矿废弃地复垦和矿山生态环境治理，"十二五"期间土地复垦率提高了12.5%。全国通过土地整治修复和保护生态系统，基本实现了生态安全和粮食安全有机结合，有效促进了生态环境质量的整体提升。

参考文献

蔡运龙、汪涌、李玉平：《中国耕地供需变化规律研究》，《中国土地科学》2009 年第 3 期。

王世元：《把握机遇 勇担使命 努力开创土地整治工作新局面——在贯彻实施全国土地整治规划加快建设高标准基本农田现场会上的工作报告》，《国土资源通讯》2012 年第 15 期。

杨建波、王莉、刘润亚、刘震宇、谷颐乐：《我国农村土地整治的发展态势与重点研究领域》，《国土资源科技管理》2012 年第 1 期。

贾文涛：《从土地整治向国土综合整治的转型发展》，《中国土地》2018 年第 5 期。

《全国土地整治规划（2016～2020 年)》（国土资发〔2017〕2 号），2017 年 1 月 10日。

战略研究篇

Strategic Research

B.7
以国土综合整治助推乡村振兴*

严金明　张东昇　夏方舟**

摘　要：　实施乡村振兴战略，是党的十九大作出的重大决策部署，是决胜全面建成小康社会、全面建设社会主义现代化国家的重大历史任务，是当前我国乡村管理和发展策略新阶段"三农"工作的总抓手。国土综合整治作为通过"田水路林村镇"综合整治优化生产生活空间和通过"山水林田湖草"综合整治改善生态空间的主要工具，与乡村振兴在理念、要求、目标和内涵上深度契合，有助于靶向解决当前乡村战略实施

---

　*　基金项目：国家自然基金项目（71661137009，71704180）；国家社科基金重大项目（17ZDA039）；中央在京高校重大成果转化项目。

**　严金明，中国人民大学公共管理学院教授、博士生导师，主要研究方向为土地利用与城乡规划、自然资源管理理论与方法；张东昇，中国人民大学公共管理学院硕士研究生，主要研究方向为国土规划与整治；夏方舟，中国人民大学公共管理学院讲师，主要研究方向为土地规划与管理、土地政策与经济。

中的突出问题。未来应当将国土综合整治视为乡村振兴战略的重要平台和实施抓手，大力助推精准扶贫攻坚，全面提高农民生活水平；切实提升农业发展质量，培育产乡融合发展新动能；全面推进乡村绿色发展，打造人与自然和谐共生发展新格局；积极促进农村文化繁荣兴盛，稳步开展特色乡村建设；以国土综合整治助力体制机制创新，强化乡村振兴各类要素资源供给。

关键词： 乡村振兴 国土综合整治 契合分析 产乡融合

党的十九大报告指出，我国社会主要矛盾已经转化为人民日益增长的美好生活需要和不平衡不充分的发展之间的矛盾。这一矛盾在我国农地地区尤为突出，体现在区域发展缓慢、城乡差距不断拉大、农业发展质量偏低、农民生活水平不高、乡村特色凋零丢失等诸多方面。2016 年乡村区域仍生活着全国 42.65% 的人口，但乡村居民人均可支配收入仅为城镇居民的 36.78%①，乡村问题已然成为我国进一步推进社会主义现代化建设所必须解决的问题。因此，党的十九大报告和 2018 年中央一号文件明确提出，实施乡村振兴战略是决胜全面建成小康社会、全面建设社会主义现代化国家的重大历史任务，是新时代"三农"工作的总抓手。与此同时，国土综合整治作为通过"田水路林村镇"综合整治优化生产生活空间和通过"山水林田湖草"综合整治改善生态空间的主要工具，与乡村振兴在理念、要求、目标和内涵上深度契合，应当将其视为推动乡村振兴战略落实的重要平台和抓手。因此，本文通过梳理既有研究阐述了乡村振兴的缘起和背景，划分了乡村发展的五个阶段并探讨了乡村振兴战略的内涵和价值，分析了乡村振兴战略和国土综合整治的内在逻辑契合性，进而提出了以国土综合整治推动乡村战略实施的改革方向。

---

① 数据来源：《中国统计年鉴·2016》。

一　乡村振兴的缘起与背景

（一）改造过渡阶段：1949～1958年

新中国成立之初，封建土地制度仍然严重制约我国生产力的发展，因此改革陈旧的土地制度、建立农民土地所有制度成为广大农民的迫切要求。1950年我国颁布《土地改革法》，针对农村特别是新解放区农村展开土地改革，至1953年全面完成，分散的小农土地所有制度得以建立。由于小农制度的分散性和落后性无法满足生产力发展的要求，1952年底我国提出过渡时期总路线，1956年社会主义改造基本完成，农业合作社成为乡村主要生产单元，合作社管理委员取代村级组织成为基层组织职权的实际行使者，"村社合一"的局面开始显现①。这一阶段是我国农村的改造过渡阶段，人民生活水平显著提高，综合国力明显提升，主要表现为封建制度下的落后农村改造为社会主义制度农村，土地所有制度从封建土地制度变为农民土地所有制，进而改造为土地集体所有制度，基层管理职能的行使权由乡组织转移到合作社管理委员会，以农产品统购统销制度为代表的农村制度具有明显城乡异质性，城乡二元体制初步形成。

（二）人民公社阶段：1958～1978年

在社会主义改造的基础上，按照1958年《关于在农村建立人民公社问题的决议》，我国建立了"一大二公"的人民公社，"政社合一"的治理体制基本确立，人民公社在之后将近20年的时间里成为我国乡村政治生活的绝对主角。虽然其维持了农村社会的相对平稳运行，但整体来看，在20世纪50年代开始的国家工业化目标和"工占农利"战略的指导下，我国通过户籍制度及一系列具有明显差异性的社会保障和福利等制度固化了城乡割裂的

---

① 袁金辉：《中国乡村治理60年：回顾与展望》，《国家行政学院学报》2009年第5期。

二元结构，制约了农村地区的生产要素流动，在一定程度上以牺牲农业和农村利益为代价完成了工业化的资本原始积累，此外过度强化国家权威的治理模式也对传统乡村文化造成了较大打击。同时，"文化大革命"脱离实际的发展思路给乡村发展和农业生产带来了难以挽回的损失，改革已然迫在眉睫。

（三）改革重塑阶段：1978～2005年

自1978年开始，家庭联产承包责任制改革成为乡村发展的新主题，针对乡村发展中存在的种种问题，新型乡村开始重塑并呈现良好的发展潜力。从1978年到1984年，我国农业连年丰收，粮食总产量从6095亿斤增加到8146亿斤，出现新中国成立后农业第一次特大丰收；1983年，《关于实行政社分开建立乡政府的通知》要求建立乡政府，"乡政村治"的乡村治理模式开始取代"政社合一"模式；从1982年到1986年，我国一号文件连续五年将农村农业问题作为重点，要求逐步破除乡村发展的障碍；随后我国掀起市场化发展浪潮，家庭联产承包责任制被写入宪法，要求延长承包期限并开启第二轮承包，基本建立了农村社会主义市场经济体系，缓解了乡村治理中存在的问题。这一阶段我国城乡二元关系开始松动，农业发展取得突破性发展，农民生活水平大幅提高，乡村发展重获活力，但同时也产生了诸多问题。其核心根源在于价值取向偏离，表现为基于城镇发展的需要进行乡村发展模式设计，乡村仍然是城市的附庸。这种不恰当的价值取向导致了乡村发展的逐渐落后，随着改革重心转移到城市、大规模农民进城打工潮的形成和社会主义市场经济体制的建立，我国乡村发展速度逐渐落后于城市地区，城乡差距的进一步扩大对农业生产、农村社会秩序产生了诸多不利影响，产生了较为严重的"三农"问题。

（四）新农村建设阶段：2005～2017年

进入21世纪以来，我国经济已经进入工业反哺农业阶段，但距离全面反哺尚有较大差距，农村和农业获得的支持较少，"三农"问题成为我国政府、社会和学术界共同关注的热点。2005年，第十届全国人大常委会决定

自 2016 年 1 月 1 日起废除农业税条例，同年，十六届五中全会提出按照
"生产发展、生活富裕、乡风文明、村容整洁、管理民主"的要求，推进社
会主义新农村建设，标志着我国农村发展进入新农村建设阶段。从 2004 年
开始，我国政府更是连续 14 年发布以"三农"为主体的一号文件，有力保
障了新世纪以来我国农村的可持续发展，构建了城乡统筹的新型关系，改变
了乡村发展滞后的状况。在这一阶段，随着城乡统筹发展理论的提出、我国
政府推动城乡一体化的实践，我国逐步实现了从农业哺育工业向工业反哺农
业的重大发展理念转变，解决了制约乡村发展的一系列问题，但同时仍然未
能从根源上突破城乡二元体制，未能彻底打破限制乡村发展的桎梏，乡村类
城镇化的发展思路更导致了农民上楼、乡村发展同质等一系列问题。

（五）乡村振兴阶段：2017～未来

新形势下，针对当前存在的乡村发展问题和社会主要矛盾转变的事实，
党的十九大报告提出实施乡村振兴战略，要求"坚持农业农村优先发展，
按照产业兴旺、生态宜居、乡风文明、治理有效、生活富裕的总要求，建立
健全城乡融合发展体制机制和政策体系，加快推进农业农村现代化"，标志
着我国乡村发展进入了全新阶段。2018 年 1 月 2 日，中央一号文件《关于
实施乡村振兴战略的意见》发布，强调实施乡村振兴战略，是解决人民日
益增长的美好生活需要和不平衡不充分的发展之间矛盾的必然要求，是实现
"两个一百年"奋斗目标的必然要求，是实现全体人民共同富裕的必然要
求。可以说，乡村振兴战略是在新中国成立以来乡村治理经验的基础上，对
包括城乡关系、乡村政策、宏观经济政策在内的多个系统进行总结提升的产
物，是我国乡村管理和发展策略在经历改造过渡阶段、人民公社阶段、改革
重塑阶段、新农村建设阶段四个阶段后的全新发展。

因此，乡村振兴战略是在历史观认识和现代化要求的统一下，基于提升
乡村地位的逻辑提出的对新型城乡关系的全新阐述、对农业农村发展的重要
指导和满足农村居民美好生活追求的根本保障，是我国乡村发展的新策略。
其关键突破在于提出农业农村优先发展的理念，关键在于实现农业农村现代

化，基本原则为城乡融合发展和农业农村优先发展，具体要求包括产业兴旺、生态宜居、乡风文明、治理有效和生活富裕五个层面，体现为在新的发展阶段下对新农村建设的理性超越和全面升级：从生产发展到产业兴旺，更加强调"产业"在乡村振兴战略实施中的基础性作用，不断推进农业现代化和农村产业融合；从村容整洁到生态宜居，强调人与自然和谐共处共生，提升农村人均生态环境质量，建设天蓝地绿山清水秀的乡村；深化乡风文明，保护乡村传统文化，推进社会主义精神文明建设，充分发挥乡村作为中华传统文化传承载体的功能；从管理民主到治理有效，强调构建现代化的乡村治理体系，切实保障人民利益；从生活宽裕到生活富裕，满足乡村居民对于美好生活的追求。

二　乡村振兴与国土综合整治的契合分析

（一）乡村发展问题与国土综合整治

在我国城乡二元体制的制约下，乡村在面临城镇化发展冲击时缺乏自我保护能力，城乡差距不断拉大，农村产生了严重的人口、产业、生态和治理问题。农村人口，特别是劳动力的大量流失导致农村年龄结构、性别结构严重失衡，出现了严重的人口老龄化、空心村、留守儿童等问题。农业生产效率低下，风险较高，产业化程度低，结构单调，农民收入较低，二三产业在农村发展得不够充分，经济发展水平较低。随着经济发展，农村生态系统破坏问题日益突出，自然生态系统遭到破坏，农业化肥、农药的大量使用，乡镇企业"三废"排放和家禽养殖业造成了严重的土壤、水体和大气污染，农村生活垃圾污染亟待治理。以上三个问题导致了我国乡村在经济发展体系中的不断衰弱，乡村衰落的现象又反过来加剧了以上三个问题，城乡收入进一步拉大导致人口流失问题越发严重，进而导致市场供需不足而缺少活力，进而抑制了农村产业发展，造成严重的土地资源利用低效和生态破坏问题。同时农村治理中存在着诸如基础设施配套和公共服务水平低、村干部权力缺

土地整治蓝皮书

乏监督、传统社会维系被破坏、治理能力低下等问题，进一步加大了乡村发展的难度，产生了包括生产要素非农化、生态环境污损化、农村主体提前老弱化、建设用地空废化和乡村贫困深化的"五化"问题。

国土综合整治的本质为"对人与国土关系的再调适"，主要内容包括整理、开发、复垦和修复等一系列手段，核心内涵包括通过"田水路林村镇"综合整治以优化生产生活空间和通过"山水林田湖草"综合整治以改善生态空间两个维度，主要任务强调整治多重生态资源构筑国土生态安全屏障、以"三生空间"为承载重构国土空间、开展"田水路林村镇"整治以推动城乡统筹、开展跨区域资源调配以统筹区域发展和完善国土综合整治制度体系等多个方面，这恰恰是解决当前乡村振兴关键问题的根本所在。

（二）乡村振兴要求与国土综合整治

1. 理念契合：系统综合的发展理念

区别于传统的强调生产或者耕地保护的单一发展策略，乡村振兴的战略目标是多元而综合的，既要保护生态，也要发展经济，既要提高资源利用效率，也要保障基层民主和公平正义，产业兴旺、生态宜居、乡风文明、治理有效、生活富裕的多重目标导向构成有机统一的系统。同样，系统性和综合性是国土综合整治的重要理念，是指导国土全面可持续发展的要求。整治的目标是构建和谐的人地关系系统，这是包含助力经济发展、优化国土空间、塑造三生格局、推动区域和城乡统筹等多重内涵的系统性的概念，从经济导向、社会导向、自然导向、文化导向对自然资源开发、利用和保护进行统筹安排。

系统性的问题需要系统性的治理，乡村的发展离不开对治理手段和治理对象的多元统筹。治理手段缺乏系统性会导致治理乏力，甚至治理手段彼此掣肘，无法完成预定目标；治理对象的单一化则会导致治理陷入"种树的只管种树、治水的只管治水、护田的只管护田"的割裂困境，无法实现真正意义上的乡村振兴。国土综合整治是针对各类国土资源的低效、不合理利用问题采取综合性措施进行的综合性治理活动，要求使用包括农地整理、居民点改造、生态防护工程、抗震减灾工程、水体治理等在内的综合治理手段打造山水林田湖草的"生命共同体"。

2. 要求契合：生态优先的发展原则

发展乡村要坚持生态优先原则，农村地区是我国绝大多数的重要生态功能区、生态敏感区和脆弱区的主要分布地区，具有极其重要的生态功能和生态价值，也是我国生态安全保护的主战场。农村生态文明建设是乡村振兴战略的重要内容，保障乡村生态安全是"生态宜居"战略要求的关键前提。乡村振兴战略要求乡村走可持续发展道路，坚持"绿水青山就是金山银山"的思想，在开发利用过程中充分尊重环境，强调生态保护，使用绿色材料和绿色工艺，尽可能减少生产发展和生活需要给环境带来的压力。

同样，生态优先也是国土综合整治的必然要求。新常态下的生态文明建设要求实施国土综合整治以解决城乡生态空间萎缩、污染问题突出与景观破碎化问题为导向，全面整治土地、森林、草原、河流、湖泊、湿地、海洋等各项自然资源，以生态、景观服务及休闲游憩功能为重点，提升国土综合整治环境污染治理能力，加强"山水林田湖草"生命共同体的整体修复，构建以"山为骨、水为脉、林为表、田为魂、湖为心、草为皮"的国土生态安全体系。

3. 目标契合：推进乡村现代化发展

乡村振兴战略是全面建设社会主义现代化国家重大历史任务在乡村地区的重要阐释，是"三农"工作的总抓手，其核心目的是解决"三农"问题，实现乡村现代化。与新中国成立初期提出的"四个现代化"战略中对于农业现代化的阐释不同，十九大报告中提出的"农业农村现代化"是发展农业、农民、农村有机互动的乡村现代化，是农业农村优先发展、农民占主体地位、人与自然和谐共生和城乡融合发展的基本原则指导下的新型乡村发展目标。2018年中央一号文件进一步要求乡村振兴战略的目标任务要与十九大报告中提出的分两个阶段实现第二个百年奋斗目标的战略安排相契合：到2020年取得重要进展，农业综合生产能力提升，供给体系质量提高，产业融合发展水平提升，城乡生活水平差距持续缩小，基础设施建设深入推进，

农村人居环境明显改善、生态环境明显好转，乡村治理体系进一步完善；到
2035 年取得决定性进展，农村农业现代化基本实现；到 2050 年，乡村振兴
全面实现。

由此可见，乡村现代化目标的绝大部分内容正是国土综合整治关注的重
点，通过开展农地整理、高标准农田建设、农田水利基础设施建设以显著提
升农业综合生产能力，通过合理配置土地资源促进"产村融合"，通过村庄
更新整治、易地搬迁等优化农村生活空间，通过污染治理和生态保护整治工
程改善人居和生态环境，不断推进农业农村现代化和乡村治理体系现代化的
实现。此外，在第二个百年奋斗目标的指导下，国土综合整治从基础性工程
逐渐深入，整治目标不断提升：到 2020 年，国土综合整治将更加强调基础
性工程，治理农业生产发展的制约因素、改善农业生产禀赋，缩小城乡差
距、推进脱贫摘帽，开展生态治理工程、遏制环境恶化趋势；到 2035 年，
国土综合整治则以基本实现现代化为目标，不断提升农业生产能力、农民生
活水平、生态和人居环境，让农民充分享受到现代化的成果，进入 2035 ~
2050 年的乡村全面振兴阶段，国土综合整治将更加关注乡村的全面发展。

4. 内涵契合：以农民为本、农村为基、农业为源

尽管国土综合整治的内涵不断扩大，乡村地区仍然是国土综合整治的核
心区域，乡村问题仍是整治的主要问题，农民、农村和农业仍然是国土综合
整治的关键主体，核心内涵是以农民为根本、以农村为基石和农业为源泉，
与乡村振兴战略不谋而合。

以农民为本是乡村振兴战略的价值所在，我国当前农民社会地位低，在
经济、社会领域遭遇了大量的歧视性制度安排①，无法享受国家经济增长带
来的好处，成为缺乏职业吸引力的弱势群体，这与我国发展乡村的思路是相
违背的。我国乡村发展战略必须以农民经济、社会、文化地位的提高为最终
目标，才能充分保障农民权益，增强农村对人口的吸引力，实现真正的乡村

---

① 任喜荣：《制度性歧视与平等权利保障机构的功能——以农民权利保障为视角》，《当代法
　学》2007 年第 2 期。

振兴。国土综合整治核心内涵恰是以农民为本，将农民利益放在首要位置，发挥农民的主体作用，保障农民的财产、知情、参与等各项权利，切实提高农民的利益。

乡村振兴战略扎根农村，立足于我国农村发展的最大实际，旨在探索适合我国广大农村的、避免乡村同质化的发展模式，这要求改变传统的以城市为核心、忽视乡村发展的错误理念，以农村为发展主体，培育健康平等的城乡关系，解决我国发展不均衡不充分的问题。事实证明，过去在以城市为核心的发展模式下，农村作为城市高污染、高能耗产业疏散地而建立产业结构的过程是被动的。国土综合整治恰恰立足农村的发展需求，以解决农村自身的问题为整治目标配置整治工程，切实为实现农村"三生"环境的改善服务。

乡村振兴的核心问题是发展问题，而产业兴旺是发展的根本要求，农业作为我国绝大多数乡村的支柱性产业，对于乡村的发展有着特殊的意义：一方面农业是乡村地区面积最为广大的农用地发挥保障国家粮食安全作用的产业路径，是乡村在整个国民经济体系中具有不可替代作用的最主要原因；另一方面农业是乡村发展活力的源泉，凝聚着乡村最为丰富的人力、政策、生产经验、文化传统等生产和文化要素。针对当前我国农业发展存在的种种问题，自2004年以来，我国连续发布中央一号文件，要求增强农业基础设施和水利设施建设，提高农业生产能力。国土综合整治正是以农业为发展之源，优化农业资源利用，提高耕地产能，调整农村用地布局，在保证粮食安全的基础上积极推进乡村产业转型升级。

三 国土综合整治助推乡村振兴的发展方向

（一）以国土综合整治大力助推精准扶贫攻坚，全面提高农民生活水平

国土综合整治应在精准识别贫困人口和贫困地区的基础上，有针对性地开展整治工程，改善贫困地区生产生活条件，实现稳定脱贫。首先需瞄准具

备劳动能力但受到区域自然恶劣、市场发育不良制约而陷入贫困的人口，通过农用地整治、水利工程建设、环境污染治理、易地扶贫搬迁等工程帮助贫困人口摆脱发展限制因素，将劳动力匹配到合适的生产部门中；进而针对缺乏劳动能力的贫困人口，通过国土综合整治实现土地资产资本化，确保基础公共服务、社会福利水平接近全国平均水平。同时，针对贫困地区的实际情况实施差别化的国土综合整治精准扶贫策略，聚焦扶贫攻坚区域集中发力：对于有较大经济发展潜力的深度贫困区域，积极开展农用地整治、自然条件改善等治理工程以解除区域发展限制，增强农民致富能力，利用城乡建设增减挂钩政策，积极引进脱贫攻坚项目建设增加区域发展资本，开展基础设施建设、宅基地整理等整治工程优化贫困地区生产生活条件，激活区域发展潜力；对于生态环境脆弱不适宜大规模开发的地区，一方面开展国土综合整治推进易地扶贫搬迁，合理选取迁入地，保障搬迁人口的基本生活需要，另一方面在原地开展生态整治工程以修复受损的生态环境或改善恶劣的自然环境，发挥其生态效益。

2018 年中央一号文件指出"生活富裕"是乡村振兴的根本，建设美好乡村不能满足于摆脱贫困，更要全面提高农民生活水平，实现"生活富裕"的战略目标。因此，国土综合整治应不断针对区域发展不均衡的社会突出矛盾推进区域发展，促进实现农村地区生活水平的稳步提高：首先，因地制宜调整土地利用结构，助力乡村产业结构升级和产乡融合发展，不断提高农民收入水平；其次，推进村庄改造，开展生态文明建设，提高基础设施配套和公共服务水平，不断优化区域生产生活条件，缩小城乡差距，持续改善乡村人居环境；最后，开展存量建设用地整理，提高土地利用效率，新增的土地资源可以通过引入产业、改善农地布局、建设文化设施等途径为乡村发展创造新的活力。

（二）以国土综合整治切实提升农业发展质量，培育产乡融合发展新动能

国土综合整治应进一步夯实农业生产基础，提升农业综合生产能力。首

先要坚持最为严格的耕地保护制度，划定粮食主产区，开展农地整治和高标准农田建设，切实提升耕地质量和生产能力。其次通过加强农业基础设施配套提高农业生产效率，开展农田水利设施建设，改善灌溉条件，增强旱涝灾害抗灾能力，开展农业生产道路等产品流通重点设施建设，减少农户在生产、流动中的运输成本，推进防护林建设、农业科研、气象基础设施建设，切实提高生产效率。最后实施质量兴农和绿色兴农战略，通过国土综合整治调整农业生产资料分布，优化种植、养殖、放牧等生产格局，提高农业生产效益，开展农田生态整治工程，保障水资源、土壤资源环境达标。此外，新时期的国土综合整治要求改变过去土地整治一味追求规模化经营的思路，鼓励小农户和农业现代化有机衔接，发展多样化经营。

以国土综合整治推进实现产乡融合，充分发挥乡村特色。在国土综合整治中，依照新产业新业态的要求，调整乡村土地利用结构和产业用地布局，探讨耕园林草等农业用地的多功能利用模式，协调严格的耕地保护制度与产业融合对建设用地需求之间的矛盾，解决限制农业多功能发展的主要障碍；细化农村产业用地供应分类，为进一步引入第二、三产业提供便利，促进包括产品加工业、农业科研和生产服务产业、农业电子商务、休闲农业在内的多种新型农业产业形态发育；以村庄整治、生态安全治理工程助力美丽乡村建设，提升乡村人居和生态环境质量，并增加特色小镇建设等乡村新型产业支撑工程投放，推动具有乡村特色的旅游文化产业、乡村共享经济等新产业、新业态的发展。

（三）以国土综合整治全面推进乡村绿色发展，打造人与自然和谐共生发展新格局

新时期的国土综合整治应将乡村生态治理作为重要任务，针对当前农村存在的农业面源污染、水土流失、植被破坏等问题开展包括养殖区域划分、垃圾处理设施建设、水源地保护工程和水源涵养工程等在内的多项国土资源治理工程，扭转生态环境恶化的趋势。通过开展"山水林田湖草"的生态空间综合整治和"田水路林村镇"的生产生活空间综合整治，统筹各类要

素的修复、保护和维护工作，建立涵盖耕地、林地、草原等多种土地利用类型和土地、水体、大气、森林等多种自然资源的统一生态保护系统，将各项整治工程纳入统一的治理系统中，全面推进乡村绿色发展。

以国土综合整治凸显各类自然资源价值，实现人与自然的和谐共生。永续发展不仅既要满足人居环境改善和生态安全保障的要求，更要强调发展，发掘自然资源在经济、社会、生态、文化等各个方面的综合价值。因此，国土综合整治首先要推进功能区分类整治，针对区域生态脆弱程度和功能导向，在不同区域内配置差异化的整治工程，处理好开发与保护之间的关系；进而以国土综合整治的开发和保护探索推进自然资源资产显化，探索提升自然资源资本的增值途径；最终通过统筹自然资源整治，不断优化乡村"三生"空间，实现覆盖多维度、全资源的"三生"空间系统优化。

（四）以国土综合整治积极促进农村文化繁荣兴盛，稳步开展特色乡村建设

充分发挥国土综合整治对于乡村文化发展的基础性作用，开展村庄改造和生态整治工程，保障乡村人居环境和生态安全，留住"绿水青山"，调整土地利用结构，保障乡村文化、教育场地供给，健全乡村公共文化服务体系，培育区别于城市的现代乡村文化氛围；在此基础上，以国土综合整治加强乡村文化培育，通过划定乡村建设的历史文化保护线，开展文物、古村落修缮工程，保护具有传统文化风貌的建筑，同时依托民俗、文化景点投放民俗文化旅游工程，积极推进乡村文化繁荣兴盛。

在积极促进乡村文化繁荣兴盛的基础上，以国土综合整治推进特色乡村建设。首先，以国土综合整治推进村土地利用规划落实，通过村级特色产业调整和土地利用方式转变，实现"一村一品"建设；结合产业规划、村庄整治规划等专项规划，根据当地自然资源和乡土文化，在国土综合整治中采用具有特色的建筑材料和建筑工艺，营造具有乡村特色的建筑风貌和乡村布局；其次，在"田水路林村镇"综合整治中强调乡村振兴的特色要素引领，根据乡村禀赋和发展要求，突出自然资源利用中的重点功能导向和核心要素

作用，以具有乡村特色的核心要素引领乡村建设，避免"千村一品，千村一绿"的问题。

（五）以国土综合整治助力体制机制创新，强化乡村振兴各类要素资源供给

以国土综合整治深化土地制度改革，探索落实宅基地和承包地"三权分立"制度改革，推进农村征地制度、宅基地流转制度和集体经营性建设用地流转制度的"三块地"改革，推进城乡统一建设用地市场构建；以国土综合整治高位统筹各类整治项目，杜绝各自为政的现象，协调各个部门、组织在整治中的关系，明确规定综合整治的区域合作方式、期限安排和工程计划，完善生态、农业、建设用地等各类整治项目的规范流程和实施管理办法，明晰财权、事权分配，为自然资源的合理配置提供组织保障；以国土综合整治推进自然资源资产利用和管理机制改革，将国土综合整治列为自然资源资产负债表中的重要内容，助推自然资源资产评估审计、自然资源资产市场交易、自然资源发展权补偿等制度建设。

以国土综合整治强化乡村振兴的各类要素资源供给要求，从人才要素、资金要素和自然资源要素供给入手，唤醒沉睡的乡村资本，为乡村发展注入源源不断的活力：以整治推动人才队伍建设，合理安排投放整治项目，不断在乡村创造高技术、高薪水的劳动岗位，推动人才要素向乡村地区的流动，减少乡村自身人才要素的流失，以人口的聚集带动服务产业的聚集，以服务产业的聚集改善乡村生产生活条件，配合以乡村自身的发展，对人口产生新的吸引力，形成良性循环；以整治汇资金，国土综合整治工程为农村与城市、其他区域的沟通连接提供了重要平台，为乡村发展充分利用外部资金提供了可能，通过PPP模式下的农业综合开发整治项目、资金投入的精准扶贫项目等整治工程实现涉农资金整合，通过投放产业项目，不断拓宽乡村资金筹集渠道，引入金融技术和专业管理技术以提高资金融合和利用水平；以整治统自然资源，国土综合整治工程是实现乡村地区自然资源整合的重要手段，通过开展囊括土地资源、水资源、森林资源在内的自然资源综合整治，

提高乡村丰富的自然资源开发利用程度和资源供给能力，充分满足乡村发展对于资源要素的需求，激活乡村发展内生动力。

参考文献

陈锡文：《实施乡村振兴战略，推进农业农村现代化》，《中国农业大学学报》（社会科学版）2018 年第 1 期。

党国英：《我国乡村治理改革回顾与展望》，《社会科学战线》2008 年第 12 期。

贺雪峰：《为谁的农业现代化》，《开放时代》2015 年第 5 期。

刘东杰、周海生：《城市化背景下的乡村社会治理——以江苏省淮安市为例》，《农业现代化研究》2015 年第 2 期。

刘守英：《乡村现代化的战略》，《经济理论与经济管理》2018 年第 2 期。

刘彦随：《中国新时代城乡融合与乡村振兴》，《地理学报》2018 年第 4 期。

龙花楼、屠爽爽：《论乡村重构》，《地理学报》2017 年第 4 期。

苏毅清、游玉婷、王志刚：《农村一二三产业融合发展：理论探讨、现状分析与对策建议》，《中国软科学》2016 年第 8 期。

朱启臻：《当前乡村振兴的障碍因素及对策分析》，《人民论坛·学术前沿》2018 年第 3 期。

刘新卫、杨华珂、郧文聚：《土地整治促进贫困地区脱贫的模式及实证》，《农业工程学报》2018 年第 5 期。

严金明、张雨榴、马春光：《新时期国土综合整治的内涵辨析与功能定位》，《土地经济研究》2017 年第 1 期。

叶兴庆：《新时代中国乡村振兴战略论纲》，《改革》2018 年第 1 期。

张红宇、张海阳、李伟毅、李冠佑：《中国特色农业现代化：目标定位与改革创新》，《中国农村经济》2015 年第 1 期。

张军：《乡村价值定位与乡村振兴》，《中国农村经济》2018 年第 1 期。

周立、李彦岩、王彩虹、方平：《乡村振兴战略中的产业融合和六次产业发展》，《新疆师范大学学报》（哲学社会科学版）2018 年第 3 期。

B.8
土地整治促进乡村振兴的
机理：自然资本增值

徐祥临*

摘　要： 在习近平提出的人与自然和谐共生理论的指引下，土地整治在乡村振兴中的基本功能是推动乡村自然资本增值，这是土地整治基础理论的重大突破与创新。土地整治不会造成谷贱伤农问题，它是农业供给侧结构性改革的重要途径。土地整治可以推动乡村自然资本快速增值，推动农业供给侧结构性改革实现高质量发展。要以自然资本增值为导向重构土地整治体制机制。

关键词： 土地整治　乡村振兴　自然资本增值　现代农业发展

在十九大报告中，实施乡村振兴战略是作为"贯彻新发展理念，建设现代化经济体系"的重要组成部分提出来的。那么，如何看待土地整治在乡村振兴中的作用，如何通过土地整治扎扎实实地促进乡村振兴呢？本文从农业农村经济发展的角度谈一些看法，希望能够抛砖引玉。

一　土地整治重新定位：推动乡村自然资本加快
增值，支撑乡村绿色发展

以习近平同志为核心的党中央在十九大之后启动了党和国家机构改革，

---

* 徐祥临，经济学硕士，中共中央党校经济学教研部教授，博士生导师，主讲农业农村经济发展专题，主要研究方向为二元经济结构转换、农民组织化、土地问题。

自然资源部应运而生。显然，这是通过调整行政机构设置，从制度上保障绿色发展，提升建设生态文明水平。土地整治是自然资源部主管的重要工作之一，更是乡村振兴必不可少的环节。习近平总书记多次指出，山水林田湖草是一个生命共同体，要统筹山水林田湖草系统治理。经过多年实践积累，土地综合整治已成为优化国土空间开发格局、提升国土利用质量效率、打造山水林田湖草生命共同体的重要手段。在中国特色社会主义进入新时代的大背景下，对于土地整治在乡村振兴中的功能也需要重新认识，重新定位。

习近平新时代中国特色社会主义思想内涵丰富。十九大报告阐释的一个重要思想是"坚持人与自然和谐共生"。这是中国古代天人合一理念的现代化再现。习近平强调人与自然和谐共生，并不是主张人在自然面前消极地无所作为，而是尊重自然规律，实现人类的更好发展。在十九大报告的基础上，习近平总书记在2017年12月28日召开的中央农村工作会议上发表重要讲话，对于如何在乡村振兴中坚持人与自然和谐共生，进行了更深刻更全面的阐述。他指出："良好生态环境是农村最大优势和宝贵财富。要守住生态保护红线，推动乡村自然资本加快增值，让良好生态成为乡村振兴的支撑点。"

自然资本（Nature Capital，NC）范畴进入中国共产党的理论视野，是重大理论创新，是在乡村振兴中实现农村改革发展的理论飞跃。

资本是马克思主义政治经济学的核心范畴。马克思对它的定义是带来剩余价值的价值，反映的是资本主义生产过程中资本家与雇佣工人之间的剥削关系。正是在马克思主义政治经济学基本理论指引下，中国建立了社会主义基本经济制度，资本范畴也曾一度销声匿迹。但是，作为发展中国家，中国共产党第一位的历史责任是领导中国通过发展走上繁荣复兴之路。当消灭了资本的计划经济不能充分显示社会主义制度优越性时，旨在建立社会主义市场经济体制的改革开放就成为中国共产党的历史性抉择，资本又重新回到国民经济运行系统，并成为促进经济发展的主导力量。资本作为一种生产关系，不论在哪种社会制度下，其基本职能都是促进经济发展。当然，社会主义市场经济的资本与资本主义经济的资本有着本质的不同，那就是，前者要服从以人民为中心的社会主义本质要求，体现的是社会成员之间平等的权利关系，而后者必然服从少数资本所有者的利益诉求，体现的是少数富人对多数穷人的剥削关系。资本还有一个基本特征，那就是不断运动，并且在运动中不断增值。离开了运动与增值，资本的生命就终止了。

自然资本反映的是人与自然的关系。它是指人类能够从自然资源存量中导出的有利于人类生计的资源流量（如土地、水等）和服务流量（如水循环）。自然资本不仅包括为人类所利用的资源，如土地、水、矿物、木材等等，还包括森林、草原、沼泽等生态系统及生物多样性。

习近平总书记在领导乡村振兴中把自然资本增值引入，是对他倡导多年的"绿水青山变成金山银山"发展思路的理论化概括，实现了人与自然和谐共生关系在理论与实践相互作用中更高层次的升华，为我们对土地整治的研究提供了新视角。

自然资本具有自然和资本的双重属性，它的价值提升对 GDP 增加有决定性、可持续性的支撑作用。关于这一点，古典经济学体系中已经有所认识。威廉·配第有一句名言：土地是财富之母，劳动是财富之父。如果我们把土地宽泛地理解成一切自然资源，那么，自然因素在经济发展中的重要作用是显而易见的。但是，在传统发展模式下，不论是在经济理论上，还是在国民经济核算上，都没有对自然资本价值给予足够的重视，导致包括国家在内的各类经济运行主体有意或无意地加大了对自然资本的消耗强度，而对自然因素作为资本的性质缺乏认识，没有把握好资本必须不断运动且不断增值的本质要求，损害了自然资本对可持续发展的推动力。用通俗的话说，就是"吃祖宗的饭，造子孙的孽"。这一认识偏差表现在土地整治上，就是很多农村忽视其积累自然资本的功能，农村土地尤其是农业用地的肥力呈现下降趋势，土地产出越来越依赖外部物质与能量的投入，农业与农村的生态环境恶化，本来拥有的生态环境优势不断丧失。

在上述认识偏差的主导下，政府和土地整治主管部门以及各类利益相关方，往往把土地整治看成对人力财力物力存量的直接消耗，而没有像马克思那样，把"货币资本—产业资本—商业资本—更多货币资本"的循环过程

看成资本增值过程。陷入了"有多少钱办多少事"的小农经济简单再生产循环，严重忽视市场经济"办更多的事创造更多的财富和价值"的一般规律。

习近平总书记从自然资本增值的角度认识乡村振兴，为农村形成自然资本与经济发展双增长模式奠定了坚实理论基础，实现了土地整治基础理论的重大突破与创新。经济学常识早就告诉我们，资本的运动过程就是价值增值过程，也就是技术与管理不断创新即资源配置效率不断提高的过程。我们完全有理由说，我国土地整治已经进入自然资本增值的新时代。

二 土地整治推动农业供给侧结构性 改革实现高质量发展

十九大报告对乡村振兴的总要求是"产业兴旺、生态宜居、乡风文明、治理有效、生活富裕"。

半年来，各地实施乡村振兴战略取得了很大成绩，但也存在不容忽视的问题。其中不容回避的非常重要、非常现实的问题是，如何通过产业兴旺实现其他四项要求。从大量的调研资料和媒体报道中我们看到，很多地方引导农民大力发展种植业和养殖业，但效果不如人意，主要表现是很多产品出现了一再出现过的"谷贱伤农"现象，不但害了自己，也给已有的同类产品生产经营者带来了利益上的挤出效应。

谷贱伤农现象早在20世纪80年代后期就陆续出现了，也早就引起了习近平同志的关注与深入研究。十八大以来，供给侧结构性改革成为习近平经济思想的鲜明特色。运用这一基本思想领导农业改革与发展、深化农业供给侧结构性改革就成为必然的选择。习近平总书记多次指出，农业的主要矛盾已经由总量不足转变为结构性矛盾，突出表现为结构性供过于求和供给不足并存。基于这一基本判断，习近平要求，必须下决心对农业生产结构和生产力布局进行大的调整，尽快实现农业由总量扩张到质量提升的转变。他指出，走质量兴农之路，要突出农业绿色化、优质化、特色化、品牌化。要实现农村一二三产业融合发展。乡村不再是单一的从事农业的地方，还有重要的生态涵养功能，令人向往的休闲观光功能，独具魅力的文化体验功能。简言之，习近平总书记的要求是，通过农业供给侧结构性改革，实现高质量发展，而不是制造过剩。

那么，在农业农村发展过程中，农村基层干部带领广大农民究竟搞什么，才能做到既不过剩，又实现高质量发展，把两者有机地统一起来呢？运用习近平的"推动乡村自然资本加快增值"思想分析回答这个问题，在广大乡村进行大规模、高质量的土地整治就是不可或缺的途径，更是农业供给侧结构性改革的必然选择。

要把土地整治提升到农业供给侧结构性改革的重要途径上去认识。有必要澄清对农业供给侧结构性改革存在的片面认识。有些地方政府和农业经营主体基于多年来存在的农产品质量安全问题，把高质量发展窄化为大量生产有机农产品；还有的地方针对小农户市场竞争力赢弱的现实，大力推动企业化大规模生产；等等。这些认识和举措不能说没有道理，但靠这些举措实现农业发展方式和增长动力转换以及高质量发展，是不可能的，因为这些举措无助于从根本上扭转农产品供过于求的局面。蔬菜、水果、肉类、蛋类等产品的过剩已经反复证明了这个道理。这正是要通过农业供给侧结构性改革解决的问题。

当我们认识到上述问题之后，把土地整治作为农业供给侧结构性改革的重要途径并不难理解。农业供给侧结构性改革是个系统工程。农产品消费市场上高质量的农产品固然短缺，但把目光聚集在这一点上，则是只见树木不见森林。农村改革四十年来，虽然农业有了很大发展，但毋庸讳言，相对于工业化、城镇化、信息化，农业现代化处于"四化同步"的短板状态。对于农业发展滞后问题，受过去狭隘经验的束缚，人们的认识往往停留在农业科技推广难、机械化水平低、农民素质不高等老生常谈上。这些方面固然存在不足，但这些因素都是社会性的，不具有自然资本属性。

只有把传统小农经济时代靠天吃饭的农地改造成旱能灌涝能排、机械化

耕作方便的高产稳产农田，农业科学技术、农业机械化等现代生产要素才能高效率地进入农业生产过程，从已有的土地资源存量中生产出更多更好的农产品。只有把农村的生态环境、历史文化遗存保护好利用好，农村一二三产业融合发展才具备良好的基础。

考察全国各地以农业为基础发展起来的农村就不难以发现，这些地方都进行过大规模的土地综合整治，即农田、水利、村庄、交通、生态、能源等，都按照发展现代农业农村经济的要求进行了改造。即使是生产绿色有机农产品，也只有具备了这些条件，才能在农产品的数量和质量上满足市场需求，形成规模效应，真正给农民带来比较丰厚的利益。与此相对照，目前农产品市场上经常出现有机农产品价格畸高、数量供应不足、质量参差不齐、假冒伪劣充斥等问题，尽管原因是多方面的，但产地没有经过大规模的土地整治，难以扩大生产规模，不能不说是基本的瓶颈因素。很多地方的一二三产业融合发展，也只能停留在"采摘园""农家乐"的低端层次上。

以土地整治起步，为发展现代农业农村经济奠定坚实基础，也是世界上发达国家实现农业农村现代化的共同经验，为我国实施乡村振兴战略提供了有益的经验。且不说国情差别较大的欧美农村，作为我国近邻的日本、韩国等发达国家和地区都是这样。1926 年，日本农业开始受到农业过剩危机的困扰，1929 年世界经济大危机暴发，日本农业农村经济更是雪上加霜在这种局面下，日本政府并没有采取大力发展农村种养业和鼓励农产品出口的政策，而是在农村大规模开展土地整治和村庄改造，史称"自力更生运动"，很快让农村乃至整个国民经济走出了低谷。20 世纪 70 年代韩国进行的新村运动也极大地促进了农村经济社会发展。

国内外的经验表明，农村开展土地整治不仅不存在过剩之虞，还往往在村庄与村庄之间形成正向激励机制，既为农业农村发展积累了丰厚的自然资本，也扩大了农村市场需求，为国民经济走出过剩危机增添了内生动力。

三　以乡村自然资本增值为导向重构土地整治体制机制

当把农村土地作为一种资源看待时，人们对它的关注就会聚焦在数量和质量上，土地整治就成为扩充土地面积和提升土地质量的有效手段。但是，当把农村土地作为自然资本看待时，土地整治就不能单纯停留在数量扩充和质量提升层面，而是要在自然运动规律与资本运动规律以及二者有机融合的维度上进行全面、深入的考量，并相应在土地整治体制机制上进行改革创新。

首先，土地整治规划要突破单纯把土地作为农业生产资源的局限，充分挖掘土地所承载的自然、文化与历史等多方面潜力，满足城乡居民多样化生活需求，形成乡村一二三产业融合发展格局，提供具有综合功能的土地资本。

在我国推广德国土地整治理论与经验已经三十年的德国专家认为，土地整治不仅要满足农业生产的发展需要，还必须把生态平衡和保护传统文化放在首位，不能随意破坏土地承载的非农功能。德国的土地整治理论与经验已经在山东省青州市得到实践验证，受到了当地广大农民的充分肯定，取得了良好效果。

河南省信阳市郝堂村十年前就设定了"把农村建设得更像农村"的发展目标，传统的乡村建筑、生态、文化等元素比较完整地保留下来，形成了农村美、农业强、农民富的乡村业态和村民新的生活方式，为城镇居民提供了特色鲜明的休闲度假服务。实践证明，通过土地整治形成对城乡居民有吸引力的业态，是自然因素发挥资本作用的充分必要条件。

其次，整合财政涉农资金，集中使用，增厚乡村自然资本。自2006年实行农村税费改革之后，财政涉农资金快速增长，与土地整治相关的财政资金增长更快。但多头管理，碎片化严重，不同部门的土地整治项目互不衔接，甚至相互冲突。自然资本增值效果很差。包括高标准农田建设项目在内，大部分达不到设计使用年限和产出水平。

新设自然资源部整合了原国土资源部、发改委、财政部、原农业部等相关职能，为高效利用财政资金进行土地整治提供了制度保障。据广东省清远市的经验，整合财政涉农资金进行农村土地整治，对于调动农民参与土地整治的积极性，可以发挥"四两拨千斤"的作用。

对照日本、德国等发达国家在经济发展水平相同阶段的土地整治投入水平，我国土地整治资金投入标准还比较低，管理、劳动力等要素的回报还达不到城镇施工项目的水平。这样会打击各类要素积极参与自然资本增值的积极性。这是需要自然资源主管部门着力解决的重大政策问题。

再次，土地整治要因地制宜，先易后难，循序渐进。我国从土地整治的理论、方法与经验积累上看，已经进入综合整治阶段。但从各地农村土地整治实际状况看，差别很大。尤其是偏远乡村，多年没有进行过土地整治。农户承包地分割细碎、机耕道和排灌水渠毁坏严重。土地整治应根据各地实际情况和产业发展需要，进行不同水平的土地整治。现阶段大多数农村应该以"小块变大块"和修建机耕道、排灌水渠为主，提供发展现代农业的基本生产条件。在此基础上，进一步进行生态环境修复，营造乡村一二三产业融合发展氛围。

最后，土地整治项目施工主体应以农民集体经济组织为主。过去，政府各部门的农村土地整治项目都搞公开招标。要求具备一定资质的公司才能参加项目投标。这种做法看似科学公正，实则不适合农村土地整治项目细小、分散的特点，浪费很大。项目施工企业与土地经营主体没有任何利益关联，双方互不关心，工程质量往往较差。一些地方进行了大胆改革，由集体经济组织负责组建公司承接本村土地整治或村庄整治项目，做到了投入少、质量高、见效快，不仅增加了本村劳动力的劳务收入，还能够增加集体经济积累。

参考文献

赵龙：《为乡村振兴战略做好土地制度政策支撑》，《行政管理改革》2018 年第 4 期。

党国英：《我国乡村治理改革回顾与展望》，《社会科学战线》2008年第12期。

朱启臻：《当前乡村振兴的障碍因素及对策分析》，《人民论坛·学术前沿》2018年第3期。

刘东杰、周海生：《城市化背景下的乡村社会治理——以江苏省淮安市为例》，《农业现代化研究》2015年第2期。

苏毅清、游玉婷、王志刚：《农村一二三产业融合发展：理论探讨、现状分析与对策建议》，《中国软科学》2016年第8期。

B.9
依托土地整治　助推乡村振兴

龙花楼*

摘　要：　乡村振兴是人口、土地和产业等乡村发展关键要素耦合协调
　　　　发展的非线性转型过程，而土地资源的有效配置需要通过土
　　　　地整治来实现。因此，土地整治在乡村复兴过程中肩负着为
　　　　人口集聚、产业发展提供资源支撑的基础性作用。乡村振兴
　　　　视角下的土地整治要遵循可持续内涵式发展路径，既要激活
　　　　乡村人口、土地和产业等关键要素，也要统筹物质空间振兴
　　　　与精神内核提升，形成城乡共进共荣、融合一体的新格局。
　　　　基于农村土地整治的乡村振兴要与区域自然本底条件和社会
　　　　经济发展阶段相适应，按照分区统筹、分类施策的原则在国
　　　　土空间开发格局的框架下因地制宜地采用适宜的模式与路径。

关键词：　土地整治　乡村振兴　乡村转型发展　乡村重构

　　"农村空心化"、"农业边缘化"和"农民老龄化"的新"三农"问题已经成为制约我国推进城乡融合发展和实现全面建成小康社会的短板。十九大立足于人民日益增长的美好生活需要和不平衡不充分的发展之间的矛盾提出了乡村振兴战略，以破解城乡发展不协调、城乡关系不对等的矛盾。乡村振兴的主要内容是经济、政治、文化、生态和福祉建设，核心目的是系统构

＊　龙花楼，博士，中国科学院地理科学与资源研究所研究员、博士生导师，长期从事城乡发展
　　与土地利用相关研究。

建各种发展要素的耦合格局，实现乡村的全面复兴。作为协调人地关系的一种手段，土地整治具有"重构城乡空间""保障粮食安全""统筹城乡发展""集约利用资源""改善人居环境"等多重功能，与乡村振兴的多重目标相契合。2000 年以来，我国通过土地整治大约完成新增耕地 430 万 hm²，建设高产稳产基本农田约 6 亿亩①，对乡村地区土地资源的盘活与集约利用产生了深远的影响。

一　乡村振兴视角下的土地整治

在新常态的背景下，实现乡村复兴要走可持续的内涵式发展道路，避免盲目地复制以往"乡村工业化""乡村城镇化"的线性转型过程，要充分发掘乡村价值，改变以往乡村作为城市附庸的价值取向，形成城乡平等、互补、融合的发展格局。真正意义上的乡村振兴不仅仅表现为乡村居民收入、居住环境和公共服务等物质层面的复兴，更体现为文明的乡风、独特的文化、有序的治理等深层次的复兴。

传统的农村土地整治局限于其工程技术属性，核心目标在于耕地质量提高、农田规模扩大、村庄布局有序等物质层面的提升。甚至部分地区的土地整治的动机并不是为了保障乡村的健康发展，而是为了城乡建设用地总量的动态平衡，将土地整治视作为城市建设占用提供用地空间的一种手段。因此，乡村振兴视角下的土地整治要通过协调乡村人口、土地和产业等关键要素来重新定位"三农"。①乡村人口是农业经营的主体，是乡村发展的动力之源。现代农民的"职业"已经不局限于传统的农业种植，农业与农产品加工、制造和电商平台等二三产业融合将赋予农民更多的就业选择。②土地整治工程可以改变耕地数量、质量及农村建设用地的利用形态，从而盘活土地资源，同时也兼顾村庄传统风貌、传承乡土文化、延续聚落肌理、保护乡

---

① 冯应斌、杨庆媛：《转型期中国农村土地综合整治重点领域与基本方向》，《农业工程学报》2014 年第 1 期。

村独特的魅力。③现阶段的土地整治与产业发展的融合还不足，要形成土地综合整治与现代农业、体验农业、民宿经营和旅游观光等多元业态的有机融合，使农地在用途不变的前提下实现价值提升。此外，农村土地整治也要积极探索土地权属再组织的新机制，避免农民纠纷，鼓励参与式规划、建设。总之，新时期的乡村土地整治既要激活乡村人口、土地和产业等关键要素，也要统筹物质空间振兴与精神内核提升，推动城乡融合一体。

二 中国土地整治演进与乡村转型发展的耦合关系

我国的土地整治大致可以划分为三个发展阶段：①数量潜力挖掘阶段：为应对乡镇企业的异军突起及"九五"期间快速城镇化战略引致的城乡建设用地扩张导致的耕地面积大幅萎缩、粮食安全保障压力增大等突出问题，多地区进行了比较成功的实践，如上海的"三个集中"① 整治模式，安徽六安的小区综合整治模式等。1998 年之后，土地整治的资金数量、项目数量及建设规模快速增长，据统计，1998～2005 年我国通过土地整治年均补充四百多万亩耕地②。虽然，这一时期的土地整治以增加耕地数量、为城镇化工业化提供发展空间为主要目标，但在一定程度上也保障了农业生产、农民增收及粮食安全。②数量与质量并重阶段：2006 年，116 个国家基本农田保护示范区的建立标志着我国土地整治由关注数量型增长到综合考虑整治规模与新增耕地质量。同年，原国土资源部部署第一批城乡建设用地增减挂钩试点，意味着农村建设用地整理成为土地整治的重要组成部分。2005 年，国家提出新农村建设方略，旨在通过工农互惠、用地挂钩、以城带乡来形成城乡统筹协调发展的新格局。土地整治通过改善农村的生产、生活条件及生态环境为新农村建设奠定了物质基础。③关注生态功能，实现城乡价值最大化

---

① 三个集中模式：农民住宅向中心村和小集镇集中，乡镇企业向工业园区集中和农田向规模经营集中。

② 国土资源部土地整治中心：《土地整治蓝皮书：中国土地整治发展研究报告（No.1）》，社会科学文献出版社，2014。

阶段:"十三五"土地整治规划纲要突出了生态良田的建设、利用与保护,倡导"绿色化"土地整治,关注土地整治与精准扶贫的有机结合,表明我国土地整治的内涵不断向生态化转型。2017年,"十九大"提出乡村振兴方略,以推动城乡融合发展。

纵观我国土地整治的目标演进与乡村转型发展方略的演变,可以发现土地整治的功能与转型期社会经济发展的需求具有高度的一致性与内在耦合性。从时间演进的角度看,一个区域或国家的现代化进程往往需要经历"乡育城市、城乡分离、城乡对立、城乡融合"的发展过程。我国的乡村转型与发展路径同样遵循这样的规律,从起初的工农业剪刀差,到统筹城乡发展、缩小城乡差距,再到如今的通过乡村振兴来促进城乡融合一体。显然,我国的土地整治也表现出同样的演变方向,从最初的以未利用地开发为主增加耕地数量为城镇化提供空间支撑,到"数量"与"质量"并重以提高耕地生产潜力、促进农业农村发展,再到关注土地的多元功能、实现城乡价值的最大化。从二者的目标来看,土地整治是通过工程及生物技术改善农村的生产和生活条件、改善生态环境。乡村振兴的主要目标体现在产业经济发展、社会生态改善和管理民主三个方面。广义上来说,二者都是通过一定的手段对农村进行改造,使农村的经济、社会、生态及文化空间发生转型与重构。从关注内容来说,土地整治关注的是对生产、生活及生态实体空间的再组织,而乡村振兴聚焦于产业发展、村民生活、生态环境及社会治理等全方面的复兴。因此,土地整治可以理解为乡村振兴过程中对乡村物质空间的改造,是实现乡村振兴的重要手段。

三　土地综合整治助推乡村振兴的区域路径选择

由于我国地域广阔,不同地区在经济发展水平、自然资源禀赋、地质地貌条件、生态人文景观、历史文化传统及区域发展政策等方面存在高度的空间异质性,因此,开展农村土地整治要与区域自然本底条件和社会经济发展阶段相适应,按照分区统筹、分类施策的原则通过相应的工程技术及生态手

段调整人口、土地及产业的相互作用关系。主体功能区划统筹考虑区域自然与人文因素、社会与环境耦合特征,将我国国土空间划分为优化开发区、重点开发区、农产品主产区和重点生态功能区。土地整治作为协调土地资源与经济发展间矛盾、调控区域人地关系的重要手段,同样也需在国土空间开发格局的框架下因地制宜地采取适宜的模式与路径(见表1)。

表1   乡村振兴视角下区域土地整治的路径选择

区域类型	区域特征	整治路径选择
优化开发区	国家城镇化、工业化先行区,经济发达、人口密集、人地矛盾突出	开展土地综合整治,优化耕地多功能布局,充分挖掘乡村多元价值,促进特色农业与乡村旅游的有机结合,推动农村一二三产业融合发展。吸引发达城市地域人口及资本流向乡村地区,形成城乡融合共生的格局。此外,对污染良田进行整治修复,恢复其生产能力及生态价值
重点开发区	具有一定经济基础,资源环境承载力较高,具有较强的人口及产业集聚能力,是工业化、城镇化潜力较大的区域	形成"增减挂钩,城乡互动"的农村建设用地整治模式,防止城镇化进程中耕地大量流失。统筹规划,对田、水、路、林、村进行综合整治,实行"数量管控、质量管理、生态管护"三位一体的管理模式。稳步推进农田整治,改善农业基础设施、提升耕地质量,保障粮食生产。有序引导农业现代化与农产品加工、乡村旅游等产业结合,促进农民稳定增收,形成乡村新业态
农产品主产区	多位于平原地区,耕地资源丰富,气候条件适宜。为保障国家粮食安全,限制高强度工业化及城镇化开发,是建设用地占用高危区。具有较高比例的农业从业人口	在城市郊区,开展农村建设用地及农用地综合整治,协调优化生活环境、生计环境、生态环境。在远离中心城市、非农产业欠发达的地区,根据区域的土壤性质、灌排条件等因地制宜地实施中低产田改良利用,进行高标准农田建设,促进农业规模化、机械化经营。根据区域空心化程度,推进"空心村整治",促进农村建设用地集约高效利用,为农区城镇化提供空间支持
重点生态功能区	生态环境脆弱,自然灾害频发,部分地区海拔较高,森林覆盖率较高。多为老少边穷地区,基础设施薄弱,经济发展极其滞后	考虑该区生态脆弱性,以"养""护"为主恢复该区耕地质量和生产能力,注重生物多样性保护,将"生态化"理念引入整治工程设计。规避地质条件脆弱区,如山体滑坡等地质灾害多发区,有序引导居民通过迁村并居的方式进行集中安置,科学进行中心村规划与建设。对于部分传统特色村落,保持其原有风貌,传承乡土文化。合理引导农业结构调整,发展生态农业,推进农业分工、专业化生产

　　乡村振兴与农村土地整治均是由人文、经济、资源与环境相互联系、相互耦合形成的具有高度综合性的系统工程。综合多学科精髓、统筹多要素特征和融合多主体力量对于解决乡村问题具有重要意义。乡村振兴尚处于探索阶段，需要深化相关理论认知，建立健全体制机制和政策体系，对区域振兴模式与路径仍需进一步深入研究。土地整治也面临着理论滞后、理念陈旧、制度不完善等问题，需要通过理论创新、科技创新和制度创新来完成土地整治的绿色化、现代化转型以及协调好项目运行过程中政府、市场和社会之间的关系。

参考文献

　　龙花楼、屠爽爽：《论乡村重构》，《地理学报》2017 年第 4 期。

　　龙花楼：《论土地利用转型与土地资源管理》，《地理研究》2015 年第 9 期。

　　龙花楼：《论土地利用转型与乡村转型发展》，《地理科学进展》2012 年第 2 期。

　　龙花楼：《论土地整治与乡村空间重构》，《地理学报》2013 年第 8 期。

　　龙花楼：《区域土地利用转型与土地整理》，《地理科学进展》2003 年第 2 期。

　　龙花楼著《中国乡村转型发展与土地利用》，科学出版社，2012。

B.10
城市承载力对城市更新的影响研究

贾克敬　吝含伟　祁　帆*

摘　要： 城市更新是提升旧城区城市综合承载力的主要手段。然而，城市更新项目在实施过程中出现了几方面问题，主要表现在更新项目对自然环境和历史文化破坏程度大、基础设施和公服设施配给以及在拆迁过程中的一些社会问题等。因此，本文认为在城市更新项目承载力不足时，一是可以通过修复改善城市的自然生态环境、增加基础设施和公共服务设施等，提升城市承载系统的承载能力；二是降低城市更新项目对城市承载系统的压力，比如缩小项目建设规模，以减轻对于经济承载系统的压力，或者降低项目的开发强度，以减轻对于自然生态系统的压力等。

关键词： 城市更新　城市综合承载力　建设规模　承载系统

　　土地作为人类活动、生存和生产的场所与空间，具有养育功能、承载功能、仓储功能和景观价值等，对于人类生存、经济发展和社会进步都具有特别重要的意义。人口的急剧增长态势，给土地资源带来极大的压力。另外，中国城镇化持续发展，人口进一步向都市圈、大中城市集聚，造成建设用地

---

* 贾克敬，农学硕士，中国土地勘测规划院规划所所长、研究员，主要研究方向为土地规划、国土空间规划、承载力评价、环境影响评价和用途管制；吝含伟，学士，广州市城市规划勘测设计研究院工程师，主要研究方向为国土空间规划、多规合一；祁帆，公共管理硕士，中国土地勘测规划院高级工程师，主要研究方向为国土空间规划、承载力评价和用途管制。

总量不断增加、农用地面积不断减少、环境恶化、资源短缺、粮食匮乏等问题逐渐呈现，矛盾日益尖锐，土地实际承载负荷已濒临或超越合理承载容量水平。同时，城市内部的功能不平衡、空间利用不充分等问题也日益加剧，迫切需要对城市空间进行功能优化改造，来实现城市品质化提升，满足城市居民对工作、生活、服务的品质化需求。但是，实施城市更新项目也存在一些问题，包括项目开发对土地资源、水资源、历史文化等破坏程度大，项目实施带来局部地区基础设施和公服设施配给不足，以及工程拆迁带来的社会问题等。此类问题的产生都缘于忽略了城市更新与城市综合承载力的双向关系。

一　城市综合承载力与城市更新的相关研究综述

（一）城市综合承载力的内涵

随着工业化和城市化的快速发展，全球人口不断增加，环境污染与资源短缺问题日渐明显，承载力概念引起了人们的普遍关注，承载力研究也就从对非人类生物种群增长规律的理论探讨为主转向开始关注和解决人类面临的现实问题。承载力的研究也从土地资源扩展到了森林资源、矿产资源、环境资源、水资源等多个方面。承载力研究又从以粮食制约下的人口问题探索为主转向以研究资源环境制约下的人类经济社会发展问题为主，资源（土地资源、水资源、矿产资源、能源）承载力、环境承载力、生态承载力等概念相继应运而生，并从单要素制约承载力发展到多要素制约的系统承载力。

随着土地退化、环境污染和人口膨胀等问题的出现，承载力的概念被延展并应用至整个自然界，使得在不同的发展阶段，承载力概念和意义也发生着相应的变化。从表面上看，不同承载力概念在意义上有较大不同，但实际上是相通的、一脉相承的，都是用以描述区域系统对外部环境变化的最大承受能力，即描述发展限制程度的概念。研究者都承认承载力存在一定的阈值，超越了该阈值会导致一系列承载能力失衡问题的产生。

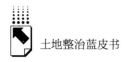

城市综合承载力的研究侧重于对城市内部自然资源环境、基础设施、城市经济和社会等四个方面因素进行评价分析，来解决城市现实问题和指导城市未来发展建设。

（二）城市更新的内涵

城市更新主要是针对旧工业用地、旧村庄、旧城镇以及烂尾楼等再开发和改造，如产业的"退二进三"导致大中城市旧工业用地的再开发，全国范围内实施的城市棚户区改造、工矿棚户区改造，中小型城市提出的城市升级三年计划，以及广东省全面实施的"三旧改造"等。

分析城市更新的具体功能和类型，包括工业化后期产业"退二进三"过程中对旧工业用地的再开发，对已污染"棕地"的整治修复开发；对衰败城市地区风貌景观的再塑造；快速城市化过程中的各种历史文化功能区的保护式再开发；以及城市各区域能级提升过程中自上而下、自下而上的多种更新活动。城市更新的目标已经从单一的土地利用提升优化慢慢转变为涵盖经济效益和旧城区功能完善、品质提升、景观重塑等的综合性目标。不同地区城市更新活动目标的多元化及内容的差异化丰富了城市更新的内涵。城市更新改造已经成为解决城市问题的有效手段之一。

（三）城市更新实施案例

北京后海地区危旧房改造项目面积20公顷，建筑占地14公顷；项目投资总额124.2亿元；项目迁移人口约4000户[1]。

通过对项目地块现状、建筑质量、基础设施、环境品质等方面的评估，发现该片区大部分四合院建筑因年久失修成为破败的房屋及院落；同时居住人口的激增造成居住空间狭小拥挤；又由建筑材料和结构老化、基础设施配套严重不足，导致生活环境恶劣，与人们对美好生活的需求严重不符。

通过建造各种现代化的市政基础设施，如给水排水管道、燃气管道、

---

[1] 《北京后海地区旧房改造的可行性报告》，百度文库，2016年10月24日（上传日期）。

通信网络、电力设施、停车场等，同时对该区域的危旧住宅进行补修翻修，让四合院既保持传统院落格局，又蕴含现代气息，不仅提升了北京市的环境质量和空间品质，也提升了区域的公共服务设施和市政基础设施的服务水平和承载力，此种改造方式也为类似地区的改造提供了可参考的实践经验。

二 影响城市更新的承载力因素

（一）城市自然环境承载力

城市更新项目需要在土地上进行建设开发，项目建设需要利用自然资源提供建筑材料，项目投入使用需要占用更多的水资源、大气资源等。在一定空间尺度下，自然生态资源所能承载的开发量、人口规模有限，过度开发、人口过度集聚会对自然生态空间产生负面影响，同时项目的使用功能和使用品质也会受到影响。因此，城市规划和建设管理部门会对城市更新项目提出建筑密度、容积率、建筑高度、绿化率等指标的强制要求，以控制区域开发强度。

（二）城市基础设施承载力

城市基础设施是城市更新项目实施与正常运营的主要支撑条件，而城市各类基础设施本身的服务范围、服务人口等是有限的。城市更新项目实施一般通过对土地的再开发，改变土地使用功能、提升土地开发强度，改善空间品质、平衡开发成本，实现经济效益。城市更新项目的建设实施运营，本身是对项目地块功能、规模等的提升，势必会增加基础设施承载负荷。如果不考虑各类基础设施的承载力，就会导致各种城市问题。比如，当城市更新项目开发强度超出现有交通设施承载力时，会导致交通拥堵，此时，需要缩小项目规模，或者修改城市交通规划，如通过增修道路、轨道交通等方式提升交通承载能力。针对城市给水排水、能源等基础设施的需求超出现有设施水

平的情况，也需要根据项目实际需求水平，新建或者扩建相应的基础设施和公共服务设施。

（三）城市经济承载力

城市更新项目从前期策划到实施运营，都需要投入大量资金，如政府需要投入资金用于项目启动、拆迁安置，项目投资方需要投入资金建设、运营等，且此类项目投资周期比一般建设项目长。当地政府的财政能力和城市资本市场规模直接影响投入更新项目建设的资金量和资金使用周期，也会直接反映在项目投入使用时的资金回报率和回报周期上，这就是更新项目的城市经济承载力。项目的实施成本超出城市经济承载力，则极有可能造成投资方资金链断裂，严重影响项目的实施进度，甚至可能造成项目中止。城市中的烂尾工程就是忽视经济承载力造成的。也有一些项目虽然建成使用，但是超出城市经济承载力，导致资金回报率太低。此类现象都是忽视项目建设、使用与城市本身的经济承载能力之间的关系导致的。

（四）城市社会承载力

城市更新是对原有建筑项目的改造再开发，所以涉及多方利益主体，包括政府部门、项目投资方、项目用户以及原有业主。各方利益主体都有各自的利益诉求，彼此之间很难达成共识。当各方利益群体诉求得不到满足，就会产生社会矛盾。例如，建设拆迁遇到"钉子户"、暴力拆迁等，都说明项目实施导致城市社会承载力失控，此种情况会导致项目投资方增加成本，也有可能中止项目。

三　城市更新项目承载能力提升方式

城市更新项目提升城市局部地区的人口规模，对于该区域的自然环境、交通基础设施、经济社会都会产生一定压力。当城市的承载系统不足以承载城市更新项目所带来的压力时，就会导致一系列城市问题，所以需要在项目策划前期分析项目所在区域的城市综合承载能力，即分析城市自然环境承载力、城市基础设施承载力、城市经济承载力、城市社会承载力，构建城市综合承载力指标标准。将项目实施影响与该区域城市综合承载力指标标准对应。当城市更新项目超出该区域承载能力时，一方面可以迅速找出承载短板，针对承载力不足方面作出调整，提升承载能力；另外一方面可以控制城市更新项目的建设规模或者调整城市更新项目的功能结构，以满足城市综合承载能力要求。

表1 两种承载力提升途径对比

途径	原理	特点
途径1：缩小更新项目开发规模	缩小城市更新项目规模，从而使项目满足城市综合承载力的要求	城市更新项目只能被动地适应现有城市系统的承载能力，而不能对其进行改变
途径2：提升承载力	提升城市系统的承载力，即提升城市承载力的极限值	城市更新项目可以通过正向改变城市承载系统来提高承载能力

（一）城市自然环境承载力不足的提升方式

在一定区域内自然生态、资源承载力是一个恒定值，人力难以改变，所以当城市更新项目对自然资源、生态系统的压力超过了其承载力极限值时，只能通过有效方式降低城市更新项目对于承载系统的压力。例如，当城市的土地资源承载力不足以支持项目开发强度时，就必须缩小项目建设规模。可以通过直接降低和间接降低两种方式来实现城市自然承载力的稳定。

直接降低方式是指直接缩减项目建设规模，从而减少其对城市自然环境承载力的压力。例如，城市更新项目开发强度较大，对自然生态产生了不可逆的负面影响，严重影响项目所在区域内的生态平衡。针对此种情况，可以通过降低项目的开发强度，降低其对城市自然环境系统产生的压力。

间接降低方式指通过其他设施建设减少项目对自然生态环境的压力，以满足项目对城市承载力的需求。例如，城市更新项目的污水排放对城市自然

生态环境产生恶劣影响，超过自然生态承载力，而新建污水处理设施减少污水量可缓解环境的压力。

（二）城市基础设施承载力不足的提升方式

城市的正常运营需要各类基础设施支撑，城市更新项目所在区域一般为基础设施配给不足的旧城区，项目的实施更会加重区域基础设施压力，从而导致项目的使用功能受到负面影响。因此，在承载力评价中，当城市基础设施承载力不足时，可以采取降低压力和提高承载能力两种途径。

表2　城市基础设施承载力不足的提升途径

	内容	特点	案例
降低压力	降低城市更新项目对于城市基础设施的需求	消极地适应现有城市基础设施的承载能力	缩小项目规模从而降低区域对于城市综合交通的需求
提高抗压能力	项目内自建基础设施，以弥补项目周边的基础设施的不足	积极改变城市基础设施的承载能力	通过建设输变电站来增加电力设施对城市更新项目的支撑能力

城市更新项目前期策划阶段，需要分析区域各类基础设施的承载力阈值，分析项目建设对于城市基础设施的影响，针对基础设施不足的情况，可以在项目内部建设相应的基础设施，弥补该区域城市综合承载力的不足，完善城市配套功能。例如，旧城区项目实施会直接导致该区域停车设施不足和交通负荷增加，针对停车不足可以通过项目自建停车场满足该区域的停车需求；针对交通负荷增加，可以在项目实施时，同步优化区域道路交通格局，当各种工程措施不能弥补交通不足时，需要同步缩小项目建设规模，直至满足交通承载能力为止。

（三）城市经济承载力不足的提升方式

城市更新项目一方面需要足够的资金支撑项目前期拆迁、建设开发及后期的运营，另一方面需要市场有足够的经济规模、消费群体和消费项目功能。当项目投入成本不足时，项目难以实施或者会导致项目建设质量、品质较差，当消费市场能力不足时，会导致项目功能使用不充分、资金收益较差等。针对以上两种情况，都需要缩小项目规模，一方面减少资本投入，另一方面减少项目功能使用量。最好的方式是在项目策划阶段，充分分析项目所在城市、片区的经济承载能力，使得项目的投入成本、建设规模与其经济承载能力相适应。

（四）社会承载力不足的提升方式

城市更新项目涉及多方利益主体，包括政府部门、项目投资方、项目用户以及原有业主等。各方利益主体对于城市更新项目的利益诉求不同，彼此之间很容易产生矛盾，从而导致社会问题、事件的发生。因此，在项目策划阶段，就需要分析项目实施的社会影响，研究区域的社会承载力。在出现社会问题、矛盾时，针对问题修改项目方案，以减少项目对于社会的负面影响。城市更新项目社会承载力与项目的公益性、对既有利益群体权益的保障程度及项目对于弱势群体的关注度密切相关。当城市更新项目社会承载力不足时，可以增加对既有利益群体的权益保障、增加项目内的公益设施规模和提升对弱势群体的关注度来提升社会承载力水平。

参考文献

李兰图、陈文宽、孙丽娜：《江苏省土地综合承载力时空差异分析》，《水土保持研究》2011 年第 1 期。

徐振强、张帆、姜雨晨：《论我国城市更新发展的现状、问题与对策》，《中国名城》2014 年第 4 期。

李艳飞：《基于承载力的城市综合开发项目评价模型与方法研究》，南开大学博士论文，2012 年 5 月。

制度方法篇

Systems and Approaches

B.11
新形势下耕地占补平衡
全程监管体系探讨

王 健 王建强 陈 正*

摘　要：　新时期"三位一体"耕地保护理念对占补平衡监管工作提出
了更高的要求。当前我国耕地占补平衡政策执行与监管中，
存在监管单元脱节、监管手段技术性不足、监管队伍建设乏
力、监管方式单一、监管环节缺失、监管制度建设滞后等问
题。本文试图构建耕地占补平衡全程监管机制与体系，涵盖
先期介入、规划设计指导、过程督导、新增耕地确认、指标
储备与交易管理等耕地占补平衡全环节，以期为新时期耕地

* 王健，博士，中国农业大学副教授、博士生导师，土地资源管理系副主任，主要研究方向为
土地经济与管理、土地制度、不动产估价；王建强，博士，首都经济贸易大学城市经济与公
共管理学院，研究方向为区域规划、土地资源利用；陈正，农业推广硕士，国土资源部土地
整治中心高级工程师，主要研究方向为土地整治监测监管技术方法、耕地占补平衡政策等。

保护提供有效监管方案。

关键词： 占补平衡　监管机制　国家统筹　耕地保护

耕地占补平衡制度是国家实行的占用耕地补偿制度。自确立以来，作为保障经济发展与资源保护的平衡机制，不仅为经济发展提供强有力的用地保障，还实现了保护耕地资源的目标。2017 年 1 月，中共中央、国务院印发《关于加强耕地保护和改进占补平衡的意见》（中发〔2017〕4 号），提出耕地数量、质量、生态"三位一体"保护的新要求。党的十九大报告提出，要完成生态保护红线、永久基本农田、城镇开发边界三条控制线划定工作，执行最严格的耕地保护制度。面对耕地保护的新要求和新局面，如何有效落实耕地占补平衡监管，成为新时代保障国家粮食安全、推进生态文明建设、改革资源环境监管体制的现实需要。

一　新时期耕地占补平衡的新要求

耕地占补平衡制度是新时期统筹推进土地整治和高标准农田建设、落实耕地和永久基本农田保护责任的关键所在。为适应耕地保护新形势，国家提出实行耕地数量、质量、生态"三位一体"保护，构建"控占用、明责任、算大账、差别化"的占补平衡新机制。新的政策框架下，占补平衡管理新机制坚持绿色发展理念，转变了补充耕地的方式，拓展了补充耕地来源途径，实行指标分类管理和储备核销方式，简化了建设用地项目与补充耕地项目之间挂钩的管理环节，迈出了补充耕地"算大账"的重要一步。

在当前面临占用一定耕地开展经济建设的客观事实下，根据地方发展和耕地资源状况，需要改革耕地占补平衡政策。国家统筹补充耕地是新形势下耕地占补平衡政策的优化，需要在监管体系上进行配套。

二 耕地占补平衡监管体系存在的问题

目前，耕地占补平衡监管中主要存在监管单元脱节、监管手段技术性不足、监管队伍建设乏力、监管方式单一、监管环节缺失、监管制度建设滞后等问题。

（一）项目审批、验收与监管相脱节

土地资源需要构建全程监管机制。一方面，占补平衡项目重审批与验收、轻实施监管的现象依然存在；另一方面，占补平衡项目审批与验收在执行过程中脱离了监管环节，导致出现占优补劣、占水田补旱地、承诺不补等情况。

（二）监管手段以实地抽查检查为主、信息化手段应用不足

土地资源监管的技术依赖性较强，在信息化手段应用不足的情况下，当前仍然依靠实地抽查为主，不能进行全覆盖监管。土地资源在全程性监管的基础上，需要构建综合性和预警性监管，信息化手段的缺乏将无法实现综合性和预警性。

（三）基层监管队伍建设乏力

土地资源管理部门技术人员缺乏，监管能力相对薄弱，基层监管队伍建设乏力。调研中发现反映最多的问题是技术人员留不住，换岗和流动性较强，从而带来信息入库难点较多，省级审核功能被虚化，入库信息不真实、不准确、不全面、不及时。

（四）监管方式和方法单一

各地占补平衡监管主要以行政考核为准，激励作用不强，缺少以奖惩促建设的手段。此外，监管方法单一，难以灵活运用当前的新技术、新手段进行监管。

（五）监管环节缺失主要体现为后期管护监管缺失

受制于农业产业的弱质性，补充后的耕地如何使用是一个现实的难题。新增耕地难以落实用地主体，占补新增的耕地使用中如何管护，是一个难题。在部分地区，还存在新增耕地大量抛荒的现象。以项目验收为核心的监管体系容易忽略后期维护，难以实现有效后续监管。重前期、轻后期的管理体系，难以保障补充耕地的基础设施日常维护与管理，从而导致资源浪费，有违"占补"初衷。

（六）制度建设滞后主要体现为缺乏省域内统筹监管

目前，在省级层面，我国很多省份建立了省一级占补平衡补充耕地指标调剂的平台。实施的省份也都结合实际情况制定了省域内部监管机制。但目前还缺乏对省级易地占补的监管，不符合土地资源监管的全程性。在"易地占补"中，出于对指标的需求，在省内缺乏一个有效的省级监管体系。

三　新时期耕地占补平衡监管体系构建

（一）耕地占补平衡监管的"全程性"

监管是运用法律、行政和经济手段对市场主体的经济活动以及产生的一系列社会效应进行宏观层面和微观层面上的干预和控制。由于受到土地属性的影响，土地资源利用监管具有特殊性。这个特殊性的体现就是监管的"全程性"。土地资源监管的范围应该涉及土地利用的所有环节，即土地开发利用全环节。

耕地占补平衡可以有效地保护耕地资源，极大地提高土地资源利用效率。耕地占补平衡的全周期性体现在土地开发复垦项目立项、项目实施、指标交易、补充耕地指标使用、耕地后期管护等环节。

（二）耕地占补平衡全程监管体系构建

耕地占补平衡政策监管的最大挑战是如何落实耕地数量、质量、地类全面监管。从路径上，要构建耕地占补平衡数量、质量、二级地类全面平衡的管理制度与考核制度。

从技术上，受到耕地主要补充渠道变化的影响，监管精度已经远远不能满足新机制和新要求，需要由以往监测大块新增耕地图斑转向对以零星、线状地物等的新增耕地主要形态进行监管。从方法上，对补充耕地和提质改造耕地的产能核定方法的研究也需要进一步加强，同时更加需要明确对旱地、水浇地、水田等不同地类的分类界定，使调查辨别更加规范化和标准化。研判耕地占补平衡制度改革后即将出现的新情况，归纳总结新特点，借助现代信息化手段，进行监管需求分析，完善技术标准、提高监管精度等技术水平，寻找缺位点，弥补监管漏洞，才能避免改革后新问题的出现。

根据"三位一体"耕地保护的要求，监管上要严格把关新增耕地开发，确保质量和生态效应，监管工作（尤其是国家统筹补充耕地项目）需要贯穿整个全程，涉及先期介入、规划设计指导、过程督导、新增耕地确认、储备与交易管理等全程监管体系建设。

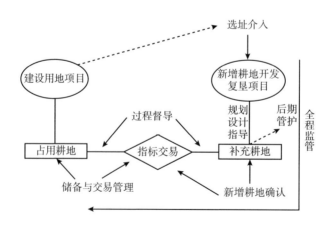

图1　耕地占补平衡监管体系构成

（三）耕地占补平衡全程监管路径设计

1. 前期介入（选址介入）

补充耕地国家统筹的监管重点在于耕地的补充和后期管护。在耕地数量、质量、生态"三位一体"保护的要求下，耕地占补平衡监管工作要贯穿整个过程。耕地占补平衡国家监管部门（自然资源部）需要介入补充耕地的选址，对各省市上报的用于国家统筹的耕地开发项目进行前期评估。省级政府按照土地利用总体规划，结合耕地开发进度，上报年度后备耕地开发、土地整治新增耕地等项目情况。对准备用于补充耕地国家统筹新增耕地进行单独上报。补充耕地国家统筹管理部门对上报的国家统筹新增耕地指标选址进行考核，并给出具体能纳入国家统筹的新增耕地指标。介入核查程序为：首先是账面分析，通过"一张图"，结合该省土地利用总体规划、耕地后备资源、土地整治新增耕地认定、该省未来用地计划和经济社会发展等情况，原则上确定是否能够纳入国家统筹指标；其次是实地论证，组织专家考核，实地论证新增耕地的地块形状、质量、类别，提出国家统筹指标类型建议。

2. 规划设计指导

由补充耕地国家统筹管理机构成立专门委员会，指导补充耕地国家统筹新增耕地项目按照"三位一体"的总要求开展规划设计，确保新增耕地的数量、质量与生态。规划指导需贯穿于前期介入和后期管护两端，还需建立村民全程参与的机制。

3. 过程督导

督导是确保补充耕地国家统筹能够顺利开展的重要手段，能够提高工作效率。耕地占补平衡国家统筹监管体系的重要一环是在确定选址与规划设计落地后，对耕地补充的过程进行督导，过程督导的目标是要保证耕地补充能够达到规划设计的要求，确保"三位一体"耕地保护目标的实现。

过程督导要强化占补新增耕地和提质改造的耕地的开发与使用监管工作，确保监管体系中耕地的数量和质量真实性。对承诺补充耕地的，要建立

跟踪监督的长效体系、确保落实到位。具体技术手段上，按照占补平衡"算大账"的要求，充分利用现代信息化技术，对补充和改造的耕地进行核实，对实地全覆盖检查。

表1　过程督导的监管目标科层

目标层	准则层	自准则层
数量、质量、生态"三位一体"	各级土地利用总体规划	各级土地利用总体规划实施情况 土地利用总体规划调整情况
	土地利用年度计划	新增建设用地情况 耕地保有量情况 土地开发整理复垦情况
	建设用地审批	建设用地预审情况 建设用地审批情况
	耕地补充	新增耕地数量 新增耕地质量等别 新增耕地的环境效应
	指标形成	差别化指标设置
	指标交易	交易平衡 交易价格
	后期管护	新增耕地利用的经济效应 新增耕地利用的社会效应 新增耕地的稳定性 资金使用
	反馈	公众参与 违法案件查处

4. 新增耕地确认

新增耕地认定是确认新增耕地指标是否能够达到作为国家统筹耕地占补平衡指标的必要程序。补充耕地国家统筹管理部门验收补充耕地工程后，继而对新增耕地进行认定，并对新增耕地入库管理。国家制定用于补充耕地国家统筹的新增耕地认定要求。省级政府补充耕地完成后，向补充耕地国家统筹管理部门提出申请，国家管理部门对所提出的申请项目开展新增耕地认定，并入库备案，对达到要求的形成指标。新增耕地的认定需要借助遥感图件、耕地等级认定成果，结合现场核查来完成。国家管理部门依托监测监管系统，以"一张图"为底图，对新增耕地的区位、形状、面积等进行认定，根据"三调"最新技术方案，对新增耕地进行等级认定，组织专家开展现场核查，对符合要求的地块最终出具"可形成指标"认定书，并对用于国家统筹补充耕地的地块进行单独标识。

5. 储备与交易管理

新增耕地指标作为国家统筹的应进行指标化储备管理。根据新增耕地的类型以颜色进行指标分类。综合考虑政治、经济、社会、文化和生态的指标效应，从多视角建立耕地占补平衡指标分类体系。国家层面需要开展耕地占补平衡指标的设定和全国指标库、交易中心建设；通过国家占补耕地标准设定和指标交易平台，严格补充耕地项目的立项、实施、验收、备案和上图入库等管理工作，确保补充耕地的真实性，并纳入土地督察范围。严格制定指标交易资金的用途和使用方案，探索资金长期保障和有效使用机制，建立耕地保护激励机制，多维度对发展权进行补偿。

四 完善耕地占补平衡监管体系优先行动

（一）严格规范国家统筹补充耕地监管

补充耕地国家统筹要坚决全方位"补足补优"，拓展渠道算大账，国家整合资金投入，强化核查检查，加强耕地建设性保护。"利益调节"是国家统筹补充耕地监管工作的核心，尤其是面对跨区的国家统筹，应建立健全耕地保护补偿激励机制，充分调动基层和农民保护耕地的积极性。监管的核心是"占补责任"，要严格耕地占补平衡责任主体，纳入省级耕地保护责任考核范畴。

根据"三位一体"耕地保护和国家统筹的相关要求，将耕地保护数量、基本农田保护面积、补充耕地核销三项指标落实情况作为考核认定是否合格的核心内容，将耕地增减变化情况、耕地保护责任落实和制度建设情况、耕

地质量建设等作为综合评价的参考依据。

1.建立国家指标库

指标监管是补充耕地国家统筹监管的核心，需要建立国家指标库。可将"耕地占补平衡指标"定义为"通过开垦、复垦、整理等各类土地整治活动新增的并经验收合格的一定耕地规模，经批准能够实现耕地占补平衡，纳入国家指标库的占补平衡指标"。

所有补充耕地项目实行均等化管理，严格遵循"全程全面、统一管理"的管理要求。按项目管理规定履行立项、设计、实施、验收等具体要求，建立标准化的补充耕地指标体系，保证补充耕地指标及时、准确、全面。对纳入国家统筹补充耕地形成的指标进行绿色指标定义，并设置唯一标号。针对各级各类农村土地整治项目、土地复垦新增耕地项目、后备耕地开发项目等类别进行唯一标号。这一标号应用于全程监管的各个环节。

2.对现有系统进行补充与更新

在当前耕地占补监管平台的基础上，开发国家统筹指标监管新模块，对监管体系采用流程清晰、关键点制约、日常监管、年度核查等方法，确保占补平衡。占补平衡确认信息，是监管体系中最重要的关键点。确保"占用"之前已完成"补充"，要保证绿色指标是已经验收的耕地，红色指标是规划新增耕地。在审批项目时，验证确认信息，保证补充耕地信息真实有效。占补关系核销，是项目完成占补平衡的终点。核销后的数据不可修改、删除，确保数据的稳定。新增全国指标核销模块。在当前监管系统和平台中加入土地整治监测预警、数据上传端口和资金使用模块。合理利用土地整治监测预警机制，控制项目实施周期，确保数据的准确合理；开发和扩展新增耕地核查数据上传端口，保证数据能及时录入；国家耕地统筹主管部门会同财政部，对补充耕地国家统筹指标调剂开展资金监管，对所使用的资金进行年度审核。

3.推行国家统筹补充耕地现场监管

对国家统筹补充耕地项目，尤其是通过土地整治和提质改造的项目，要对规划设计方案进行现场评审。科学论证和耕地开垦适宜性论证也是不可或缺的。规划设计是全程监管的开始，是确保政策初衷实现的保障。

表2　补充耕地国家统筹监管体系框架

内　容	体系科级
• 实现耕地保护、支撑区域协同发展	补充耕地国家统筹监管体系
• 实现耕地保护全过程动态化监管　• 构建信息化监管平台 • 组建常态化监管队伍　•"计划、实施、验收、后期管护"全过程 • 公众监督与反馈	全程监管
• 指标设置与指标交易平台　• 资金使用与监管 • 耕地指标储备　• 调控	储备与交易管理
• 新增耕地来源确认　• 新增耕地入库编号(唯一标识) • 新增耕地类型划分	新增耕地确认
•"三位一体"工程落实　• 生态评估　• 全覆盖检查 • 补充耕地的工程质量和进度　• 信息反馈	过程督导
• 补充耕地国家统筹审批制度 • 易地占补平衡双方协商备案制度	规划设计指导
• 选址介入 • 账面评估　• 现场评估	先期介入

（二）补改结合的监管策略

通过对未利用土地（如各类荒山、荒地、荒滩、荒水等）采取工程措施、生物措施或综合措施，使其改造成为以种植、养殖为主的可持续性利用的农用土地来补充耕地数量的基础上，通过提质改造现有耕地，总体实现耕地占补数量和质量的平衡的过程被称为补改结合。

1. 补改结合要开展前期监管

补改结合要因地制宜，结合实践经验，审慎、稳妥推进。监管要走在补改前面。通过对耕地资源禀赋和耕地情况进行研判，因地制宜、科学合理地规划。

补改结合可作为土地整治规划的一部分。在项目实施过程中，要整体把控，统筹调整项目规模和时序。在补改结合过程中要注意保护生态环境，严禁发生破坏当地生态环境的行为，坚决不能违背农业生产和发展的客观规律，不考虑实际情况强行变更土地利用类型。

2. 结合土地整治项目进行联合监管

补改结合可作为土地整治项目综合管理的一部分。严格遵循土地整治项目的要求，在对项目提质改造的过程中，不仅在前期进行可行性论证和分析，做好全局规划和顶层设计，更要实现科学管理和竣工验收。

从耕地资源保护与利用相结合的根本目的上看，提质改造的耕地应具备规模化潜质，对于能够发挥规模效益的项目，特别是集中连片的高质量耕地应给予优先考虑。从耕地保护责任角度出发，补改结合要坚持政府的主导地位，同时充分发挥相关部门作用，共同推动进程。提质改造、补改结合等落实耕地占补平衡的手段应早日提上议事日程，履行政府保护耕地资源的责任，同时应加强政府组织领导的力度。

3. 补改结合形成的指标要单独标识

根据数量、质量、生态"三位一体"的要求，城市建设占用耕地的，不宜采取补改结合方式进行耕地占补平衡。补改结合形成的指标要单独标识，严防指标扩张和滥用。应当充分发挥耕地占补平衡制度的约束作用，如果出现因为城市建设需求，占用耕地资源进行建设发展的情况，应当按照现行做法通过直接开垦优质耕地和水田的方式补充优质耕地资源，实现耕地占补平衡。

4. 补改结合监管主体要回归耕地保护责任主体

补改结合监管主体要回归耕地保护责任主体，即省级政府。在新形势下，国家统筹耕地占补平衡要改革现行以县为单位落实耕地占补平衡政策的实施途径，以落实建设用地单位的耕地占补平衡责任主体和国土部门的耕地保护监管本位职能为核心，实行阶梯费率，产生耕地复垦费，从而倒逼用地单位加大保护耕地资源的力度。同时，要发挥监管部门的作用，监督土地整治实施效果以确保耕地产能占补平衡。

（三）监管与耕地保护责任考核的衔接

国家统筹新增耕地责任的考核主体与耕地保护责任目标主体具有一致性。各行政区域内的耕地总体数量稳定、永久基本农田特殊保护面积及高标准基本农田建设任务由各省、自治区、直辖市人民政府直接负责，耕地保护责任目标履行情况由国务院进行考核。

新增耕地用于补充耕地国家统筹的进行单独考核。考核检查采用定性与定量相结合的综合评价方法，将原来对各省份落实耕地保护责任合格或不合格下结论调整为以打分排序制为基础的综合评价制度。对补充耕地省份要进行后续考核，并列出考核指标，形成严谨的指标体系。另外，可将补充耕地国家统筹的项目开发与耕地保护列入领导干部离任审计内容。

（四）国家层面对省域内占补平衡的监管

坚持以县域平衡为主是耕地占补平衡的基本原则。如果确因省域内经济发展水平参差不齐，耕地后备资源分布不均等特殊客观条件，导致难以在本县域内进行耕地资源补充的情况，应以县级人民政府为主体，跨县域调剂补充耕地指标。省级国土资源主管部门应建立指标调剂平台，根据地区实际情况、科学合理地统筹指标调剂。

（五）树立耕地使用者（农户）的监管地位

在我国土地管理相关法律制度中，农户的主体地位是缺失的。这使得当前耕地占补平衡监管中，农户这一主体经常被忽略，不利于耕地资源的保护。农民直接投资和使用耕地资源进行生产，最为了解耕地的情况。只有将农户作为重要力量纳入耕地保护行动中，并形成新型监管与保护机制，才能更好地落实土地监管制度。

（六）监管与资源资产核算的对接

补充耕地国家统筹除了考虑补充之外，还需要关注区域发展均衡与自然资源保护。构建耕地占补平衡的资源补偿机制，平衡易地耕地占补平衡双方利益。当前在耕地占补平衡过程中，双方很少关注耕地质量是否平衡，后备资源稀缺甚至即将枯竭的地区仅仅关心获得占用耕地的指标，可以更好地发展生产，加快城市建设进程，而耕地后备资源较为丰富的大多数是欠发达地

区，他们却仅关心指标转让获得的大量收益，双方都没有足够的动力保证补充耕地与占用耕地的质量平衡。补充耕地国家统筹将带动区域间的土地利用格局发生重大变化，在土地用途管制下的土地利用指标交易，我们需要关注不同发展水平下的发展权和公平问题。不可避免的是，国家统筹的耕地占补平衡需要考虑补偿机制的构建问题，发展差距下的补偿机制需要构建科学合理的评价指标来测算占补平衡补偿当量，这一评价指标需综合考虑区域协同、发展权与公平和正义等内容。

关注国家统筹下补充耕地地区的发展权问题，结合自然资源资产核算，实施资源综合补偿。以发展权为基础，实施区域资源补偿，实现土地发展权是国家层面安排耕地占补平衡机制的目的。在耕地占补平衡动态过程中，耕地后备资源相对丰富的地区也多是经济欠发达地区，在向经济较为发达的地区转让耕地指标后，耗费大量资源对耕地进行一系列保护，造成了耕地发展权的丧失，同时损失了当地地区与个人的经济发展权，所以必须要对耕地发展权的损失做出一系列预估和相应补偿。

五　总结

随着"三调"工作的开展，技术和监管手段的进步，未来"补、备、核、用、考"耕地占补平衡全面全程监管必将成为现实。结合"三调"成果和土地利用"一张图"监管平台的技术创新，可实时监管耕地占补平衡情况，通过土地督察机构等手段督办违法现象。

占补平衡监管以完善高标准农田建设、新增耕地调查认定程序为出发点，制定相关技术标准，研究和鉴别可作为补充耕地的相应地类来源。通过多种低空遥感监测方法的充分使用，结合实地调查，确认新增耕地面积、认定新增耕地类型、评估耕地质量等别。

占补平衡监管以实现高标准农田建设统一存储、统一监管考核制度，将各部门高标准农田建设项目信息全面上图入库为基础。完善农村土地整治监测监管系统设计，使各类主体、各类资金实施的土地整治项目能够纳入备案系统。提高系统的辅助核查功能，为市县级备案和省级审核把关做好信息化服务，提高入库信息质量和准确性。把好项目入库关口，对入库备案的土地整治项目，要切实落实省级部门审核职责，加强日常监测与监管。应对已入库指标进行检查核实，督促地方对已入库指标进一步核实确认，确保占补平衡指标真实准确。

监管中，要充分利用市场机制，建立健全管理机制，引导各地形成补充耕地市场化价格，优先保障国家重点基础设施项目耕地占补平衡。开展补充耕地指标市场化监控与价格预警，完善制度设计，防止补充耕地指标非需求性买卖，保持补充耕地指标市场价格在合理范围内。加强补充耕地易地调剂管理，逐步建立公开透明的调剂机制，防止腐败案件的发生。支持贫困地区产生的补充耕地指标优先调剂，全部收益用于脱贫攻坚。

参考文献

王健、贾文涛、陈正、张秋惠：《耕地占补平衡国家统筹资源补偿机制探讨》，《中国发展》2017 年第 3 期。

王健、朱道林、陈正：《国家统筹补充耕地机制研究》，《中国土地》2017 年第 8 期。

陈正、王建强、王健：《新形势下耕地占补平衡监管体系建设》，《中国土地》2018 年第 2 期。

朱道林：《严格规范补充耕地国家统筹》，《中国土地》2017 年第 3 期。

李国敏、王一鸣、卢珂：《耕地占补平衡政策执行偏差及纠偏路径》，《中国行政管理》2017 年第 2 期。

B.12
土地整治助推乡村振兴的案例研究

李红举　张　燕　李少帅*

摘　要： 多年来，土地整治以落实补充耕地任务、建设高标准农田为主要目标，坚持田水路林村综合整治，有力支撑了粮食安全、农业现代化、脱贫攻坚等国家战略，扩大了土地整治综合影响力。依托项目实施，各地主动适应经济社会发展新要求，不断丰富土地整治内涵，拓展土地整治功能，积极发挥"土地整治＋"效应，打造集"农业生产、产业发展、绿色宜居、生态优美"于一体的乡村土地利用平台，为农村发展注入了新动能，涌现出了一大批推动农业农村发展和乡村振兴的典型案例。实践证明，以土地整治助推乡村振兴，要多措并举，多点施力，综合运用土地政策、规划、资金等工具，充分发挥土地整治综合功能优势。

关键词： 土地整治　乡村振兴　典型案例

一　乡村振兴对土地整治提出新的更高要求

实施乡村振兴战略，是党的十九大作出的重大决策部署，是决胜全面建

---

* 李红举，水利工程学士、地理学硕士，国土资源部土地整治中心研究员，主要研究方向为水资源高效利用、土地利用与整治技术和政策；张燕，管理学硕士，国土资源土地整治中心高级工程师，主要研究方向为土地资源管理政策、土地整治实施监管与绩效评价；李少帅，土壤学硕士，国土资源部土地整治中心正高级工程师，主要研究方向为土地整治项目管理。

成小康社会的重大历史任务。2018年1月2日，中共中央国务院发布实施《关于实施乡村振兴战略的意见》，明确了实施乡村振兴的总目标，提出了产业兴旺、生态宜居、乡风文明、治理有效、生活富裕的发展方针，要求统筹推进农村各项事业发展，加快推进乡村治理体系和治理能力现代化，加快推进农业农村现代化，确保到2020年，乡村振兴取得重要进展，制度框架和政策体系基本形成；到2035年，农业农村现代化基本实现；到2050年，乡村全面振兴，农业强、农村美、农民富全面实现。

多年以来，我国土地整治始终坚持田水路林村综合整治，以农田基础设施建设为重点，为农业生产打造平台基础，推动农业农村加快发展；始终坚持规划统筹引领，实施生态化工程技术，支撑绿色农业和生态宜居农村建设；始终坚持公众参与工作方法，项目实施全程广泛征求农民意愿，积极支持项目区群众参与土地整治项目实施，对广大农民进行现代农业技术和工程管护技术培训，让广大农民在土地整治中学到职业技能，不断成长为"专业化""职业化"农民。通过土地整治项目实施，全面推动了农业产业发展，支撑了美丽乡村建设，改善了乡村治理结构，提升了乡村文明水平，最终推动农村地区发展、农民共同富裕。

实现乡村振兴，产业兴旺是重点，生态宜居是关键，乡村文明是保障，治理有效是基础，生活富裕是根本。从多年实践经验来看，土地整治所倡导的综合整治、生态整治和公众参与等理念方法，全面支撑了当前乡村振兴战略，也是落实乡村振兴目标任务最重要、最直接的抓手之一。新时期下，围绕十九大提出的乡村振兴战略，如何重新定位和构建土地整治工作体系、技术体系，发挥土地整治综合功能，统筹山水林田湖草系统保护修复，全面提高土地生态服务能力，建设美丽宜居乡村，是自然资源部门亟须思考和迫切需要解决的问题之一。围绕乡村振兴战略实施，不断加大土地整治力度，科学配置土地要素，高标准建设农田基础设施，全面改善农村人居环境，实现城乡基本公共服务均等化，切实发挥广大农民在乡村振兴中的主力军作用，更加需要进一步梳理当前土地整治政策，开展顶层设计，厘清定位，精准施策，最终实现让农村成为安居乐业的美丽家园。

二　土地整治推动乡村振兴的实践案例

我国大规模开展土地整治始于 2001 年，以国家投资土地整治项目为引导，4 年时间实施了 7 个批次、3000 多个国家投资土地开发整理项目，既实现了国家层面补充耕地指标的结余，也不断推动着土地整治专业技术发展和制度创新，同时建立了国家、省、市、县四级联动工作体系，推动了土地整治事业向着专业化、规范化发展。以地方各级政府落实耕地保护主体责任为重点，积极督促地方履行补充耕地义务，连年实现了耕地保有量目标，而且推动了耕地开垦费、土地复垦费、新增建设用地土地有偿使用费等土地整治专项资金的征缴，也为各类社会资金进入土地整治市场提供了政策依据，不断推动着土地整治事业向着市场化、产业化发展，不断丰富和夯实土地整治工作基础、专业内容和学科基础。

多年来，基于《土地管理法》提出的"按照土地利用总体规划，对田、水、路、林、村综合整治"基本内涵，我国土地整治一直坚持全面、协调的发展道路，不断跟随国家战略需求和国民经济发展要求，将实施土地整治项目与粮食安全、耕地保护、高标准农田建设、新型城镇化、农业农村发展、精准扶贫等国家战略目标相结合，不断丰富着土地整治内容。2005 年 2 月，原国土资源部印发《关于加强和改进土地开发整理工作的通知》（国土资发〔2005〕29 号），提出要以提高农业综合生产能力为出发点，大力开展基本农田整理；同年 10 月，印发《关于开展设立基本农田保护示范区工作的通知》（国土资发〔2005〕197 号），提出在全国 115 个县区部署开展基本农田示范区建设，探索建立以建设促保护的耕地管理长效机制。2006 年 6 月，《关于适应新形势切实搞好土地开发整理有关工作的通知》（国土资发〔2006〕217 号）提出，搞好农田基础设施建设，重点在促进农业生产发展，提高农民生活水平，改善村容村貌上下功夫。该文件明确要求土地整治支持农业发展。2008 年 6 月，《关于进一步加强土地整理复垦开发工作的通知》（国土资发〔2008〕176 号）提出，实施土地整治重大工程，积极稳妥地推进村庄土地整理，促进农业生产向规模经营集中，引导农民居住向中心村和小城镇集中。同年10月，党的十七届三中全会审议通过《中共中央关于推进农村改革发展若干重大问题的决定》，首次提出大规模实施土地整治，促进农业农村发展。由此，土地整治进入全面发展阶段，土地整治工作机制、制度体系和技术标准逐步完善。特别是在2009~2010年期间，在全国18个省组织实施了20多项土地整治重大工程、示范省建设等项目，将土地整治工作成就和社会影响力带到了空前的高度。

党的十八届五中全会确立了创新、协调、绿色、开放、共享的发展理念，十九届三中全会提出了深化党和国家机构改革方案，组建自然资源部，统一行使全民所有自然资源资产所有者职责，统一行使所有国土空间用途管制和生态保护修复职责。走进新时代，自然资源部门要不断丰富土地整治内涵，不断拓展土地整治综合功能，充分发挥"土地整治＋"效益，积极打造集"农业生产、产业发展、绿色宜居、生态优美"于一体的乡村土地利用平台，为农业农村发展注入新动能。近年来，各地涌现了一批土地整治典型案例，对于更好履行自然资源部门职责，推进乡村振兴、区域协调发展、生态文明建设等国家战略实施具有借鉴意义。

一是发挥土地整治项目资金量大、规划功能强的特点，以土地整治为重要平台，统筹各类农业农村投资项目，开展部门合作，快速改造农业生产、农民生活、农田生态景观，大力发展现代农业，农民收入快速提高。四川省苍溪县位于川北部的秦巴山区，为国家级贫困县，耕地资源主要分布在大山深处的高陡坡山丘中，农业生产条件非常落后。结合国家扶贫政策，四川省启动现代农业园区建设，走农业产业化发展道路，强力推动脱贫攻坚；同时加大土地整治资金向贫困县投入力度，苍溪县每年获得的土地整治资金占到涉农项目资金的一半以上。该县把土地整治项目实施作为现代农业园区启动的龙头，聚合了13个涉农项目资金，以土地整治规划落实园区规划，以园区规划落实部门项目，实施项目清单制管理，集中开展农田基础设施建设，全面推进田块标准化、农田水利现代化、田间道路网格化；使用增减挂钩产生的土地纯收益，改建农民住房，建设公共文化活动空间，全面改善农村生

产生活条件。项目实施后，当地农业企业及时进驻，通过土地流转，发展猕猴桃、雪梨等特色农业，园区农民不但获得土地租金收益，还可以到当地涉农企业就业，获取保底收入、分红收入和务工收入等。通过多个项目调查，土地整治前后农民收入增长翻番，农村快速发展。

二是借助土地整治重大工程项目实施，以对接农业产业为重点，开展工程布局，扩大基础设施内容，实施农村环境综合治理，打造绿色宜居、生态优美的农业产业基地，变农民为工人，推动农业向高质量发展。海南省海口市秀英区位于南渡江两岸，常年多台风暴雨，雨季江水泛滥容易带来洪涝灾害，加之海南岛是一个年代较新的火山岛，土层瘠薄，给当地农业生产带来很大的困难。2011年11月，国家批准实施海南省海口市南渡江流域土地整治重大工程，同意修建南渡江防洪堤，疏浚河网沟道，同时将附近城镇建设中剥离的耕作层土壤运送到项目区，垫高了田面，提高了土地资源利用效率和农田防洪标准。随着农田建设标准和保障条件的提升，不断有全国农业龙头企业申请到项目区租赁土地，发展高效农业。为了科学利用农地，当地政府制定了"以产业定整治内容"的工作思路，先后多次到全国各地招商，相继引入蔬菜、花卉、瓜果等种植大户，并按照农业企业要求布局土地整治工程，开展农村环境综合整治，细化建设内容，发展生态农业、绿色农业，让当地农业生产获得了与光热资源条件相匹配的收益，土地租金快速升值，农民收入大幅增加。以产业定整治、以需求定规划、变农民为工人的土地整治思路在全国多个地方得到响应，真正提升了农用地整治的价值，从根本上实现了农村地区发展。

三是精准使用土地整治资金，精细修筑以土地为载体的生态人文景观，精心修缮村舍村貌，集中打造具有浓郁乡土特色的自然文化景观，大力发展乡村旅游，农村居住环境大幅度提升，农民收入稳定增加。桃源村位于湖北省广水市武胜关境内，地处桐柏山、大别山交会之冲，历史上曾经是商埠要衢、经济繁荣、文化丰蕴的古村庄，也是一个逐渐衰败甚至面临消失的村庄，青年外出、孩子留守、老人无依。2012年10月，桃源村被批准为湖北省首批"绿色幸福村"建设试点之一，当地政府秉承"风貌自然、功能现代、产业绿色、文明质朴"的理念，积极探索在城镇化背景下保护农村优秀历史文化的路径方法，激发农村内生动力。结合土地整治项目实施，以自然、人文、生态"三大"景观塑造为重点，依托山体、水系、林地、生物物种等自然资源，以及民房、花墙、纪念碑等人文景观，准确把握地脉、文脉、人脉，将农事、节事、民俗、休闲、养生、拓展等体验情境纳入土地景观系统，将历史、文化痕迹和村民生活印迹与自然景观格局相辉映，重新构筑美丽乡村画卷；同时对项目区梯田、道路、河道进行仿自然修整、生态恢复，对村庄内的古民居进行历史还原，满足不同人群的生活、休闲、游憩、经营与消费等需求，吸引画家、摄影家前来写生，开展艺术交流活动，带动周边大城市市民前来休闲观光旅游。土地整治后，当地农民变产业工人，农民收入持续增长。

四是在土地整治项目规划设计中引入景观园林元素，集合基本农田保护、生态农业种植、生产生活体验、绿色制造加工、旅游休闲观光、科普教育宣传等多功能，建设以水稻种植区为核心的"稻田公园"，推动农业发展方式转变。2013年，湖南省安仁县积极践行习近平总书记"水稻田也是生态湿地和美景"讲话精神，借助土地整治平台，以发展农业生产、旅游、观光、休闲为导向，整合相关涉农资金，建设"农业湿地公园"。整个公园面积达5万余亩，以排山河为核心，连片稻田1.4万余亩，并建设万亩茶园、万亩果园、万亩荷花园、生态庄园、农耕博物馆等。项目实施将景观元素融入各园区中，集中展示农田、农业和农事诸活动，将园中的每一块田、每一条沟路渠都打造成一道流动的风景线，同时建设景观亭、观光路、风水车等景观节点。通过精细化园林设计、高标准农田建设，稻田公园在保持原生态、原生产模式的前提下，成功将城市居民的休闲观光融入稻田，与永乐江、神农景区、雄峰山国家森林公园自然融为一体，山、水、田园浑然天成。目前，该公园被评为国家4A级景区，年接待游客超过500万人次。在这里既能领略传统农耕文化，又可观赏标准化的现代农业，既是农田体验的综合展示，也是一个"望得见山，看得见水，记得住乡愁"的开放式公园。稻田公园已为当地带来直接经济收入超过1000万元，间接收入近2亿元，

并吸纳当地 200 余名农民就业。

通过多年跟踪评估土地整治项目综合成效发现，诸如四川苍溪、海南海口、湖北桃源、湖南安仁等地，不是简单地组织实施一个土地整治项目，而是将土地整治与当地自然特点和农业景观结合起来，以发展农业产业、休闲观光旅游为重点，推动农业和农村地区快速发展。这些项目的共同特点是，在完成既定土地整治目标任务的基础上，当地政府和自然资源部门主动思考，围绕乡村发展之所需、农民安居乐业之所急，不断拓展土地综合整治内涵，提升土地综合整治功能，按照市场需求配置土地要素，按照产业发展要求设计土地整治工程内容，从根本上解决了农村发展中定位不清、产业不稳、后劲不足的问题，为农村地区发展注入了新动能，推动了农村地区可持续发展。可以看出，以土地整治项目实施为抓手，是一条能够快速实现乡村振兴的好途径、好方法。

三 土地整治助推乡村振兴的有关建议

国内外实践证明，土地整治是经济社会发展到一定阶段土地利用的产物，更是城市反哺农村、工业支持农业的重要途径。当前，开展土地整治助推乡村振兴研究的专家学者非常多，但更多的是关注制度机制、实施模式创新等方面，而围绕项目实施开展针对性的案例研究并不多。一项好的政策，不但需要一个好的项目作为载体，更加需要在细节上精心打磨，让政策功效最大化，并推动以项目实施为核心的一系列制度体制、工作模式、工作内容、标准规范等建设日臻完善。在国家设计土地整治项目管理制度之初，并未给出清晰的工作内容、标准和模式，但在项目实施时，地方政府能够及时变通，积极谋划，紧紧抓住乡村振兴、农业产业发展的关键要素，开展有针对性的工作，取得了超乎预想的好效果，为其他地区助推乡村振兴提供了典范。

农业农村可持续发展，需要强大的资金支持，更加需要对土地政策的综合运用。从土地利用角度来看，土地整治是一项好的政策工具。通过项目组织实施，推动土地要素在市场中优化配置，推动农村土地生产关系优化调整，推动农村基础设施优化建设，以此实现农村土地利用效率的最大化。以土地整治助推乡村振兴，需要多措并举，多点施力，合理运用土地政策、规划、资金等工具，科学设计工作程序、内容、标准和模式等，充分发挥土地整治综合功能优势。

一是以土地整治规划为统领，多方式整合部门项目，共同打造农业农村发展平台。土地整治规划是实施土地利用总体规划的一项专项规划，对各类土地具有法定意义上的约束作用。土地整治项目具有资金量大、亩均投入高、工程建设标准高的特点，是落实土地整治规划的重要手段。充分利用土地整治规划的平台作用，以土地整治项目为载体，聚合农业、农发、水利、城建、环保、交通、旅游等部门资金，共同打造农业农村发展平台，一体化设计，一次性实施。在编制土地整治规划时，应统筹考虑农业生产、生活、生态空间，积极推动全域整治，把土地整治与新农村建设、区域协调发展、脱贫攻坚等战略结合起来，实现土地整治目标最大化。

二是以农业产业发展为重点，科学布局各类用地，有效提高土地利用效率，提高基础设施建设标准。实现乡村振兴，产业兴旺是重点，生态宜居是关键。当前，我国农村地区产业不集中、不发达，土地生产率不高，极大制约了农村发展、农民富裕。农村土地整治应以农业产业发展为主导，优化各类用地布局，要特别重视农村生态环境保护、自然景观保护和乡土文化保护，促进土地向规模集中、工业向园区集中、农民向社区集中，发展特色农业、效率农业、生态农业，以农村土地整治推动"三区"建设，最大限度地提高农村土地利用效率。同时，扩大土地整治资金支出范围，加强农田基础设施建设，提高工程建设标准。

三是以综合整治、生态修复为方向，积极践行"土地整治＋"理念，推动绿色发展。多年来，我国土地整治始终坚持田水路林村综合整治，落实全域规划、全域设计、全域整治，不断推动着农业地区发展；始终坚持生态修复理念，实施生态化工程技术，不断推动着绿色农业发展。通过土地整治项目实施，支撑了美丽乡村建设，改变了乡村宜居环境，提升了乡村文明水

平，最终推动了农村地区绿色发展、共同富裕。新的历史时期，土地整治要有更宽的视野，更加科学的工作思路，不断强化"土地整治＋"理念，与新型城镇化、农业现代化、精准扶贫、城乡统筹发展、生态文明建设相结合，推动绿色发展，实现土地整治多目标。

四是以人地关系调整为核心，优化土地整治工作流程，确保农民利益不受损。积极发挥土地整治政策效应和规划职能，科学优化农村土地利用布局，提高土地利用效率。规范土地整治项目实施流程，规范项目可研、规划设计、工程施工和项目验收各阶段工作内容，依法依规开展土地权属调整工作，满足市场经济对土地利用的需求。坚守土地公有制性质不变、耕地红线不突破、农民利益不受损的"三条底线"，依法调整农村土地所有权、承包权和经营权，合理安排土地整治工程内容，最大限度地激发土地经营者的主动性、创造性，最大可能地提升土地价值。

五是强化公众参与，全面推动乡村治理。在土地整治项目实施中，始终坚持公众参与的工作方法，项目实施全过程广泛征求农民意愿，引导鼓励项目区群众参与土地整治规划方案制定、土地权属调整、工程施工、项目验收、工程管护等环节工作，在公众参与中对广大农民进行现代农业技术和工程技术的培训，让广大农民在土地整治中学习和巩固职业技能，为农民走向职业化、专业化创造条件，有效提升乡村治理水平。

参考文献

叶兴庆：《新时代中国乡村振兴战略论纲》，《改革》2018 年第 1 期。

高世昌、周同、孙春蕾、张燕：《农村土地整治示范建设综合成效评估》，《土地整治蓝皮书：中国土地整治发展研究报告（No. 2）》，社会科学文献出版社，2015。

李红举、周同、孙春蕾、桑玲玲、丁锐：《"十二五"高标准农田建设综合成效》，《土地整治蓝皮书：中国土地整治发展研究报告（No. 3）》，社会科学文献出版社，2016。

国土资源部耕地保护司、国土资源部土地整治中心编《土地整治建设高标准农田 50 例》，中国大地出版社，2017。

B.13
新增耕地调查认定技术与2012～2016年全国新增耕地特征分析

陈 正 杨建宇 张 超*

摘 要： 新增耕地调查认定作为落实耕地数量、质量、生态"三位一体"保护的重要技术手段，近年来在年度土地变更调查、土地整治项目新增耕地监管等工作中发挥了极为重要的作用。本文系统性地对新增耕地调查与认定要求、计算方法等方面进行了探讨，并结合2012～2016年度新增耕地成果，对全国新增耕地的来源、分布及趋势变化进行了分析，得出补充耕地重心向西北偏移、新增水田和水浇地区域分布较为集中等结论。

关键词： 新增耕地 变更调查 占补平衡

一 新增耕地调查认定的背景和意义

我国作为一个人地关系高度紧张的人口大国，耕地是最为宝贵的资源。多年来，党中央、国务院高度重视耕地保护工作。2016年12月，国务院批

---

* 陈正，农业推广硕士，国土资源部土地整治中心高级工程师，主要研究方向为土地整治监测监管技术方法、耕地占补平衡政策等；杨建宇，理学博士，中国农业大学教授、博士生导师，信息与电气工程学院地理信息工程系副主任，主要研究方向为国土资源信息化、国土资源调查及应用；张超，农学博士，中国农业大学教授、博士生导师，信息与电气工程学院地理信息工程系副主任，主要研究方向为遥感与GIS及其农业和土地应用。

复实施《全国土地整治规划（2016～2020 年)》，确定了"十三五"时期全国土地整治目标任务和总体战略布局。2017 年 1 月 9 日，中共中央、国务院印发《关于加强耕地保护和改进占补平衡的意见》（以下简称"中发 4号"文件)，为进一步加强耕地保护和改进占补平衡工作提出了具体要求，对新时期我国加强耕地保护和改进占补平衡做出了全面部署。土地整治作为落实最严格耕地保护制度的重要抓手与基础平台，亟须强化对土地整治的监测监管，确保中央重要改革任务的落实。

随着我国经济发展进入新常态，新型工业化、城镇化建设深入推进，耕地后备资源不断减少，实现耕地占补平衡、占优补优的难度日趋加大。为贯彻落实"中发 4 号"文件精神，《国土资源部关于改进管理方式切实落实耕地占补平衡的通知》（国土资规〔2018〕13 号）提出，在耕地占补平衡管理中更加注重生态保护，转变补充耕地方式，着力通过土地整治建设高标准农田补充耕地，严格控制成片未利用地开发，切实保护生态环境。《国土资源部关于严格核定土地整治和高标准农田建设项目新增耕地的通知》（国土资发〔2018〕31 号）要求统一新增耕地的核定条件，严格核实认定并制定土地整治和高标准农田建设项目新增耕地核定技术要求，这对规范新增耕地管理，确保新增耕地核定及时、数量真实和质量可靠发挥了重要作用。可见，加强土地整治新增耕地的调查认定与监测监管，促进土地整治项目管理和土地调查工作的衔接，是今后一个时期耕地保护工作的重要内容。

二　新增耕地调查认定技术

（一）前期调查

前期调查内容主要包括：自然环境调查，土地利用现状调查，基础设施调查，社会、经济、人口调查和土地权属现状调查。

调查方法主要有资料收集、遥感解译和实地调查。通过调查，形成调查报告、调查图件等成果，汇总相应附件。调查报告应包括调查概况、调查实施情况、调查成果结论、土地整治前耕地面积、非耕地面积和项目实施建议。

（二）后期调查

调查内容主要包括：基础设施调查、权属调查、自然资源调查和田坎系数测算。

调查方法主要有资料收集、遥感解译和实地核实。

（三）新增耕地认定

土地整治和高标准农田建设项目新增耕地是指在符合省市县总体规划的前提下，通过实施土地整治或高标准农田建设项目，采用工程、生物等措施对未利用和损毁土地及建设用地进行改造后形成符合相关规定、可种植农作物的农业生产用地，具体条件主要包括以下几方面：一是种植条件要求。种植大田作物的土地，种植其他经济作物的土地，因不同耕作制度种植农作物的土地，用于培育秧苗、培育蔬菜、简易温室、塑料大棚用地。二是坡度要求。坡度应在25°以下，如水田坡度要求会更高。三是待认定新增耕地应在实施过土地整治或高标准农田建设的项目区范围内，这样的新增耕地才能够保障稳定生产的要求。

（四）面积测算

根据项目区的自然环境、社会经济、土地利用、基础设施等情况，依据土地变更调查及相关技术要求，对项目建设前后耕地面积进行调查并认定。新增耕地面积（公顷）计算方法如下：

1.开工前耕地面积（$S_{前}$）计算

依据开工前最新年度土地变更调查成果计算耕地面积。

$$S_{前} = \sum_{i=1}^{n} \left[S_i \times (1 - R_i) \right]$$

$$S_i = S_{i总} - S_{i非耕地} - S_{i线状} - S_{i零星}$$

式中，$S_{前}$指项目区开工前内净耕地面积，n是项目区内基于不同地类、地形等因素划分的核定单元总个数，S_i指开工前项目区内第i个区域耕地毛面积（含田坎），R_i指开工前项目区内第i个区域的田坎系数。

$S_{i总}$指开工前项目区内第i个区域图斑总面积，$S_{i非耕地}$指开工前项目区内第i个区域非耕地图斑面积，$S_{i线状}$指开工前项目区内第i个区域耕地图斑中非耕地类的线状地物总面积，$S_{i零星}$指开工前项目区内第i个区域耕地图斑中非耕地类的零星地物总面积。

2. 竣工后耕地面积（$S_{后}$）计算

项目竣工（或验收）后，基于实地调查测量形成的项目竣工图计算耕地面积。所有地物不能以线状地物和零星地物表示，均应以图斑形式落实到项目竣工图上。

$$S_{后} = \sum_{j=1}^{n} \left[S_j * (1 - R_j) \right]$$
$$S_j = S_{j总} - S_{j非耕地}$$

式中，$S_{后}$指竣工后项目区内净耕地面积，n是项目区内核定单元总个数，R_j指竣工后项目区内第j个核定单元田坎系数（通过实测得出），S_j指竣工后项目区内第j个核定单元耕地毛面积（含田坎），$S_{j总}$指竣工后第j个核定单元图斑总面积，$S_{j非耕地}$指竣工后第j个核定单元非耕地图斑面积。

3. 新增耕地面积（S）计算

新增耕地面积由项目建设前后耕地面积之差得到：

$$S = S_{后} - S_{前}$$

式中，S指新增耕地面积。

4. 新增水田面积计算

新增水田面积 = 新增耕地中水田面积 + 旱地改造为水田面积 + 水浇地改造为水田面积。

三 2012～2016年度新增耕地专题分析

(一)2012～2016年度全国新增耕地情况分析

通过对2012～2016年全国新增耕地核查结果进行统计分析,5年新增耕地总面积共2182.03万亩。其中,2012年新增耕地面积469.27万亩,占5年总面积的21.51%;2013年新增耕地面积535.06万亩,占比24.52%;2014年新增耕地面积419.143万亩,占比19.21%;2015年新增耕地面积356.37万亩,占比16.33%;2016年新增耕地面积402.20万亩,占比18.43%。

从近5年新增耕地面积数据中可以看出,2013年新增耕地面积最大;且除2013年和2016年新增耕地面积有所上升外,其余年份新增耕地数量总体逐步减少。此外,土地整治和高标准农田建设目标更加多元化,从注重新增耕地到更加侧重于加强农田基础设施建设、提高耕地质量和农业综合生产能力。全国各年度新增耕地面积及占比详见图1和图2。

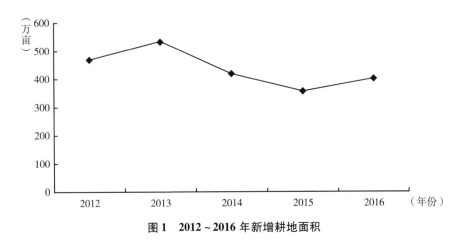

图1 2012～2016年新增耕地面积

从近5年各省的新增耕地数据情况看,新增耕地面积最大的省份是新疆,其次是内蒙古、河南;这三个省份的新增耕地面积占全国新增耕地面积的24.59%。

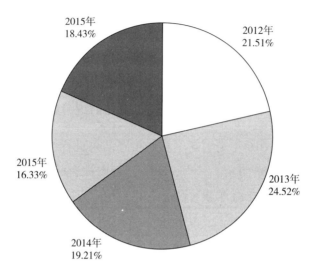

图2　2012～2016年新增耕地面积占比

注：占比为该年份新增耕地面积占5年全国新增耕地面积的比例。

从各年新增耕地变化情况看，各省份新增耕地面积最大值所分布的年份变化较大，各省份每年新增耕地的面积也不均衡，存在年际差异。综合5年新增耕地数据，可得到以下结论：

（1）大多省份在2012～2016年间新增耕地面积变化趋势与全国总体趋势大致相符，新增耕地面积最大值出现在2013年，其中2013年北京、黑龙江新增耕地面积占该省份5年新增耕地面积总和的50%以上，2013年广西新增耕地面积占5年总和的87.03%。

（2）山西、湖南、广东、贵州4省新增耕地面积在2012～2016年间呈现逐年递减的趋势。山西耕地立地条件差，新增高质量耕地难度越来越大；湖南、贵州耕地以丘陵、山地居多；广东由于经济发展迅速、人地矛盾日益加剧。以上原因导致这4省耕地后备资源不足，年新增耕地面积逐年减少。

（二）2012～2016年度全国新增耕地来源分析

从全国整体情况看，2012～2016年全国新增耕地主要来源于其他草地、混合型地类、村庄、有林地和田坎。

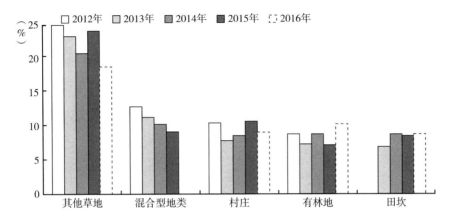

图3　2012～2016年新增耕地变更主要来源对比分析

从全国各省的新增耕地地类来源看，5年间的地类来源比例基本变化不大。从空间分布上来看，各省新增耕地来源结构与全国新增耕地来源大致相同，最大面积都集中在混合型地类、其他草地、村庄、有林地、田坎等地类。有些省的新增耕地最大面积还出现在果园、坑塘水面、沙地、天然牧场等地类中。从近5年总体情况来看，每年全国新增耕地来源面积最大的均为其他草地。

（三）2012～2016年度全国新增耕地二级地类分析

从全国新增耕地二级地类分析，5年间新增耕地类型主要为旱地。水田比例变化不大，但旱地比例在逐渐减少，水浇地比例在逐渐增加，说明新增耕地的水利设施等基础设施配套在逐步完善，详见图4。

通过对全国各省的新增耕地中水田、旱地、水浇地的比例及分布进行分析，可以发现全国31个省（区、市）2012～2016年间全国新增耕地二级地类基本稳定，逐年变化不大。从全国新增耕地面积总量来看，面积最大的是旱地，其次是水浇地，水田的面积最小；除2013、2016年各类新增耕地面积有增长趋势外，近5年新增耕地面积呈减少趋势，其中旱地减少最多；各省份新增耕地变化趋势与全国新增耕地变化趋势存在一定的差异，但各省份内部的新增旱地、水浇地、水田比例基本保持稳定。

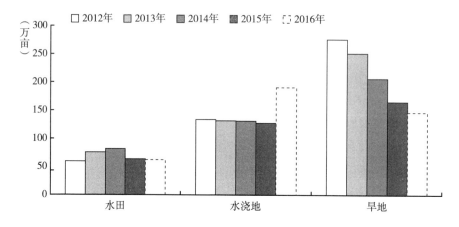

图4 2012～2016年新增耕地土地利用现状二级地类

（四）2012～2016年度全国新增耕地二级地类与来源地类对比分析

根据分析新增旱地、水浇地、水田的来源地类，可以总结出水田、水浇地等高质量耕地的来源类型，进而总结出哪些地类可以作为优质耕地的地类来源，更好地指导土地整治补充耕地工作，补足补优耕地，落实国家粮食安全战略。经分析可得出如下结论：一是田坎是新增水田、水浇地的主要来源，主要由于田坎是现有耕地中未经充分利用的土地，很多田坎处于水田、水浇地之中，通过整理打消田坎新增耕地与周边耕地连片，形成了较好的水田、水浇地。二是近年来其他草地开发为水田、水浇地的比例在逐步减少。5年中仅2012和2013年，新增耕地来源中其他草地占主要比例，但2014年后比例逐渐有所降低，说明开发其他草地资源补充耕地在逐步减少，保护草地资源的力度在加强。三是各类来源产生的水田面积变化不大，说明水田确属于优质耕地资源，对地形、土壤、水源等自然条件要求较高，具有很强的不可再生性，新增水田比例难以大幅提高，确需重点保护，应加强严保和严管。

（五）2012～2016年度全国新增耕地时空分析

利用重心分析的方法对5年来全国新增耕地整体的时空变化情况进行分析，并利用区位基尼系数和地理集中度对5年来的二级地类时空变化情况进行分析，可以看出我国新增耕地的总体分布区域变化情况。

1. 2012～2016年全国新增耕地整体时空分析

从全国新增耕地5年重心变化来看，除2012～2013年新增耕地向东北方向移动外，2013～2016年，我国新增耕地数量的重心呈现由东到西的变化轨迹。

综合近5年新增耕地数据，可得到以下结论：

（1）从空间角度分析，2012～2016年我国新增耕地重心不断迁移，由河南到山西再到陕西；我国新增耕地重心向西北方向移动。

（2）从时间角度分析，新增耕地重心迁移的距离相差不大，说明5年内东西部新增耕地面积比重变化较为均匀；北方新增耕地面积所占比重大于南方。

2. 2012～2016年全国新增耕地二级地类时空分析

根据区位基尼系数和地理集中度，能够从空间聚集角度分析出新增耕地数量的时空特征和变化趋势。

（1）2012～2016年二级地类的分布状况。

从图5可以看出：

①从空间角度分析，全国各省新增水田和水浇地均表现出高度聚集状态，新增旱地分布较为均匀。

②从时间角度分析，新增水田的区位基尼系数除2016年有所增长以外，从2012年的0.884下降到了2015年的0.682，聚集程度减弱。近5年间，新增水浇地的区位基尼系数稳定在0.75左右，新增旱地的区位基尼系数一直保持较低水平，说明在近5年间，新增旱地在各省分布较为均匀。

（2）2012～2016年二级地类的地理集中情况分析。

根据地理集中度可以确定新增耕地具体集中的省份。通过分析近5年新

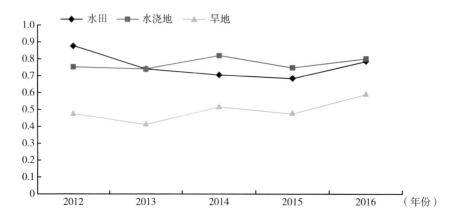

图5　新增耕地土地利用现状二级地类区位基尼系数情况

增耕地数据可得出以下结论：

①从空间角度分析，近5年来，新增水田主要集中在江苏、安徽、浙江、福建、重庆、四川等南方省份；新增水浇地主要集中在新疆、山东、河南、内蒙古、陕西、河北、宁夏等省份；新增旱地在各省份的分布较为均匀，没有明显空间地域差异。

②从时间角度分析，2012、2014、2015及2016年新增水田面积相近，2013年面积最大。2014和2016年，新增水浇地的区位基尼系数分别达到0.818、0.804，地理集中度也达到较大值，面积最大的五个省份占据了全国近83.00%的水浇地。2013、2014及2015年新增旱地的区位基尼系数与地理集中度相近，每年新增旱地最大的省份占该年全国新增旱地面积的比例不大，均在10%左右；每年新增旱地较大的前8个省份总占比也维持在50%左右，没有明显差异。

③结合时间与空间信息分析，除2013年外，2012～2016年，新增水田的地理集中度由68.03%减小到57.80%，说明新增水田也在逐步分散。旱地的地理集中度和区位基尼系数呈波动态势，并无明显规律。

参考文献

陈正、周同、桑玲玲：《整治田坎新增耕地的潜力分析》，《中国土地》2017 年第 5 期。

尤淑撑、刘顺喜：《GPS 在土地变更调查中的应用研究》，《测绘通报》2002 年第 5 期。

杨建宇、张婷婷、陈正等：《2013～2015 年京津冀新增耕地时空特征与来源分析》，《农业机械学报》2018 年第 3 期。

科技创新篇

Scientific and Technological Innovation

B.14
土地工程技术创新方向与举措

郧文聚　高世昌　王　敬　李红举*

摘　要：　围绕"一核两深三系"科技创新战略实施，建设美丽国土的
　　　　　目标，结合资源国情，研究提出了推进土地科技创新的原则、
　　　　　方向和举措，努力在土地工程智能测控技术、国土综合整治
　　　　　和高效利用技术、土地复垦与生态修复技术、土地质量提升
　　　　　技术和土地工程技术标准综合体研究等方面形成一批共性关
　　　　　键技术，满足国土综合整治对土地工程技术的需求，支撑自
　　　　　然资源资产管理高质量发展。

---

* 郧文聚，农学博士，国土资源部土地整治中心副主任、研究员，主要研究方向为土地规划、
土地评价、土地整治、土地管理；高世昌，管理学博士，国土资源部土地整治中心研究员，
主要研究方向为土地整治政策、土地整治实施管理与土地科技创新；王敬，理学、经济学硕
士，国土资源部土地整治中心研究员，主要研究方向为土地整治政策与土地科技创新；李红
举，水利工程学学士、地理学硕士，国土资源部土地整治中心研究员，主要研究方向为水资
源高效利用、土地利用与整治技术和政策。

关键词： 国土整治　土地工程　技术创新

党的十九大站在新的历史方位对科技创新明确了新定位、提出了新要求、作出了新部署，强调创新是引领发展的第一动力，是建设现代化经济体系的战略支撑，更是新时期高质量发展的必然要求。当前，自然资源部党组正在大力推进"一核两深三系"① 自然资源科技创新战略实施，着力推动自然资源资产高质量发展，建设安全、绿色、高效、法治、和谐的美丽国土。这必须准确把握我国自然资源国情，科学确定土地科技创新的方向，找准切入点，有效破解土地资源安全与高效利用对关键技术的需求，为实现资源管理质量变革、效率变革和动力变革提供支撑。

一　推进土地科技创新的原则

当前，自然资源领域发展不平衡不充分的问题突出表现为：重开发轻保护、重数量轻质量、重城市轻农村等倾向没有得到根本扭转，土地资源粗放利用、闲置浪费现象仍比较普遍，供给质量和效率亟待提高；一些地方土地资源开发严重超过承载能力，生态环境严重退化；有的地方土地损毁、污染问题严重，影响到人民生产生活安全。解决这些现实和紧迫问题，满足人民群众对美好生活的需要和经济社会发展对土地资源的需求，为土地科技创新提供了遵循、指明了方向。

（一）以支撑国家重大战略需求为导向开展土地科技创新

土地资源是人类生存和发展最重要的物质基础。应紧扣我国社会主要矛盾变化，围绕统筹推进"五位一体"总体布局和协调推进"四个全面"战

---

① 指构建地球系统科学核心理论支撑，引领深地探测、深海探测国际科学前沿，建立自然资源调查监测、国土空间优化管控、生态保护修复技术体系。

略布局，面向世界科技前沿、面向经济主战场、面向国家战略需求，坚持需求导向、服务大局，围绕耕地质量提升、乡村振兴、绿色发展和生态国土建设等重大需求开展土地工程技术创新。

（二）以构建土地资源数量、质量、生态"三位一体"管护新格局为目标开展土地科技创新

应广泛吸收多专业知识，融合现代新兴技术，开展协同创新，研发共性关键技术，全面提升土地资源的调查、监测、评价、规划、利用、保护、登记、整治和管理等能力，为土地资源优化配置、高效利用和安全管控提供技术支撑。当前，应重点围绕土地测控、土地利用、土地工程、土地生态、农用地质量、土地修复等六方向开展土地科技创新有关基础理论、工程技术和新材料新技术新装备等研究，提高对土地资源感知能力、工程建设信息化水平和损毁土地再利用与修复能力，拓展土地利用空间和节约集约水平，加强传统村落历史文化价值保护，提高耕地自然资源资产核算与管理水平。

（三）以土地科技科研成果转化应用为核心推进土地科技创新

应按照"把科研论文写在祖国的大地上"的总体要求，积极把土地科技成果应用在推进自然资源资产高质量发展的实践中，依托土地整治平台，采取"试点示范一批、集成创新一批、协同研发一批和集中攻关一批"的渐进性科技创新思路，联合高等院校、科研院所和创新型企业，加快已有创新技术的推广应用和升级换代，逐步研发一批土地工程共性关键技术，为依靠科技创新助力打好防范化解重大风险、精准脱贫、污染防治攻坚战，为决胜全面建成小康社会、夺取新时代中国特色社会主义伟大胜利做出新贡献。

二 推进土地科技创新的方向

土地科技创新方向，应积极围绕支撑自然资源整体保护、系统修复和综合治理，重点开展山水林田湖草生态保护与修复重大工程、乡村绿色宜居环

境建设、土地复垦和矿山环境治理、城镇低效用地再开发等领域涉及的土地工程技术创新有关理论、共性关键技术和新材料新装备研究，满足自然资源高效利用和管护对土地工程技术的需求。

（一）开展土地工程智能测控技术研究

面向国土综合整治工程监测监管等业务需求，开展土地数量、质量、生态等关键要素及其变化过程的全数据获取、传输、处理技术研究，开展土地工程三维仿真和可视化技术研究，研发土地工程信息移动采集、实时传输和处理的技术产品和平台，研发土地质量和工程质量快速检测技术与设备，研发土地工程实施全过程仿真模型，提高土地工程信息立体感知、协同观测、数据自动化处理和智能化提取水平，实现信息实时感知和动态更新，实现国土整治"天地网一体化"全程全面监测监管。

（二）推进国土综合整治和高效利用技术研究

面向山水林田湖草系统治理、土地综合整治、建设用地高效利用等业务需求，开展国土综合整治理论方法技术模式研究，开展城镇土地立体开发与复合利用、国土空间优化配置等共性技术研究，研发土地综合整治规划设计技术和建设用地标准，研发土地综合整治、城镇土地高效利用等工程新结构、新材料、新技术、新工艺和新装备，着重解决空间开发格局优化、建设用地节约集约利用、城镇环境安全等问题，提升土地资源利用效率，实现自然资源的可持续利用。

（三）强化土地复垦与生态修复技术研究

针对生产建设和自然灾害损毁的土地，以及盐碱化、沙化、荒漠化、石漠化、污染等退化土地，开展土地复垦与生态修复理论方法、关键技术研究，开展土地复垦、土地修复、生态景观功能提升等共性技术研究，研发地貌重塑、土体重构、污染治理、生物多样性重组、土地景观建设等工程新技

术、新工艺、新材料、新设备，重点解决矿区土地损毁废弃、地质灾害频发、污染严重、生物多样性丧失等问题，提升山水林田湖草系统治理修复的水平，实现对损毁、退化、污染土地的可持续利用。

（四）着力加强土地质量提升技术研究

面向土地资源"三位一体"保护重大科技需求，开展土地资源安全管控、土地质量评价、耕地资源资产核算等理论方法研究，开展土地质量形成机理、生产力提升技术途径研究，研发优质耕作层工程化快速构建、土地整治工程装配式施工等新技术、新材料、新工艺、新装备，重点解决土地质量分等方法不统一、补充耕地质量不高、耕地质量提升慢、工程寿命短等问题，提升自然生态资源管理和耕地保护的水平，支撑土地资源资产的统一核算。

（五）做好土地工程技术集成与标准综合体研究

面向土地科技成果转化应用的迫切需要，按照"创新引领、系统集成、综合运用、区域示范"的原则，集成一批土地工程关键技术和模式，快速推动技术成果示范应用；运用标准化理论和工程造价理论，开展国土综合整治工程模式和综合标准研究，在全国不同整治工程类型区重点建设一批示范项目区，在土地复垦与生态修复、山水林田湖草系统治理等重点领域研制一批土地工程技术标准、用地标准和造价标准，加快土地科技成果转化应用，提升土地工程产品供给质量和效率，促进土地资源的高效利用。

三　推进土地科技创新的战略举措

当前，我国已进入"夺取新时代中国特色社会主义伟大胜利"的特定历史阶段，高质量发展是新时代我国经济社会发展的基本特征，必须尊重科技创新规律，着力激发土地科技创新体制机制活力，加快构建科技创新平台，为推进土地科技创新创造有利的环境，争取用十年左右时间，改变目前在土地科技领域的跟踪模仿状况，实现进入世界第一方阵的目标。

（一）充分发挥制度优势，走出中国特色的土地科技创新之路

中国人地矛盾突出、空间差异性大、水土资源匹配性差是基本国情，国情不同，土地制度安排与创新路径选择就不同。照搬国外的土地工程技术和方法是很难解决我国不同区域土地存在的问题，必须立足国情与实践，依托土地整治类型丰富、实施规模大、资金集中投入多等有利条件，依靠中国的科学家推进土地工程关键性技术研发，运用原创性的技术解决中国土地资源利用与管护难题，为自然资源事业发展注入强大动力。

（二）树立"大土地"观，形成大协同大融合的科技创新格局

当前，土地领域的科技创新人才较为短缺，创新资源有限且十分分散，在土地调查与评价、土地开发利用、农用地质量提升、土地资源监测监管等方面，无论是思维方式还是技术手段，都有不同程度的交叉情况，必须充分发挥集中力量办大事的制度优势，整合土地领域科技创新力量，优化创新资源配置，引导有关高校、科研院所、创新型企业共同开展土地科技创新，集中力量和智慧，开展集中攻关，尽快在前瞻性、引领性、关键性的技术方面取得原创性重大技术成果，整体提升我国土地科技创新水平。

（三）推进土地科技创新制度"特区建设"，激发创新的活力

当前，开展土地科技创新还面临着体制机制的约束和制约，有的管理制度严重影响了科技工作的开展和科研人员的积极性与创造性，必须进一步解放思想，尊重创新规律，实事求是地推进体制机制改革，应从土地科研的项目管理、人才引进、平台运行、成果转化、考核与激励等方面进行改革，为科技创新工作"松绑"或"减负"，创建适应有效推进土地科技创新的管理制度，形成价值导向，为土地科技创新提供制度保障。

（四）加快土地学科建设和人才培养，夯实土地科技创新基础

加强人才工作领导，构建顺畅高效的管理和运行机制，逐步打造一支年

龄结构合理、专业功底突出、科技本领过硬、创新能力强的优秀创新团队，引领我国土地科技创新水平整体提升。落实人才培养主体责任，把人才队伍建设贯穿于土地科技创新工作各领域和全过程，纳入日常考核、年度考核体制中；积极拓展人才引进培养渠道，盘活现有人才存量，做到人尽其才，实现科学流动；搭建开放平台，建立灵活多样的用人机制，吸收引进一批科研人才和团队参与科研工作；适时引进一批国家级科技领军人才、国家级杰出科技人才和国家级优秀科技人才等，探索建立精准引进的绿色通道，快速提升科技创新能力。

（五）瞄准世界土地科技前沿，发挥国际交流与合作支撑作用

按照"拓展合作渠道、深化务实合作、提升合作水平"的思路，推进土地科技创新国际交流与合作，组织力量，积极申报国际合作项目，开展联合研究，促进人才培养，为推进土地科技创新提供新视野和方法；积极配合国家"一带一路"战略实施，努力输出土地工程技术或科研成果，扩大我国土地科技创新的影响力和美誉度。

参考文献

罗明、高世昌、任君杰：《土地整治转型升级中的绿色发展理念——基于芬兰、德国低碳土地整治的调查研究》，《中国土地》2016 年第 8 期。

张晓燕：《关于加快推进土地整治科技创新的思考》，《中国土地》2017 年第 3 期。

姜大明：《在全国国土资源系统科技创新大会上的讲话》，《国土资源通讯》2016 年第 17 期。

李倩、杨磊：《姜大明：树立"大土地"观，走新时代中国特色土地科技创新之路》，《中国国土资源报》2017 年 12 月 19 日。

习近平：《在中国科学院第十七次院士大会、中国工程院第十二次院士大会上的讲话》，《人民日报》2014 年 6 月 10 日第 2 版。

中共中央文献研究室编《习近平关于科技创新论述摘编》，中央文献出版社，2016。

B.15
农用地重金属污染风险评价
与整治模式研究*

罗明 魏洪斌 鞠正山**

摘　要： 当前我国农用地重金属污染形势严峻，威胁国家粮食安全，
对农用地重金属污染风险进行科学评价，并进行风险分区的
划分，分类提出重金属污染农用地整治模式；采用单因子污
染指数法、内梅罗综合污染指数法、Hakanson 潜在生态危害
指数法对农用地重金属污染进行评价，依据其污染程度进行
风险分区；根据农用地重金属污染风险评价结果，将农用地
划分为安全、基本安全和低、中、高风险区，结合土地整治
工程特性，提出优先整治、整治中修复、修复后整治三种模
式，为重金属污染农用地整治修复提供技术支撑；对重金属
污染程度不同的农用地进行风险评价进行风险分区，开展不
同风险程度重金属污染农用地整治模式，为实现重金属污染
农用地安全利用、保障国家粮食安全提供理论指导。

关键词： 重金属污染　风险评价　整治模式　农用地

* 资助项目：原国土资源部公益性行业科研专项"重金属超标农用地安全利用技术集成与示
范"（201511082）。
** 罗明，理学博士，国土资源部土地整治中心副主任、研究员，主要研究方向为土地整治和土
地管理；魏洪斌，管理学博士，国土资源部土地整治中心博士后，主要研究方向为土地评价
与利用；鞠正山，农学博士，国土资源部土地整治中心研究员，主要研究方向为土地整治。

175

农用地对保障国家粮食安全具有重要意义，而随着我国城镇化、工业化和农业现代化的快速推进，在社会经济发展取得巨大进步的同时也带来了一系列环境问题，特别是土地污染问题已成为人体健康、粮食安全和生态环境的重要威胁。根据2014年发布的《全国土壤污染状况调查公报》，土壤环境状况总体不容乐观，全国土壤总的超标率为16.1%，耕地土壤点位超标率为19.4%，耕地土壤环境质量堪忧，尤其是重金属超标问题突出。2016年5月国务院印发的《土壤污染防治行动计划》，对今后土壤污染防治工作做出了全面的战略部署，提出实施农用地分类管理，保障农业生产环境安全，开展污染治理与修复，改善区域土壤环境质量。党的十九大报告明确提出："强化土壤污染管控和修复，加强农业面源污染防治，开展农村人居环境整治行动。"重金属污染农用地治理成为当前面临的重要任务，对土地整治提出了新挑战，开展重金属污染农用地整治研究，对落实《土壤污染防治行动计划》，改善农用地土壤环境质量，保障国家粮食安全具有重要意义。

一　农用地重金属污染程度评价

农用地重金属污染评价通常采用数学模型指标法，包括单因子污染指数评价法、内梅罗综合污染指数评价法、潜在生态风险评价法，为综合反映农用地重金属污染程度，可以将以上几种方法的组合模式来进行评价。

当前农用地重金属污染评价方法中：单因子污染指数法是农用地重金属污染评价最常用的方法，其计算过程简单，可直观地反映农用地中某种重金属的污染程度，但其缺点是不能反映农用地重金属综合污染情况；内梅罗综合污染指数法是一种评价结果较为客观的方法，属于加权型多因子综合污染指数，在兼顾最大值或突出极值作用的同时避免了人为主观因素的影响，在强调主导因子影响作用的同时，可综合反映农用地各重金属的平均污染水平，但在均值计算过程中强化或弱化某些因子的影响；潜在生态危害指数法（the potential ecological risk index，RI）是由瑞典地球化学家 Hakanson 于1980年提出的，该方法不仅考虑到重金属的含量，同时引入毒性响应系数，将重金属的环境效应、生态效应与毒理学联系在一起，其评价结果侧重于评价区域对重金属的污染敏感性和重金属毒性在土壤与沉积物等不同介质中的迁移转化规律，同时将重金属区域背景值的差异作为影响因素，可有效消除重金属含量的区域差异，划分重金属对区域环境的潜在危害程度，能够反映重金属的生物有效性和贡献程度，适用于对大区域范围内重金属对生态环境的潜在危害进行评价，体现了地理空间差异特点，是综合反映重金属生态危害的指标，其结果可以为区域环境改善和人体健康提供技术指导。各方法计算过程如下。

单因子污染指数法：

$$P_i = \frac{C_i}{S_i} \tag{1}$$

式中：P_i：土壤中第 i 种重金属的污染指数；

C_i：土壤中第 i 种重金属的含量；

S_i：土壤中第 i 种重金属的评价标准值。

根据单因子污染指数计算结果，农用地重金属污染程度分级如表 1 所示。

表 1　农用地重金属污染单因子指数分级

评价等级	P_i	污染程度
I	$P_i \leqslant 1.0$	清洁
II	$1.0 < P_i \leqslant 2.0$	尚清洁
III	$2.0 < P_i \leqslant 3.0$	轻度污染
IV	$3.0 < P_i \leqslant 5.0$	中度污染
V	$P_i > 5.0$	重度污染

内梅罗综合污染指数法：

$$P_{综} = \sqrt{\frac{(P_{imax})^2 + (\bar{P_i})^2}{2}}$$

式中：$P_{综}$：农用地重金属污染内梅罗综合污染指数；

P_{imax}：土壤中第 i 种重金属的含量；

$\bar{P}_i$：土壤中第 i 种重金属的评价标准值。

根据内梅罗综合污染指数计算结果，农用地重金属污染程度分级见表2。

表2　农用地重金属污染内梅罗综合污染指数分级

评价等级	$P_{综}$	污染程度
I	$P_{综} \leqslant 1.0$	清洁
II	$1.0 < P_{综} \leqslant 2.0$	尚清洁
III	$2.0 < P_{综} \leqslant 3.0$	轻度污染
IV	$3.0 < P_{综} \leqslant 5.0$	中度污染
V	$P_{综} > 5.0$	重度污染

Hakanson 潜在生态危害指数法：

$$RI = \sum_{i=1}^{n} E_r^i$$
$$E_r^i = T_r^i \times C_f^i;$$
$$C_f^i = \frac{C_s^i}{C_{in}};$$

RI 为区域农用地中多种重金属的综合潜在生态风险指数，E_r^i 为区域农用地中第 i 种重金属的潜在生态风险系数，T_r^i 为重金属污染物 i 的毒性响应系数，C_f^i 为区域农用地样点 f 中重金属 i 的污染指数，C_s^i 为区域农用地中重金属 i 的实测含量，C_{in} 为重金属 i 计算所需的参照值。

根据 Hakanson 潜在生态危害指数法计算得出的潜在生态危害系数和危害指数结果，农用地重金属污染程度分级见表3。

表3　农用地重金属污染程度与潜在生态危害系数 E、危害指数 RI 的关系

评价等级	E	RI	污染程度
I	$E < 40$	$RI \leqslant 100$	清洁
II	$40 \leqslant E < 80$	$100 < RI \leqslant 150$	尚清洁
III	$80 \leqslant E < 160$	$150 < RI \leqslant 300$	轻度污染
IV	$160 \leqslant E < 320$	$300 < RI \leqslant 600$	中度污染
V	$E > 320$	$RI > 600$	重度污染

结合单因子污染指数法、内梅罗综合污染指数法和 Hakanson 潜在生态危害指数法计算结果，确定农用地重金属污染程度分级标准：

表4　农用地重金属污染程度分级标准

评价方法			评价结果		备注
单因子指数法	内梅罗综合污染指数法	潜在生态危害指数法	污染程度	污染等级	
$P_i \leq 1.0$	$P_{综} \leq 1.0$	RI≤100	清洁	1级	评价方法中选择结果最高者进行污染等级和程度的划分。
$1.0 < P_i \leq 2.0$	$1.0 < P_{综} \leq 2.0$	100<RI≤150	尚清洁	2级	
$2.0 < P_i \leq 3.0$	$2.0 < P_{综} \leq 3.0$	150<RI≤300	轻度污染	3级	
$3.0 < P_i \leq 5.0$	$3.0 < P_{综} \leq 5.0$	300<RI≤600	中度污染	4级	
$P_i > 5.0$	$P_{综} > 5.0$	RI>600	重度污染	5级	

二　农用地重金属污染风险分区

（一）分区原则

开展农用地重金属污染风险分区，划分农用地重金属污染风险等级是解决我国农用地重金属污染问题的重要途径。我国农用地重金属污染途径多样、时空变化尺度大，造成农用地重金属污染风险成因复杂，生态环境影响大，空间分布的污染概率难以预测。对重金属污染农用地进行风险分区是以实现区域农用地重金属污染控制和保障区域粮食安全为目标，基于经济合理、技术可行下对农用地重金属污染风险进行管理，从区域农用地环境风险管控角度寻求风险分区控制方案，即根据不同农用地重金属的污染程度，确定不同风险区控制措施的优先顺序，科学制定重金属污染农用地风险控制方案，实现区域农用地重金属污染风险控制成效的最大化。

农用地重金属污染风险分区首先进行农用地重金属污染评价，确定农用地重金属污染程度后，针对不同污染程度的农用地环境风险特征制定针对性的风险控制对策。结合已有学者对农用地重金属污染风险分区原则的研究成

果，提出农用地重金属污染风险分区应遵循的分区原则：

1. 系统性原则

农用地重金属污染环境风险是多种污染因素和影响因素相互联系、相互作用的整体，自然、社会和经济多个系统影响农用地重金属污染风险的发生、分析和管理，系统分析认识区域农用地重金属污染风险发生、发展和演化规律，研判农用地重金属风险的内在联系与综合效应，揭示区域间与区域内农用地重金属污染风险分布的差异性和相似性。

2. 一致性原则

农用地重金属污染风险分区以区域间和区域内环境风险分布的一致性为基础和依据，一致性主要表现为农用地重金属环境风险性质和类型、环境风险源类型、环境风险转移空间、环境风险受体价值与易损性的一致性。根据指标的相对一致性和差异性进行划分，并尽可能与行政区界线一致，有利于采纳相同或相似的风险管理对策，服务于农用地重金属污染风险管理。

3. 主导性原则

农用地重金属污染风险分区的目的之一是为区域农用地环境风险管理制定优先顺序，以土地利用方式为基础，考虑农用地生态功能，识别农用地环境风险的基本特征，以主导风险为基础进行农用地重金属污染风险分区。

4. 动态性原则

随着社会经济的不断发展，农用地面临自然环境的变化，潜在污染风险源、风险转移空间及污染风险受体的时空特性与相关性质也发生改变，导致区域农用地环境风险格局与社会风险接受水平有所变化，应根据农用地重金属污染风险格局与环境风险容量的动态变化进行农用地重金属污染风险分区。

（二）分区方法

通过单因子污染指数评价法、内梅罗综合指数评价法、潜在生态风险评价法三种方法评价得到环境质量指数$R_单$、$R_内$、$RI_潜$进行无量纲化后得到的R值划分等级，运用统计学原理对理论上的评价结果进行排列组合模式总结，将农用地重金属污染风险分为 5 个等级，根据评价成果划分农用地重金属污染风险分区。

表5　风险等级评估与区域划分

风险指数	$R \leqslant 2$		$R > 2$		
风险等级	安全利用区		风险管控区		
	$R \leqslant 1$	$1 < R \leqslant 2$	$2 < R \leqslant 3$	$3 < R \leqslant 5$	$R > 5$
	安全	基本安全	低风险	中风险	高风险
主要对策	优先保护		安全利用		严格管控

安全区：农用地处于清洁状态，农用地及其周边环境污染物含量较低，且均符合相关限量标准要求；

基本安全区：农用地为轻微污染状态，农用地及其周边环境污染物含量有轻微积累，稍微偏高于相关限量标准，但尚未对农作物生长和人体健康构成威胁；

低风险区：农用地为轻度污染状态，农用地及其周边环境污染物含量有一定积累，稍超标于相关限量标准，已对农作物生长和人体健康构成威胁；

中风险区：农用地为中度污染状态，农用地及其周边环境污染物含量较高，明显超标于相关限量标准，已对农作物生长和人体健康构成明显威胁；

高风险区：农用地为重度污染状态，农用地及其周边环境污染物含量高，严重高于相关限量标准，已对农作物生长和人体健康构成严重威胁。

三　农用地重金属污染分区整治模式

综合考虑农用地整治工程的特性，按农用地重金属污染风险程度将农用地整治模式划为三个类别：安全与基本安全区整治模式，中低风险区整治模式，高风险区整治模式。即优先整治未污染和轻微污染的区域，整治过程中修复轻度和中度污染区域，先修复后整治重度污染的区域，分别采取相应的整治工程措施，对保障区域土壤环境质量与生态环境安全、农用地安全利用

与农产品质量安全有着重大的意义。

安全与基本安全区整治模式：该模式为对农用地直接实施土地整治工程，以高标准农田建设项目为依托，开展田块修筑和土方挖填，有利于作物生长和田间机械作业，开展道路修筑工程，满足田间生产管理需求，开展灌溉排水渠道工程，提高灌溉保证率和改善排水条件，建设农田林网，优化农用地生态环境质量，通过实施土地平整工程、灌溉与排水工程、田间道路工程及农田防护与生态保持工程，改善农用地基础设施条件，提高农用地利用水平。在土地整治工程实施中防止整治工程造成污染的转移、扩大、加重，控制污染输入，监控污染动态。优化农业生产措施以确保农用地安全利用。对农用地进行重点保护，防止新增污染，维护安全状态。将该区农用地划为永久基本农田，实行严格保护，确保其面积不减少、土壤环境质量不下降。制定并落实农用地土壤环境保护方案，在利用和整治中切实加大保护力度。

中低风险区整治模式：该模式为农用地实施整治-修复工程，在农用地整治工程实施的过程中耦合污染农用地治理修复工程，以改善和提高农用地土壤环境质量；深入调查污染源，明晰污染主体，实施源头控制，严格管控污染输入。优先保证在土地利用类型不改变的情况下，引导其采取相应措施降低污染源排放，进行经济可行的土壤修复；在土地整治中对农用地整治技术与污染土壤修复技术进行耦合，土地整治工程中土地平整、道路沟渠建设和生态防护工程技术，均会进行一定的土方翻动、转移，而中轻度重金属污染农用地通过客土、换土、翻耕等工程措施均能达到降低污染物浓度的目的。尝试种植制度调整或进行完整的土壤修复与治理，结合当地主要作物品种和种植习惯，改变农作物种类或在农用地内部进行地类转换等措施，制定实施受污染耕地安全利用方案，采取农艺调控、替代种植等工程措施，以控制污染、消除风险为目的，降低农产品超标风险，保障农用地整治安全。

高风险区整治模式：该模式为农用地进行重金属污染治理修复工程，待农用地土壤环境质量达到相关标准后再进行整治，防止污染转移扩散。该区域采取生态阻隔技术和工程阻隔技术等工程管控措施，对灌溉污水等进行过程阻断，实施重金属污染源头控制，严格管控治理污染源；选择植物修复技术（植物固定、植物萃取、植物挥发和根系过滤）、化学钝化技术进行技术筛选与组合，通过经济/能源作物－化学钝化联合修复技术和/或经济/能源作物－微生物联合稳定修复技术组合模式，进行经济可行的、积极有限的土壤修复等综合整治措施；在整治修复工程实施中，制定并落实环境风险管控方案。对严格管控类农用地进行用途管理，划定高风险区农用地中特定农产品禁止生产区域，严禁种植食用农产品；实施重度污染耕地种植结构调整，实行轮作休耕制度，将土地整治与土壤修复有机结合起来，通过整治工程治理农用地土壤重金属污染。确定无法将其修复到农用地安全利用标准之内时，可考虑采取农用地流转等措施将其转为非农用地。

四　结论

对重金属污染农用地而言，根据不同污染等级，在现有经济技术条件下开展治理修复，优先在食用农产品内部、食物与非实物农产品种植之间进行调整；若采取了积极可行的整治修复工程后仍暂时达不到安全利用要求，可调整土地利用用途，用作林地、草地，有序开展种植结构调整或退耕还林、还草；严重超越经济可行性原则的污染农用地可考虑调整为非农用地。

根据重金属污染农用地风险分区的不同特征和要求，以精细化管理为出发点，从源头控制、农艺措施调控、种植作物调整、地类转换以及土壤修复、综合整治等方面入手，实施分类分级差别化管理，因地制宜地提出针对不同安全利用综合分区的分类利用与整治模式策略。

参考文献

王岩：《基于土地整理的农田污染防治综合技术研究——以福建长乐基本农田示范区为例》，山东师范大学硕士学位论文，2012。

刘霈珈、吴克宁、罗明等：《农用地土壤重金属超标评价与安全利用分区》，《农业工程学报》2016 年第 32 期。

陈同斌、雷梅、杨军等：《关于重金属污染土壤风险控制区划的研究与建议》，《中国科学院院刊》2014 年第 3 期。

徐建明、孟俊、刘杏梅等：《我国农田土壤重金属污染防治与粮食安全保障》，《中国科学院院刊》2018 年第 2 期。

骆永明、滕应：《我国土壤污染的区域差异与分区治理修复策略》，《中国科学院院刊》2018 年第 2 期。

魏洪斌、罗明、鞠正山等：《重金属污染农用地风险分区与管控研究》，《中国农业资源与区划》2018 年第 2 期。

郭书海、吴波等著《中国土壤环境区划——原理、方法与实践》，科学出版社，2014。

B.16
新时代土地科技创新管理制度的思考

杜亚敏*

摘　要：　本文在深入分析党中央、国务院及有关部门出台的一系列促进
科技创新的政策文件、法律法规等基础上，借鉴相关单位经验
做法，结合土地科技创新实际，从优化土地科技创新环境、完
善科研项目管理机制、重视科研经费使用与管理制度建设、强
化科研人员激励机制建设，以及完善科技人才培养机制等方面
提出了完善土地科技创新管理制度的思考和建议，为新时代推
动土地科技创新制度建设提供参考。

关键词：　土地科技创新　人才激励　人才评价考核

近年来，党中央、国务院出台了一系列推进科技创新的政策，实施创新
驱动发展战略，促进经济发展方式转变，增强经济发展动力。在全面梳理国
家和相关部门出台的科技创新管理政策基础上，国土资源部土地整治中心与
中国地质调查局、国家农业信息化工程技术研究中心等单位，围绕国家工程
技术中心建设、科技创新制度建设等进行了深入交流和探讨。通过深入研
究、实地调研、专家座谈、学习借鉴，提出了完善土地科技创新管理制度有
关建议，形成了本报告。

---

* 杜亚敏，经济学硕士，国土资源部土地整治中心工程师，主要研究方向为土地科技创新政策
及制度研究。

一　新时代国家注重创新制度的政策红利

党的十八大以来，党中央、国务院高度重视科技创新，实施了创新驱动发展战略，出台了近30项相关政策。这些政策法规对科研管理工作的体制机制、激励方向、人才培养和成果转化等方面提出了新的指导意见或改革措施，着力创建更加有利于科技创新的制度环境。

（一）科研管理方式更加简便优化

长期以来，科研人员在预算编制、资金支出及报销等工作上花费了大量时间精力，一定程度上影响了科研工作的开展和创新活力。《"十三五"国家科技创新规划》（国发〔2016〕43号）规定：改进和规范项目管理流程，精简程序、简化手续；鼓励建立符合科研规律、高效规范的管理制度，解决简单套用行政预算和财务管理方法管理科技资源等问题。《国土资源部关于加快推进科技创新的若干意见》（国土资发〔2016〕106号）指出：尊重科研人员创新的主体地位，不以行政决策代替学术决策。简化科研管理流程，切实减轻科研人员负担。这些政策都强烈释放出给科研人员"松绑"的信号，简化科研管理流程，更好地发挥其创新创造的主体作用。《国务院关于优化科研管理提升科研绩效若干措施的通知》（国发〔2018〕25号）规定：对科研项目实施"里程碑"式管理；自由探索类基础研究项目和实施周期三年以下的项目以自我管理为主，一般不开展过程检查。

（二）科研项目预算编制和经费使用更加灵活规范

科研项目预算编制烦琐，直接费用支出和结余资金使用管理严格，间接费用等管理不完善问题突出，影响了科研项目资金使用效益，新出台的政策作了调整和完善。一是简化预算编制科目。《关于进一步完善中央财政科研项目资金管理等政策的若干意见》（中办发〔2016〕50号）和《财政部 科技部关于印发〈国家重点研发计划资金管理办法〉的通知》（财科教〔2016〕113 号）均提出：会议费、差旅费、国际合作与交流费科目可根据科研活动实际需要编制预算合并统筹使用，劳务费取消比例限制。二是下放预算调剂权。《国务院关于改进加强中央财政科研项目和资金管理的若干意见》（国发〔2014〕11 号）和中办发〔2016〕50 号都提出：直接费用中的材料费、测试化验加工费等 5 个科目支出预算调剂下放给项目承担单位。三是科研单位可自主制定相关内部管理办法。《关于进一步做好中央财政科研项目资金管理等政策贯彻落实工作的通知》（财科教〔2017〕6 号）提出：科研院所可根据科研和管理工作需要，自主制定差旅费管理和会议内部管理办法，合理确定相关标准。四是科研项目结余资金使用更加宽松。中办发〔2016〕50 号、财科教〔2016〕113 号和财科教〔2017〕6 号文件都提出：项目完成任务目标并通过验收后，结余资金留归项目承担单位使用，在 2 年内由项目承担单位统筹安排用于科研活动的直接支出。

（三）科研人员的激励措施更加积极有效

新政策进一步强化了对科研工作的激励，收入分配更加向一线科研人员倾斜。一是强化对科研人员的绩效激励。《中共中央国务院关于深化体制机制改革加快实施创新驱动发展战略的若干意见》（中发〔2015〕8 号）提出：健全鼓励创新创造的分配激励机制，加大绩效激励力度。《中共中央办公厅国务院办公厅印发〈关于实行以增加知识价值为导向分配政策的若干意见〉》要求：逐步提高体现科研人员绩效工资水平，并建立绩效工资稳定增长机制。二是提高成果转化收益分配比例。《深化科技体制改革实施方案》和《促进科技成果转化法》（2015 修正版）均提出：用于奖励科研负责人、骨干技术人员等重要贡献人员和团队的收益比例，提高至不低于50％。三是科研工作时间可更加弹性化。《国务院办公厅关于优化学术环境的指导意见》（国办发〔2015〕94 号）提出：允许科学家采用弹性工作方式从事科学研究，确保用于科研和学术的时间不少于工作时间的5/6。《人力资源社会保障部关于支持和鼓励事业单位专业技术人员创新创业的指导

意见》（人社部规〔2017〕4号）也指出，事业单位可探索在创新岗位实行灵活、弹性的工作时间，便于工作人员合理安排利用时间开展创新工作。

（四）科研人才评价考核更加体现差别化

实行差别化考核评价，是遵循人才发展规律和深化人才发展体制机制改革的重要内容。新政策提出了相应的指导意见。一是对科研人员实行分类评价。《中共中央印发〈关于深化人才发展体制机制改革的意见〉》（中发〔2016〕9号）、《关于分类推进人才评价机制改革的指导意见》和中办发〔2015〕46号文件提出：建立以能力和贡献为导向的人才评价和激励机制；对从事基础研究、应用研究、成果转化等不同活动的人员建立分类评价制度。二是绩效工资与实际贡献挂钩。中发〔2015〕8号文件和《关于实行以增加知识价值为导向分配政策的若干意见》都提出：制定以实际贡献为评价标准的科技创新人才收入分配激励办法。

（五）科技人才培养摆在更加突出位置

人才是经济社会发展的第一资源，进一步完善更加开放、灵活的人才培养、吸引和使用机制，必将为科研事业单位凝聚创新力量提供强有力支撑。新出台的政策主要提出以下意见。一是重视领军人才培养。中发〔2016〕9号文件和《"十三五"国家科技创新规划》指出：依法赋予创新领军人才更大的人财物支配权、技术路线决定权，高度重视以领军人才为核心的科研团队建设。《中共自然资源部党组关于深化科技体制改革提升科技创新效能的实施意见》（自然资党发〔2018〕31号）提出：第三梯队人员可不受任职年限限制，凭借专业能力和科研业绩参加专业技术二级、三级岗位竞聘（第三梯队含部领军人才）。二是注重培养青年优秀人才。《国家创新驱动发展战略纲要》提出：注重和培养一线创新人才和青年科技人才，对青年人才开辟特殊支持渠道。国土资发〔2016〕106号文件提出：在建设创新团队过程中，40岁以下青年科研人员比例应不小于1/3。

二 科技创新管理制度的探索与实践

为推动科技创新，支撑事业发展，一些单位在项目管理、财务管理、人才培养、绩效激励、科技管理制度方面，进行了探索和实践，取得了一定成效，也积累了经验。这些探索可总结归纳为以下几个方面。

（一）科技创新成为推动事业发展的核心竞争力

相关单位十分重视科技创新工作，如中国地质调查局提出了以"科技创新推动中国地质调查改变"的口号，整合创新资源，确立创新定位和发展目标，制定了实施方案和行动计划；积极推动理论创新、技术创新、重大科技攻关、人才队伍培养和国际交流与合作，在深地、深海方面都取得了重要的标志性成果。北京农业信息技术研究中心针对我国农业和农村信息化建设的重大需求，确立了源头技术创新、技术平台构建和重大产品研发的科技创新战略，经过10多年努力，建成了2个国家技术创新中心、5个国家重点实验室和一大批部级重点实验室，为机构发展增加了动力，注入了活力。

（二）全面激活科研人员开展科技创新的动力

一是建立科研激励和用人导向机制。中国电子信息产业发展研究院、北京农业信息技术研究中心等单位，按照国家政策规定制定了科研成果转化办法，将成果转化纯收益的65%以上用于奖励科研团队和突出贡献的科研人员，激发了管理层人员向科研一线岗位流动的强烈愿望。中国地质科学院地球物理地球化学勘查研究所实行首席科学家制度，共同参与科研项目决策，并实行科研项目收益提成措施。二是鼓励科研人员承接项目研究任务。如上海市政府规定，科研人员在开展科研课题研究期间，除正常工资收入以外，还可获得每月2000~5000元劳务费，科研工作人员热情普遍高涨。三是国家科研创新政策待遇有效落实。如北京理工大学制定管理办法，解决了野外考察等科研活动中无法取得发票或财政性票据的报销问题，在有

相关人员或组织证明的情况下，白条可以入账，减轻了科研人员开展科研工作的个人负担。

（三）科研项目管理工作精准高效

一是强化科研管理政策信息服务。如北京农业信息技术研究中心设立了专门平台，专人负责搜集和遴选科研资源信息，及时掌握国家对科研管理的最新政策与要求，针对不同部门的研究方向，精准推送管理政策、科研热点、高引用率学术论文等，让科研人员集中精力专注于研究工作。二是完善科研项目管理服务。如北京理工大学针对科研项目和财政项目财务管理难题，设计了两类项目预算科目的转换模板，解决了科研项目在实施和验收阶段需要频繁互换的困难。三是建立促进科研发展的调控机制。如北京农业信息技术研究中心结合各个平台的年度科研成果、论文和人员配置等情况，建立人员流动调控机制，确保各个重点实验室满足评估要求。

（四）充分发挥绩效考核的激励导向作用

一是对人员实行分类管理和考核。中国电子信息产业发展研究院建立了"分类考核、分解任务落实、分步推进、分类挂钩"的管理制度，对院属企业、科研单位和管理部门人员进行分类，设置差别化的绩效考核指标。二是绩效工资与实际贡献挂钩。中国电子信息产业发展研究院实行年度考核结果在全院范围公开，对业绩突出的员工提高绩效工资系数。三是严格硬约束管理。如中国地质科学院地球物理地球化学勘查研究所、勘探技术研究所、中国电子信息产业发展研究院对于绩效突出的员工给予提拔和重用，对于连续三年没有完成绩效目标的降级使用，对于绩效平庸的调整岗位。

三　完善土地科技创新管理制度的建议

为进一步发挥科技创新作为支撑经济社会发展的第一动力作用，助力土地科技创新实现跨越式发展，应尽快破除障碍，打破瓶颈，建立一套适应科技创新需求的制度体系，充分发挥其"上层建筑"作用，为激发创新创造活力、凝聚培养创新人才、优化配置创新资源提供重要制度保障。

（一）优化土地科技创新环境

一是着力整合科技创新资源。适度集中人财物优势，加快推进科技创新工作，切实解决研究经费使用分散、研究成果质量不高等问题，尽快确立一批事关土地领域长远发展的重大研究类工程技术项目，快速形成一批重大科技创新成果，提升持续发展的能力。二是建立参与科技创新的价值与用人导向。激发愿意参与科技创新的人员全身心投入科技创新工作，充分实现人生价值和发展目标。

（二）完善科研项目管理机制

一是构建统筹协调和精准有效的服务管理制度。建立统筹协调各科研平台建设发展和评估考核机制，为科研团队和人员提供精准化、个性化的高效服务。二是完善科研项目立项论证与评估机制，强化科研项目对事业发展的作用，避免无效研究项目。三是加强科研成果共享，完善成果管理系统，建立科研成果公示和展示机制，实行全员评价制度。四是出台科研成果转化应用管理办法，加大成果转化应用和推广力度。

（三）重视科研经费使用与管理制度建设

一是统筹使用科研项目中的部分科目。将会议费、差旅费、国际合作与交流费，在不突破三项支出预算总额的前提下，允许项目实施过程中调剂使用。二是优化有关财务审批流程。赋予科研项目负责人更大的财务支配权，如小额经费签批权及小幅预算调剂权等。三是完善科研人员费用支出管理。适当拓宽科研项目报销票据类型，允许野外数据采集、问卷调查等确需发生而无法取得财政性票据的费用，在完善手续后可以白条报销。四是完善结余科研经费统筹用于科研工作的管理制度。

（四）强化科研人员激励机制建设

一是改进科研人员绩效评价和考核制度。实行人员分类绩效管理，构建科研人员的绩效评价指标体系，显化其在科研工作中的参与及贡献程度。对于贡献突出的科研人员，适当提高绩效工资系数，或直接给予劳务费补助。二是加大项目绩效激励力度。对于成功申请中央财政科技计划（专项、基金等）的科研团队或个人，在间接费列支中给予绩效倾斜；对科技成果转化贡献突出的科研人员，按一定的转化收益比例给予奖励。三是切实推进人员分类管理改革。全面优化行政管理、业务支撑和科技创新三类岗位设置，合理分配人员，实现人岗相宜。

（五）完善科技人才培养机制

一是制定人才引进激励政策。赋予高端人才科研团队建设权、人财物支配权、技术路线决定权，使其充分发挥创新创造性。二是完善青年人才成长措施。在职称评定、专业技术岗位遴选、出国研修培训等方面向青年人员倾斜。三是切实推行科研项目负责人制度。赋予项目负责人组建科研团队、组织项目申报实施、统筹安排研究进度和提出收益分配建议方案的权利。

参考文献

宁立成、胡继玲：《我国科技创新制度改革研究》，《科技进步与对策》2014 年第 3 期。

樊杰、刘汉初：《"十三五"时期科技创新驱动对我国区域发展格局变化的影响与适应》，《经济地理》2016 年第 1 期。

何剑、徐晓鹏：《科技创新的制度供给——一些国家科技创新的基本做法》，《财经问题研究》2000 年第 3 期。

《国务院关于印发"十三五"国家科技创新规划的通知》（国发〔2016〕43 号），2016 年 7 月 28 日。

《国土资源部关于加快推进科技创新的若干意见》（国土资发〔2016〕106 号），

2016 年 9 月 1 日。

《国务院关于优化科研管理提升科研绩效若干措施的通知》（国发〔2018〕25 号），2018 年 7 月 18 日。

《中共中央办公厅 国务院办公厅印发〈关于进一步完善中央财政科研项目资金管理等政策的若干意见〉》（中办发〔2016〕50 号），2016 年 7 月 31 日。

《财政部 科技部关于印发〈国家重点研发计划资金管理办法〉的通知》（财科教〔2016〕113 号），2016 年 12 月 30 日。

《国务院关于改进加强中央财政科研项目和资金管理的若干意见》（国发〔2014〕11 号），2014 年 3 月 3 日。

《财政部 科技部 教育部 发展改革委关于进一步做好中央财政科研项目资金管理等政策贯彻落实工作的通知》（财科教〔2017〕6 号），2017 年 3 月 3 日。

《中共中央国务院关于深化体制机制改革加快实施创新驱动发展战略的若干意见》（中发〔2015〕8 号），2015 年 3 月 13 日。

《中共自然资源部党组关于深化科技体制改革提升科技创新效能的实施意见》（自然资党发〔2018〕31 号），2018 年 11 月 5 日。

《中共中央办公厅 国务院办公厅印发〈关于实行以增加知识价值为导向分配政策的若干意见〉》，2016 年 11 月 7 日。

《中共中央办公厅 国务院办公厅印发〈深化科技体制改革实施方案〉》（中办发〔2015〕46 号），2015 年 9 月 24 日。

《促进科技成果转化法》（2015 修正版），修正案经 2015 年 8 月 29 日第十二届全国人民代表大会常务委员会第十六次会议通过。

《国务院办公厅关于优化学术环境的指导意见》（国办发〔2015〕94 号），2015 年 12 月 29 日。

《人力资源社会保障部关于支持和鼓励事业单位专业技术人员创新创业的指导意见》（人社部规〔2017〕4 号）。

《中共中央印发〈关于深化人才发展体制机制改革的意见〉》（中发〔2016〕9 号），2016 年 3 月 21 日。

《中共中央办公厅 国务院办公厅印发〈关于分类推进人才评价机制改革的指导意见〉》，2018 年 2 月 26 日。

《中共中央办公厅 国务院办公厅印发〈关于实行以增加知识价值为导向分配政策的若干意见〉》，2016 年 11 月 7 日。

《国家创新驱动发展战略纲要》，2016 年 5 月 19 日。

地方特色篇

Local Pratice

B.17

浙江省以全域土地综合整治助推
乡村振兴的实践与探索

严庆良 沈志勤 章岳峰 何佑勇*

浙江省作为"两山理念"的发源地，近年来积极谋划开展全
域土地综合整治。本文通过对浙江省实施全域土地综合整治
助推乡村振兴的典型经验做法进行总结，对当前面临形势进
行分析，提出开展全域土地综合整治是推进新时代美丽乡村
建设的重要举措，是实施乡村振兴战略推动城乡融合发展的
有力抓手，下一步，要切实做好顶层设计、树立底线思维、
注重规划引领、加强风险防控、维护农民权益，充分发挥全

---

* 严庆良，浙江省土地整理中心主任、教授级高级工程师，主要研究方向为土地管理政策和土
地整治；沈志勤，浙江省土地整理中心副主任、高级工程师，主要研究方向为土地规划、土
地整治；章岳峰，浙江省土地整理中心高级工程师，主要研究方向为土地管理、土地整治；
何佑勇，浙江省土地整治中心高级工程师，主要研究方向为土地整治规划。

域土地综合整治促进经济社会发展的支撑保障作用。

关键词: 土地综合整治 城乡统筹 乡村振兴

浙江是"两山理念"发源地,也是中国美丽乡村建设的重要发源地。多年来,浙江省积极开展农村土地综合整治工作,并取得了良好成效,土地整治已经成为新农村建设的强大支撑,全省农村土地利用格局、村容村貌和农村生态环境以及农村生产条件和生产方式发生了深刻变化,美丽乡村已经成为浙江的一张"金名片"。2018 年省政府工作报告,明确提出启动实施百乡全域土地综合整治工程,助推乡村振兴战略实施。

一 背景

2001 年,浙江省探索以农村建设用地复垦为主要内容的城乡建设用地增减挂钩试点工作,开启了农村土地综合整治工作的序幕;2003 年,浙江省部署实施"千村示范、万村整治"工程,极大地改善了全省农村生态环境、生产生活条件;2009 年,原国土资源部与浙江省签署部省合作协议,进一步推进了浙江的农村土地综合整治工作。2010 年,浙江省委办公厅、省政府办公厅下发《关于深入开展农村土地综合整治工作 扎实推进社会主义新农村建设》(浙委办〔2010〕1 号),提出以城乡建设用地增减挂钩政策为抓手,全域规划、全域设计、全域整治,统筹城乡发展,建设社会主义新农村。2013 年,在总结完善城乡建设用地增减挂钩试点工作的基础上,浙江省搭建了农村土地综合整治和城乡建设用地增减挂钩平台,实施"亩产倍增"行动计划和"812"土地整治工程。通过 10 多年的努力,极大地改善了农村面貌,提高了农民生产生活条件,有力地推动了城乡统筹发展。

近年来,浙江各地把创新农村土地综合整治作为国土资源管理的重点工作来抓,积极谋划开展全域土地综合整治试点工作,涌现出了西湖区双浦

镇、德清县东衡村、衢江区富里等一批全域土地综合整治典型，在创新农村土地管理制度、统筹城乡发展、促进生态文明建设、破解发展用地难题等方面进行探索和实践。

二 典型案例与主要做法

（一）探索"土地整治＋"的杭州双浦模式

双浦镇位于杭州市区西南部，距离杭州市中心约 15 公里，地处钱塘江、富春江、浦阳江三江交汇处，地理位置十分优越。但长期以来，该区域没有较好地发挥区位优势，土地利用效率低下，优质耕地碎片化问题突出，农用地变为堆场等非农设施用地等违法用地现象普遍，农村建设用地利用粗放低效、布局散乱无序，整个区域呈现耕地与建设用地犬牙交错、坐拥绿水青山但村庄面貌脏乱差的局面。

2017 年以来，双浦镇大力实施"乡村振兴战略"，坚持"真保护、实恢复、强管理、优利用、快实施"原则，通过推进"土地整治＋"模式，塑造出新的土地整治格局，实现了"1＋N"的综合效应。具体做法：一是通过"土地整治＋高标准农田建设"，统筹推进高标准农田建设、旱地改水田等农田基础设施建设，投资 5814 万元，共分 5 个项目实施，实施范围 71.5 公顷，新增耕地 66.8 公顷、旱改水和耕地质量提升 39.3 公顷①，全面提升耕地质量；二是通过"土地整治＋生态空间修复"，全面开展清洁田园整治，据双浦镇统计，已清理耕地上的各类堆场、小作坊、彩钢棚等违法建筑 200 余公顷，拆除甲鱼塘近 667 公顷，全面完成矿山主体项目治理，投入专项资金 9.2 亿元，治理面积 74.5 公顷，生态复绿 6.4 公顷，平整出可利用土地 93.3 公顷；三是通过"土地整治＋都市现代农业"，创新都市农业开发模式，在保护优质耕地的同时，通过规模化整治促进土地流转，据调查，

---

① 数据来源：杭州市国土资源局内部调研报告，2018 年 1 月 10 日。

现已累计投入 3.3 亿元，流转土地 1400 公顷，利用流转土地加快发展现代农业，总投资 5.4 亿元的蓝城现代农业园项目一期 333 公顷已开园，投资 10 亿元的农业嘉年华项目已签约；四是通过"土地整治＋美丽乡村建设"，大力推进村庄整治，在遵循村庄原始风貌的基础上，全面实施 11 个美丽乡村建设，共整治农居 5435 户①，全面提升地区环境面貌，改善居民居住环境，建设能兼具历史记忆和地域特色的美丽城镇，继"西溪湿地"之后打造出"钱塘田园"的新亮点；五是通过"土地整治＋城乡融合发展"，以土地整治为平台，以小城镇建设为抓手，高效整合土地资源，促进城乡融合发展，全面完成了 25 个小城镇环境综合整治项目，通过整村搬迁完成 5 平方公里拆迁，为双浦新区发展腾出空间，实现了"土地功能腾挪、城市面貌更新、群众居住环境改善"的有机结合。双浦镇依托全域土地整治，整合各方力量，打通了阻碍城乡各要素有序流动的壁垒，实现了空间优化布局，同时，通过建立合理的利益分配机制，将全域土地整治的收益与广大农民共享，努力实现乡村振兴。

（二）践行"多规合一"的德清东衡模式

东衡村地处德清县洛舍镇东南部，村域面积 10.4 平方公里，下设 22 个村民小组，共有 774 户、人口 3089 人，早年采矿业兴盛，有 18 家矿山企业，虽然带动了经济发展，但多年不惜环境代价的开采，造成了严重的生态破坏，并留下了 200 公顷的废弃矿山②。

德清县是全国 28 个"多规合一"试点县之一，探索县域规划的"四规合一"，即城乡建设用地同时符合土地利用总体规划、城乡建设规划、产业发展规划和生态保护规划。在此背景下，东衡村以"多规合一"为引领，以农村土地综合整治为契机，统筹产业发展、生态建设和耕地保护，促进了城乡要素流动互利共赢，让土地要素"活"起来。具体做法：一是不占耕

---

① 数据来源：杭州市国土资源局内部调研报告，2018 年 1 月 10 日。
② 数据来源：德清县国土资源局内部调研报告，2017 年 3 月 3 日。

地打造产业平台，对紧邻村庄、土地贫瘠且面积较大的废弃矿地规划用于建设，通过土地综合整治，整理出可利用土地 33 公顷，建设工业创业园，打造"中国特色钢琴小镇"，初步投资 2.5 亿元，建设 20 公顷的标准厂房及生活、绿化配套工程，成为村里钢琴产业的孵化基地；二是节约用地建设矿地村庄，根据东衡村土地利用规划，东衡村计划实施四期农村土地综合整治项目，规划拆旧复垦总面积 117 公顷，新增耕地面积 113 公顷，安置建新区块 2 个，面积 4.7 公顷，安置农户 250 户，采用多种安置模式相结合的方法，排屋安置采用"三改二、二改三"的模式（即将原落地三间改为落地两间，层高由原两层改为三层），在保证建筑面积不减小的前提下，户均占地面积由 140 平方米缩减到 110 平方米，部分安置房采用小高层模式，户均占地由 120 平方米缩减到 20 平方米左右，共减少占地面积 2 公顷，同时为建设不占或少占耕地，对原计划建造在耕地上的安置建新区全部调整到废弃矿地区域，提高土地利用率，有效地保护了耕地；三是连片开发垦造水田，通过统一布局、整体推进，通过"三步法"："削峰填谷"平整场地、"表土剥离"循环利用和"移土培肥"提升地力，将 187 公顷废弃矿坑复垦为水田，并利用管道灌溉将水田灌溉率提高到 97%，亩产量达 500 公斤[①]；四是因地制宜打造农业园区，通过对废弃矿山回填平整，结合土地统一流转入股到村委，规划打造 133 公顷的农业观光园，实施"宜林则林，宜农则农"，发展花卉苗木和养殖业。东衡村经过几年的综合整治，村庄建设一路提升，村庄格局日趋完善，成为共青团中央联系点，是全国生态文化村和浙江省"省级生态文化基地"，全国农村精神文明建设、全省农村土地综合整治等会议现场考察点。

（三）推进农村综合改革的衢江富里模式

"富里农村综合改革试验区"位于衢州市衢江区江山港北岸，涉及 2 个镇 6 个行政村，农户 2033 户、6823 人，总面积 1232.8 公顷。区内 85% 以

---

① 数据来源：德清县国土资源局内部调研报告，2017 年 3 月 3 日。

上为利用率低、收益差的荒山、缓坡，农业机械化效率低，高质量、高品质、高产出、高效率的农田少，严重影响了农民创收和当地的经济发展。

衢江区以建设国家现代农业示范区为契机，以低丘缓坡水田垦造为基础，以智慧农业发展为核心，以生态循环、三产融合互动为理念，按照大项目、大决心、大手笔、大统筹、大开发、大流转、大整治、大配套的规划思路，通过高目标定位、高起点规划、高标准建设，借助土地综合整治平台，推进农村综合改革。具体做法：一是统筹谋划集聚资源要素，推动水田垦造、新农村建设、现代农业园区、4A 级景区"四规合一"，形成试验区总体规划，整合国土资源、水利、交通等部门政策资金，多元渠道融资 12.5 亿元，项目开工仅 1 年，已完成投资 13.5 亿元，整片流转、平整土地 733 公顷①；二是创新建设模式，与世界 500 强企业中国电建集团合作，采用 EPC 总承包模式为项目审批开设"绿色通道"，变多次招标为"最多招一次"，变单项招标为综合招标，整个流程时间缩短 60%，为项目建设腾出宝贵时间，并有力保障了工程按时序高质量推进；三是坚持"三权分离"开展土地流转，即坚持土地集体所有权性质不变，土地承包权不动摇，通过成立村级土地股份合作社，鼓励农户以"土地承包经营权"入股，享受固定收益，并创新采用定量不定位模式，农民按流转面积入股，每亩土地按 250 公斤稻谷/年折现发放股金；四是引进先进技术打造放心农业示范区，通过与联合国相关机构对接，积极争取世界食品安全创新示范区，并申报全国食品安全创新示范区，计划投资 100 亿元，引入 GIS、物联网等新技术，按照食品生产、加工、检测、流通等环节建立多个功能区，形成全产业链食品安全保障体系。一年多来，该区以万亩水田垦造为切入点，统筹整合各级各类资金，共新垦造水田 468 公顷，改造荒山 620 公顷，连片种植水稻 267 公顷，实现亩产 500 公斤②，并逐步形成乡村体验、亲水体验、休闲农业、现代农业四大游线为基础的 4A 级现代田园休闲养生度假景区，实现了大型区

---

① 数据来源：衢州市国土资源局衢江分局内部调研报告，2018 年 3 月 23 日。
② 数据来源：衢州市国土资源局衢江分局内部调研报告，2018 年 3 月 23 日。

域土地流转提升区、省级水田垦造示范区、现代化粮食生产功能区一年基本打造成型的阶段性目标。

三 面临的形势

浙江省人多地少，经济活跃，随着工业化、城镇化和农业现代化的加快推进，生态环境和资源要素约束更加显现，农村发展不充分和城乡发展不平衡问题依然存在，耕地保护碎片化、空间布局散乱化、资源利用低效化问题依然较为突出，支持农村农业发展层面政策供给不足。在全域土地综合整治试点工作推进过程中，还存在资源整合不够到位、项目建设资金融资困难、机制体制尚不健全等一系列问题，需要我们在实践中不断总结完善。此外，与率先迈入土地整治4.0新时期的上海等省市相比，当前浙江的土地整治理念和形态都有较大的提升空间，特别是土地综合整治集成性、系统性有待提升。

党的十九大将乡村振兴提升到了战略高度并写入党章，为新时代农村土地管理工作明确了重点、指明了方向，也为土地整治工作提出了新命题，需要找到新的、有效的抓手和平台，进一步发挥土地在农村农业发展中的基础性、引导性、控制性作用，以更高质量的土地利用支撑更高质量的发展。根据《浙江省土地整治规划（2016～2020年）》，"十三五"时期，浙江省将着力推进国土空间规划体系改革，以主体功能区规划为基础统筹各类空间规划，深入推进"多规合一"。土地整治作为国土空间治理和空间结构优化的重要手段，也将从单一目标转向山水林田湖的综合整治，实现"三生"融合；从单个项目转向全域规划、整体设计和综合整治，分区域、分类型引导土地整治，促进区域经济、产业、人口发展与土地利用相协调。

从浙江前期开展的试点和探索来看，开展全域土地综合整治是"千村示范、万村整治"和土地整治工作的继承发展，是推进新时代美丽乡村建设的重要举措，也是实施乡村振兴战略推动城乡融合发展的有力抓手。通过实施全域土地综合整治，可以全面推进"多规合一"落地实施，切实解决乡村建设发展用地制约；对田水路林村进行全要素综合整治，可以实现资源要素全域有效整合，有效保护优质耕地资源；对存量建设用地进行集中盘活挂钩，建立城乡融合和区域统筹的土地要素流动机制，可以为美丽乡村和产业融合发展用地进行提供精准保障，促进农村一二三产业融合发展；对乡村人居环境进行统一治理修复，可以全面打造生态宜居的农村环境，推动生产生活生态深度融合；在优先满足农村建设需要的前提下，将节余的建新指标进行有偿调剂，收益全部返还农村，可以壮大村集体经济实力，破除土地收益用于"三农"的制度障碍；以全域土地综合整治为杠杆，撬动农村土地制度改革，进一步完善农村土地利用管理政策体系。

四 下一步工作的建议

（一）搞好顶层设计

建立推进全域土地综合整治的专门机构，配备专业人员，制定相关政策来推进我省全域土地综合整治工作。在制定全域土地综合整治相关政策时，要按照"产业兴旺、生态宜居、乡风文明、治理有效、生活富裕"总要求，坚持生态优先、保护优先、节约优先总基调，围绕农业农村现代化和城乡融合发展总目标，构建存量为主与增量补充相结合的建设用地保障机制，创新土地管理政策，简化审批事项、审批流程和审批材料，强化农村土地政策供给，有序推进农村土地制度改革，构建凝聚法制管理与民主自治力量的农村土地管理模式，建立健全有利于促进绿色发展与乡村振兴的农村土地管理制度。同时，要积极争取有关部委的支持，探索开展永久基本农田动态调优，实现建设用地增减挂钩节余指标全省调剂。

（二）坚守底线思维

在推进全域土地综合整治工作中，要牢固树立"底线"意识，坚决维护农村土地管理秩序，确保农民利益不受损、"三条红线"不突破。要坚决

避免借全域土地综合整治之名，行调整永久基本农田和生态红线之实的情况发生。对需局部调整和优化永久基本农田布局的，特别是针对细碎化耕地进行归并和提质改造的，强调要在充分评价和严格论证的基础上，按照"数量有增加、质量有提升、生态有改善"的原则，对永久基本农田布局进行动态优化。

（三）注重规划引领

按照农业农村现代化和新型城镇化的要求，有序开展村土地利用规划编制工作，并作为实施全域土地综合整治的规划平台。在编制村规时按照农村土地全域整治思路，合理划定功能分区和整治分区，对全域综合整治作出安排，充分盘活农村存量建设用地，推进农村建设用地整治，统筹安排农业生产、村庄建设、产业发展、公共服务、基础设施、环境保护、文化传承等各项事业用地规模，不断改善和优化村庄用地空间布局。同时，在编制全域土地综合整治实施方案时，要充分体现"存量规划"思路，按照三生融合、多规合一的要求，统筹区内各类用地，在确保"三条红线"不突破的前提下，通过全域整治促进农地、生态用地适度连片和建设用地集中集聚，推进"山水林田湖草"生命共同体建设，促进乡村振兴。

（四）加强风险防控

要以如履薄冰的态度来关注、对待可能出现的资金问题、生态问题、环境问题、社会问题等，努力采取措施防患于未然，确保全域土地综合整治工作顺利推进。具体地讲，一要择优，就是要选择已编制村土地利用规划、农民意愿强烈、村级班子战斗力强、土地资源相对丰富、工程建设资金能基本自我平衡的地区开展示范建设，避免出现项目立项后推进不力、出现半拉子工程的问题；二要尊重自然，顺应自然，保护自然，始终将生态环境保护放在首位，在保护生态环境、田园风光的前提下开展各类整治和修复活动，坚决防止对生态环境造成新的破坏；三要务实，就是要坚持因地制宜、循序渐进，要从每一个项目、每一个村的实际出发，注重地域特色，尊重文化差异，科学规划、分类施策，合理确定整治目标、整治方式、整治工程，科学安排土地整治实施的步骤和时序，防止好高骛远、急功近利、大拆大建，务求取得实实在在的成效，切忌模式单一、千村一面。

（五）维护农民权益

建立健全政府主导、部门协同、公众参与的工作机制，充分发挥农村集体经济组织和农民的主体地位，尊重和保障农民知情权、参与权、表达权和收益权，确保农民利益不受损，让农民共享全域土地综合整治成果和收益。同时，实行增减挂钩节余指标全省范围内有偿调剂制度，节余指标要优先用于城镇住宅、商业等经营性用地项目，流转收益返还农村，用于消除集体经济薄弱村和支持实施乡村振兴战略，促进农业农村发展，改善农民生产生活条件。

参考文献

本刊编辑部：《践行两山理论 推动绿色发展》，《资源导刊》2018年第8期。

包建铎、李中伟、姚明峰、张艳琳：《全领域整治自然资源 大格局助力乡村振兴——浙江省开展全域土地综合整治的经验和启示》，《资源导刊》2018年第8期。

严金明、张雨榴：《新时期国土综合整治的内涵辨析与功能定位》，《土地整治蓝皮书：中国土地整治发展研究报告（No.4）》，社会科学文献出版社，2017。

《2018年浙江省政府工作报告》，2018年1月。

《浙江省土地整治规划（2016~2020年）》（浙土资发〔2017〕27号），2017年10月12日。

《浙江省实施全域土地综合整治助推乡村振兴战略行动计划工作方案》（浙政函〔2018〕18号），2018年2月7日。

B.18
土地综合整治助推江苏乡村
振兴的思考与实践

王晓瑞　施振斌　徐翠兰*

摘　要： 乡村振兴是中国特色社会主义进入新时代的重大国家战略，土地整治作为协调优化区域人地关系的手段已成为振兴乡村的重要政策工具。针对乡村发展中存在的村庄布局无序、农村产业羸弱、乡村文化衰落、人居环境脏乱、涉农资金分散等突出问题，江苏省在实践中通过加大投资力度、创新整治理念、优化规划设计、丰富实施形式、强化后期利用等路径，以特色田园乡村建设为重要抓手，组合多种土地整治形式，深入开展以乡村振兴为目标的土地整治工程，取得了较为显著的成效。

关键词： 土地整治　乡村振兴　规划引领　资源整治

　　"三农"问题是关系国计民生的根本性问题，党的十九大报告明确提出要坚持农业农村优先发展，按照"产业兴旺、生态宜居、乡风文明、治理有效、生活富裕"的总要求实施"乡村振兴战略"。江苏省经济社会发展速

---

* 王晓瑞，理学博士，江苏省土地开发整理中心工程师，主要研究方向为土地资源评价与土地规划；施振斌，博士研究生，江苏省土地开发整理中心总工程师、研究员级高工，主要研究方向为土地规划、土地整治；徐翠兰，工学硕士，江苏省土地开发整理中心研究员级高工，主要研究方向为农业水土资源规划、耕地保护与土地整治。

度迅猛，2017 年 GDP 总量排全国第二，人均 GDP 位列全国第四，城镇化率除直辖市外排全国第二已接近 70%。但在经济繁荣的背后，江苏省农业边缘化、农产品竞争力不强，农村空心化、农村产业弱，农业人口流失、农民老龄化等"三农"问题依旧突出。随着城镇化的加速发展，资源要素由乡村向城市单一流向的局面正在加剧，已成为全面建成小康社会、实现乡村振兴的短板。

土地整治在改善农业生产条件、改善村容村貌、增加农民收入等方面作用显著，是促进广大农村地区脱贫攻坚，共同建设小康社会的重要途径。江苏省于 2014 年开始实施"土地综合整治"战略，在高标准农田建设、生态环境整治、城乡统筹发展、美丽乡村建设、精准扶贫等方面已取得较为显著的成绩，对优化区域人地关系、促进区域经济发展成效显著。在新时代新形势新要求下，如何进一步深化土地综合整治的理论与制度体系，通过土地综合整治助力乡村振兴战略实施需要深入探索。

一 江苏省乡村发展存在的问题

（一）分散的乡村布局亟须优化整治

当前，农村地区村庄布局零散，农村居民点面广量大，江苏农村居民点面积占全省城乡建设用地总面积的比例达 58%[①]，而全省城镇化率已达 68.8%[②]，土地城镇化进程和人口城镇化进程严重不匹配，农村住宅用地规模居高不下，"空心村"现象和一户多宅等问题突出。乡村振兴目的是要实现乡村地区的普遍兴旺发达，并不是对现有的一个个具体村庄的振兴，要利用有限资源、采用科学手段实现对广大农村地区的振兴。因此，需要运用土地整治等手段，一方面通过村落合并集中，解决由于地形地貌及耕地资源分

---

① 2016 年江苏省土地利用变更调查结果。
② 2017 年江苏省国民经济和社会发展统计公报。

布造成的农村地区自然村落数量众多的问题，优化农村集中居住区的布局；另一方面，通过统一规划设计与管理，解决由于农村地区的规划缺失及管理不到位导致的村落内农居房布局混乱问题，提高农村地区各类公共资源的利用效率及人均占有率。

（二）孱弱的农村产业亟须发展壮大

在城市化、工业化发展的大背景下，长期以来资源由农村向城市单向流动，导致广大农村地区失去了二、三产业发展需要的人口、基础设施等资源要素，使得当前农村地区二、三产业数量少、体量小，对区域经济拉动作用弱。同时，家庭联产承包责任制对耕地的分割与无规划经营，已越来越不能适应农业现代化发展的要求，承包个体很难独立经营特色农业、观光农业、高效农业等现代农业项目，因此农业虽然是农村地区的主要产业，但并没有形成产业支柱的效果。农业的边缘化与二、三产业的落后，导致农村集体经济薄弱、农民就近就业困难，这种现状又进一步加剧了农村地区人口的大量流失，农村产业发展陷入恶性循环。因此，需要通过土地整治等手段，改善农业生产条件，按照农业现代化的要求配套农业生产基础设施；引导农村土地承包经营权的集中流转，实现耕地的机械化、规模化、集约化经营；通过配建标准厂房、开发农业旅游资源等手段，引进农产品初加工等轻工业、农业旅游等服务业，一方面解决农业现代化释放的农村劳动力就业问题，另一方面吸引外出务工农民回乡就业，同时壮大农村集体经济，实现农村地区的产业兴旺。

（三）衰落的乡村文化亟须发掘保护

城市化和工业化的浪潮中，乡村和外面世界联系越来越紧密，已被深深卷入城市化的大潮中，传统农耕文化、乡村民俗、乡村风貌等乡村文化正在逐渐衰落。一方面，由于农村人口尤其是农村青壮年人口的大量流失，缺失了乡村文化传承与发展的载体，而长期留守农村的老年人又无力继承和发扬乡村社会的传统文化；另一方面，长期在外务工的农民，已逐渐适应与习惯了务工地的文化生活，传统乡村生活方式已逐渐淡忘；再者，随着交通运输的发展和信息化的普及，城乡物质交流与信息互动越来越频繁，城市的生活方式对农民产生了深刻影响，对乡村文化造成了相当冲击。归根结底，乡村文化衰落的根本还在于农业的边缘化、农村的空心化、农民的老龄化，农业的边缘化使得乡村文化失去了文化的产业载体，农村的空心化使得乡村文化失去了文化的人口载体，而农民的老龄化使得乡村文化失去了文化的传承载体。因此，需要通过土地整治，对乡村文化进行保护性发掘和创造性继承，让真正有历史、有价值的东西留下来，通过人口与产业的集聚，为乡村文化提供生存与发展的土壤，传承和发扬传统文化美德。

（四）脏乱的人居环境亟须改善优化

长期以来，农房乱建、农畜散养、污水乱排、垃圾乱扔的现状是农村地区生活环境的基本状态。一是由于农村缺少统一的建设发展规划，农村居民点建设无序，土地浪费现象严重；二是农村居民点的散落布局，导致基础设施建设需要的投资大而利用率低，基础设施建设很难满足所有农村居民的需求，很难实现统一的污水和垃圾处理，农村卫生条件恶劣；三是在城市化影响下，长期在外务工的农民也倾向于在城市购房置业，留守农村的主要是老人和儿童，农村住房年久破败，居住条件较为恶劣。因此，需要通过土地整治，拆并农村居民点，对村庄建设进行统一规划、统一设计，美化村容村貌；大力配建交通、电力、通信、污水处理、垃圾处理等农村基础设施，提高农村生活的便利性；实施村庄绿化与美化，保护与修复农村生态环境，建设美丽宜居乡村。

（五）分散的涉农资金亟须统筹整合

农村发展一直是国家关注的重点，各级政府、各个部门多年来投入大量资金、出台多项政策支持农村地区的发展。国土、农业、发改、水利等多个部门都以不同形式设立不同的整治项目，致力于农业生产条件改善、农村环境优化、农民脱贫致富等。但随之产生了一系列问题。首先，涉农资金在各

部门之间分散利用，投资标准高低不一，易发生低水平重复投入情况，造成资金利用效率参差不齐，资金使用难以形成规模效应。其次，各部门涉农资金只在本部门内纵向安排分配，部门之间没有横向沟通协调，多个部门在同一地区就同一建设内容重复投资现象频发。再者，不同部门项目建设单独进行，没有统一的规划引领，各部门建设的内容相互不匹配不适应，很难在此基础上进行进一步的综合开发利用，限制了整体效益的发挥。因此，土地整治需要发挥平台功能，统筹整合各类涉农资金，设立土地整治基金，施行统一规划、统一分配、统一标准、统一监管，形成叠加合力，发挥涉农资金的综合效应。

二　土地整治助力江苏乡村振兴的实现路径

（一）加大投资力度

土地整治是直接影响农业、农村、农民的重要政策措施，无论是对农业还是对农村的改善，土地整治投资最终的受益人群都是农民，投资力度的高低直接影响受益农民数量及受益程度的高低，因此从省、市、县等各级部门，加大土地整治投资力度是对振兴乡村的最直接贡献。同时，当前土地整治资金来源多为单一的财政资金，这不仅给各级财政带来了不小压力，也限制了土地整治投资的力度，因此应拓宽资金来源渠道，建立市场化运作机制，吸引社会资本投入，提高土地整治投资力度。江苏省目前已出台政策，吸引了江苏省沿海开发集团、农垦集团、水源有限责任公司三家国有企业，共投资约2.8亿元开展高标准农田建设，社会资本投资不仅缓解了政府资金压力，而且实施效率高、质量有保证、后期管护利用到位，项目建设效益显著。

（二）创新整治理念

随着土地整治的深入推进，传统以土地平整工程、农田水利工程、田间道路工程等为主要内容的土地整治已不能满足当前社会经济生态协调发展的需要，尤其对于江苏省这样水土资源本底条件较好的省份，传统土地整治项目的边际效益正在逐渐下降。同时，乡村振兴要求"产业兴旺、生态宜居、乡风文明、治理有效、生活富裕"，传统土地整治理念显然不能满足乡村振兴的要求，因此转变土地整治发展理念，将其与村容村貌整治、生态环境保护、现代农业开发、乡村文化发掘、乡村旅游、精准扶贫等相结合，在政策上要支持"土地整治＋"理念的实现，以乡村振兴目标为导向，发挥土地整治综合效应，助力乡村振兴战略的实现。目前，江苏省国土资源厅、财政厅已联合启动了以土地为基底、以绿色为基调、以生态修复技术为手段、以农业农村现代化为目标的生态型土地综合整治试点工作。

（三）优化规划设计

乡村振兴需要根植于良好的生态环境和深厚的文化底蕴，这就要求在保护和治理乡村生态环境的同时，保留和传承乡村传统文化。对此，土地整治要积极践行"绿水青山就是金山银山"的理念，土地整治规划设计内容不再囿于土地平整、田间道路与农田水利，要充分考虑地方的发展需求、尊重当地农民的实际诉求、结合项目区的实际条件，注重保护自然环境和修复受损生态，注意保留当地传统农耕文化和民俗文化特色，将绿色、生态理念贯穿于规划设计的全部环节，促进人地和谐，筑牢乡村振兴的生态、人文根基。

（四）丰富实施形式

土地整治本身兼具工程建设和社会治理双重属性，然而传统土地整治项目偏重工程建设，其社会治理属性不明显。土地整治要围绕提高乡村治理体系和治理能力现代化要求，创新组织实施方式，发挥农民主体作用，壮大农村集体组织，促进农民思想观念变化和农村基层民主政治建设。探索多元化的土地整治项目实施形式，开展以乡村（村委会或集体经济组织等）为主体的土地整治项目，提高村集体、村民在土地整治项目中的参与度。也可以由村集体自主开展或联合其他集体经济组织先开展项目建设，实施完成后政府以补助或奖励形式将资金发放到实施主体。

（五）强化后期利用

加强土地整治项目的事后评估与后期管护的监督检查，积极推动土地整治项目的后期再开发利用。在项目实施的基础上，因地制宜，以乡村振兴的目标为要求，积极开发其农业资源、旅游资源、人文资源、环境资源等，进一步发挥土地整治项目的综合效益。

三 土地整治助力江苏乡村振兴的实践与成效

（一）江苏省特色田园乡村建设实践

2017年7月，江苏省启动了特色田园乡村行动计划，先后印发了《江苏省特色田园乡村建设行动计划》（苏发〔2017〕13号）、《江苏省特色田园乡村建设试点方案》（苏政办发〔2017〕94号），由住建、国土、发改、农业、旅游、财政等多部门联合实施，拟在"十三五"时期培育和建设100个特色田园乡村，目前已批准试点建设村45个，特色田园乡村建设目前已成为助力江苏省乡村振兴战略的重要手段之一。党的十九大胜利召开后，江苏省国土资源厅积极贯彻落实有关精神，结合工作实际，广泛调研、深入研究、迅速行动，以特色田园乡村建设为平台，于当年11月出台了《江苏省国土资源厅关于支持特色田园乡村建设试点工作的意见》（苏国土资发〔2017〕428号），从规划、耕保、利用、地籍等多方面全力支持田园乡村建设。土地综合整治作为田园乡村建设的重要抓手，在项目安排布局、高标准农田建设等方面予以重点支持。

第一，统筹安排省投、市投土地综合整治项目，将土地综合整治项目向特色田园乡村试点地区倾斜，通过"山、水、林、田、村"综合整治，不断改善农村生产生活条件和生态环境，推进农村农业现代化。

第二，大力推进高标准农田建设，鼓励和支持特色田园乡村试点地区整乡整村推进高标准农田建设。采取政府和社会资金合作、设立基金、贷款贴息、先建后补等方式，积极吸收社会资金投入，大力开展高标准农田建设。通过高标准农田建设促进特色田园乡村农业供给侧结构性改革和经济转型升级。

（二）南通市高标准农田建设助推乡村振兴实践

高标准农田建设是农业现代化的基础，对农村发展、农业增效、农民增收有着不可替代的重要作用，是乡村振兴的重要抓手之一。南通市积极推进高标准农田建设，探索出一条"整合资源、整市推进、连片开发、利益共享"的高标准农田建设之路。通过项目实施，在农村产业结构、乡村建设、富民增收等方面取得显著成效，为南通市乡村振兴贡献了重要力量。

1. 优化农业产业结构

通过高标准农田建设，推进土地流转，优化产业结构，提高农业产业化、规模化、集约化经营水平，积极引导发展农村二、三产业，扶持壮大地方农业主导产业。在海安重点扶持稻米、蚕桑产业，在如皋重点扶持花卉苗木产业，在如东重点扶持粮油产业，在启东、海门重点扶持"四青"（青毛豆、青蚕豆、青豌豆、青玉米）作物等产业，促进了农村集体经济发展和农民创业增收。

2. 推动田园乡村建设

高标准农田按照土地平整肥沃、水利设施配套、田间道路畅通、农田林网达标、公共服务健全、村庄环境整洁、集约规模利用、产出高产高效、建后管护到位等标准进行建设，既改善了农业生产条件，也为水美乡村建设创造了条件，建成了一批极具特色的田园乡村，如皋城北街道的荷花村、启东合作镇的牡丹村、通州金沙街道的鲜花小镇，推动了全市特色田园乡村的建设。

3. 促进农村富民增收

通过高标准农田建设，村集体平均增收 20 万元以上，最多的达到 80 多万元；促进了土地增值和规模连片经营，高标准农田区域亩均租金平均增加

300 元，规模连片经营达到 47%；培育和壮大了一批农业新型经营主体，也解放了一批劳动生产力，农民增收显著，人均增收 500 元①。

（三）泗阳县土地综合整治助推乡村振兴实践②

泗阳县近年来通过城乡建设用地增减挂钩、工矿废弃地复垦、高标准农田建设等多种手段，在全县范围内大规模实施土地综合整治工程。通过土地综合整治，解决了乡村振兴中人往哪儿去、钱从哪儿来、土地怎么用的问题，实现了人口的合理布局、资金的筹措保障、土地的优化利用。泗阳县卢集镇自 2016 年开始，对 10 个村居、97 个零散村庄、3027 户低矮破旧房屋制定了土地增减挂钩实施计划，全镇规划按照"532"人口布局比例，50%进县城安置，30%进镇区安置，20%进就近社区安置。实施后，项目区农民收入增加、居住条件显著改善，集体经济发展壮大、农业产能显著提高，成为泗阳县乡村振兴的典型。

1. 农民增收

由村集体组织对农民承包土地进行统一流转，土地流转租金达 830 元/亩，土地流转后的农民就近在农资企业打工或外出务工，每月还可以得到 2000 元左右的工资性收入，实现了收益增加。

2. 集体经济壮大

复垦出的新增耕地作为村集体资产，由村集体建设高标准连栋大棚，并鼓励大户承包大棚从事反季节蔬菜种植，同时吸纳本村 80 多名农民进棚务工，每名务工农民年增收 8000 余元，村集体每年获得大棚租赁收益 40 万元，既促进了农民增收致富，又带动了村集体经济发展。

3. 居住环境改善

根据人口布局，为搬迁进入农村新型社区的农民，提供 150、100、90 和 60 平方米面积不等的多个户型，并专门建设了一批 60 平方米左右的暖心

---

① 数据来源：南通市国土资源局。
② 数据来源：宿迁市泗阳县国土资源局。

房，兜底保障部分特困户住房问题。

4. 农业增效

通过土地整治，土地质量提高，生态环境改善，为引进专业化龙头企业创造了条件。85% 以上的土地集中流转发展现代规模农业和高效农业，80% 的农村劳动力由传统农业转向现代农业。

四　土地整治助推乡村振兴的思考与建议

（一）全要素推进全域土地整治

由于发展及管理需要，以往土地整治更加注重农用地整理与布局优化，以改善农业生产条件为主要内容。为推动乡村振兴，建议明确将农村建设、现代农业、乡村文化、乡村旅游等作为土地整治的内容，修订土地整治工程建设及预算定额标准，通过土地整治实现乡村资源的统筹配置。同时，突破以项目为形式的土地整治实施模式，扩大土地整治的实施范围，全域规划、全域设计，资金统筹使用，整镇、整村全域推进综合整治。

（二）统筹土地整治的政策工具

土地整治以高标准农田建设、城乡建设用地增减挂钩、工矿废弃地复垦利用、矿山环境综合整治等多种组织形式协同推进，随着国土资源管理形势的变化，各种政策工具之间相互掣肘，政策叠加效应未能充分发挥。建议根据乡村振兴的要求并结合地方实际，系统性组织与统筹土地整治的政策体系，将多形式的土地整治纳入统一管理体系，建立统一的建设标准、投资标准，因地制宜、因事施策、协调有序地推进区域土地整治，以满足区域发展需求。

（三）强化乡村整治的规划引领

城镇化发展是我国经济社会发展的核心，城市治理经过多年探索已形成

了较完善的制度与管理体系，但与之相对的乡村治理一直是发展的短板。乡村规划的缺失不仅导致乡村发展没有目标方向，还使得政府缺乏有效的治理抓手，导致乡村治理混乱无序，因此，对规划的约束与引导是乡村治理体系的关键。在多规合一、空间规划体系构建的背景下，探索编制以土地整治为主要内容的乡村空间规划，整合乡村各类资源要素，以土地整治为手段对农村生产、生活、生态空间进行优化配置；通过土地整治破除乡村发展的不利因素，促进一二三产业融合发展，引导农村人口合理流动，建设美丽宜居的新型农村；通过土地整治项目的安排布局，强化乡村空间规划的可操作性，在乡村治理上坚持"一张蓝图干到底"，通过规划引领与约束确保形成良好有序的乡村治理长效机制。

（四）扩展土地整治的内涵外延

2018年，国务院组建自然资源部，统一行使全民所有自然资源资产所有者职责，这一变革为土地整治带来了新的机遇与挑战。新形势下，土地整治需要主动适应新情况新问题新要求，进一步厘清整治的内涵与目标，以生态保护和修复为重点，逐步由土地整治转向资源综合整治；制定生态保护修复的政策、规划和标准，明确生态保护修复的资金来源与分配机制，探索建立以土地为载体，以生态修复技术为手段，以生态文明为目标，以治地、治矿、治水、治海、治山、治草、治林为内容的综合整治体系，统筹山水林田湖草的系统治理；进一步显化全民所有和集体所有自然资源的资产功能，推进乡村自然资源的开发、保护和整治。

参考文献

李侃桢：《土地综合整治的理论创新与实践探索》，《中国土地》2018年第2期。
廖彩荣、陈美球：《乡村振兴战略的理论逻辑、科学内涵与实现路径》，《农林经济管理学报》2017年第6期。
刘新卫：《土地整治为乡村振兴注入新活力》，《中国国土资源报》2017年11月23

日第 5 版。

杜伟、黄敏：《关于乡村振兴战略背景下农村土地制度改革的思考》，《四川师范大学学报》（社会科学版）2018 年第 1 期。

蒋和平：《实施乡村振兴战略及可借鉴发展模式》，《农业经济与管理》2017 年第 6 期。

李福能、刘珺：《乡村复兴视角下大都市郊野区域土地整治探讨》，《国土资源科技管理》2016 年第 3 期。

杨建云：《乡村治理视角下的农村土地综合整治研究》，《中国农业资源与区划》2014 年第 4 期。

B.19

分类施策 精准发力
强化资源环境保护

——徐州市土地综合整治助推"三转移一改革"工作纪实

李 钢 喻成林*

摘 要: 徐州市结合区域位置和资源特点,围绕"三转移一改革"提出土地整治工作思路;围绕区域协调发展,探索"片区规划编制"、"睢宁县多规合一"和"矿地融合",优化国土空间布局;围绕乡村振兴战略实施,以黄河故道流域土地整治和"万村整治"为平台,盘活农村低效闲置土地,服务统筹城乡发展;围绕生态文明建设,开展采煤沉陷区综合治理技术研究与应用,节约集约利用矿区资源,打造生态转型典范,提高资源环境承载能力。未来,徐州市将不断深化国土综合整治内涵,探索编制基于山水林田湖草保护修复的全域规划和多规合一的空间规划,深入推进土地综合整治和采煤沉陷区等损毁土地生态修复改造,助力精准扶贫,促进乡村振兴,服务统筹城乡发展。

关键词: 土地整治 城镇化 农村农业发展 生态文明

---

* 李钢,徐州市国土资源局党组书记、局长,徐州市生态文明建设研究院院长,工学博士,中国矿业大学教授、博士生导师,原国土资源部首批科技领军人才,主要研究方向为国土资源管理、土地整治与规划、生态修复与评价等;喻成林,工学硕士,徐州市国土资源局高级工程师,主要研究方向为国土资源管理、土地整治与国土资源信息化。

经过 10 多年的快速发展，我国土地整治有力地支撑了国土资源管理工作。纵观国内土地整治实施模式，可以看出土地整治作为国土空间治理的重要工具，在农业转型发展、新型城镇化、生态环境治理、产业转型升级、国土空间优化等方面凸显出越来越重要的作用。徐州市是国家"一带一路"重要节点城市、淮海经济区中心城市、长江三角洲区域中心城市、徐州都市圈核心城市，以及国家历史文化名城、全国重要的综合性交通枢纽，这些强有力的区域定位条件既给予徐州市良好的政策环境支撑，同时也要求徐州市土地整治站在更高的平台和战略角度进行规划，主动适应新时期经济发展新格局。2017 年 12 月 12 日，习近平总书记在徐州考察潘安湖采煤沉陷区整治情况时，给予高度评价并要求总结推广经验，强调坚持走符合国情的转型发展之路，打造绿水青山，并把绿水青山变成金山银山。

一　落实"三转移一改革"，准确把握土地整治新方向

（一）全面振兴转型，要求推进"三转移一改革"

党的十八届五中全会鲜明提出了"创新、协调、绿色、开放、共享"的发展理念，党的十九大报告强调"坚定走生产发展、生活富裕、生态良好的文明发展道路"，作为新时代坚持和发展中国特色社会主义的基本方略的重要内容，集中体现了今后我国长时期的发展思路、发展方向和发展着力点，对做好新常态下国土资源工作具有重要引领作用。2016 年，按照"保护资源、节约集约、维护权益、改革创新"的总要求，结合"十三五"时期徐州经济发展新常态，认真分析国土资源保护和利用的新形势、新特点及具有战略性、全局性、紧迫性的重大问题，徐州市提出国土资源工作重心要逐步向推进新型城镇化转移、向建设生态文明转移、向支持农业农村发展转移，不断深化改革创新（即"三转移一改革"），确保国土资源供给精准高效服务于淮海经济区中心城市建设。

（二）当前国土资源管理形势要求创新土地整治思路

目前，徐州市总体上仍处于工业化、城镇化的加速期，但城镇发展边界与永久基本农田红线、生态红线的冲突较为严重；土地利用程度不高、后备资源不足，资源开发与保护面临更大约束；产业层次总体偏低、创新能力亟须加强。为助推徐州实现"苏北振兴的强引擎、全面小康的领头羊"的城市定位，2017 年，省委省政府出台《关于支持徐州建设淮海经济区中心城市的意见》，在编制淮海经济区国土规划、黄河故道流域土地综合整治、矿地融合发展、农村土地制度综合改革等四个方面给予了重大政策支持，进一步要求把土地整治目标与国家战略目标、地区发展目标有机结合，持续围绕"三转移一改革"，分类施策、精准发力，打通与现代农业发展、生态修复、扶贫攻坚、乡村风貌保护、新型城镇化发展等交流融合渠道，为谱写中心城市建设新篇章提供强有力的资源保障。

二　土地整治优化国土空间布局，促进区域协调发展战略实施

十九大报告提出坚持区域协调发展，以城市群为主体构建大中小城市和小城镇协调发展的城镇格局。随着徐州构建"1530"新型城镇体系步伐加快，建设用地迅速扩张，一方面，城镇化率由 2006 年的 44.1% 上升到 2016 年的 62.4%；另一方面，农村居民点用地高达 207.6 万亩，占城乡建设用地的 68%，而农村人口仅占全市总人口的 40.5%，城乡用地结构不合理、城乡土地管理利用统筹协调不够等问题突出。针对这些问题，徐州市积极发挥土地整治在促进生产、生活、生态功能融合方面的基础性作用，探索"多规合一"，不断优化国土空间开发格局，实现城乡资源要素有效配置，保障跨区域重大基础设施用地，推进大中小城市和小城镇协调发展、融合发展。

（一）编制黄河故道流域片区土地利用规划，优化国土空间开发格局

黄河故道在徐州境内总长 234 公里，流域人口 450 余万人，土地面积 895.2 万亩，占徐州总面积的 53%。黄河故道流域经济发展不均衡，镇村布局不合理，土地利用粗放，人均建设用地 276 平方米，耕地质量较低，据测算，流域农村建设用地复垦潜力高达 60 余万亩。2014 年，徐州市编制《黄河故道流域土地综合整治工作方案》，在原省国土资源厅大力支持下，黄河故道流域土地综合整治工作纳入原国土资源部批复的江苏省节约集约用地工作方案及省厅改革试点。2015 年，依托徐州市生态文明建设研究院平台，编制完成《黄河故道流域片区土地利用规划（2014～2030 年)》，确定了"统筹城乡发展、优化空间结构、推进节约集约"的总体思路，以区域内"建设用地总量有减少，耕地面积有增加，基本农田质量有提高"为原则，与国民经济和社会发展规划、城镇规划、环境保护规划等充分衔接，划定主体功能分区，引导流域内土地综合整治工作的开展，对城乡建设用地和农业用地空间布局进行优化。2015 年以来，全市在流域内安排实施各类土地整治项目 58 万亩，产生各类新增耕地指标 8.16 万亩，促进了流域内农业转型发展、新农村建设、生态环境修复治理，助推了脱贫攻坚，彰显了土地整治"1＋N"的综合效益。

（二）借鉴英国空间规划先进理念，开展睢宁县"多规合一"试点

为推动新型城镇化建设和城乡一体化发展，睢宁县与英国杨威及合伙人有限公司在中英工商峰会上签订了合作框架协议，结合黄河故道流域睢宁县发展的实际情况，借鉴并植入英国空间规划的先进理念，编制完成《睢宁县城乡统筹发展规划方案》，创新性地对睢宁县的土地利用、乡镇建设布局、生态保护、历史遗迹、旅游景观开发、基础设施建设、农业综合开发利用等方面提出一体化的城乡统筹发展空间规划策略。在此基础上，按照有关部署，先行探索开展以土地利用总体规划为基础，建设涵盖产业发展、生态

环保、交通水利及镇区改造、村庄布局调整、高标准农田建设等"多规融合"的规划体系。2015 年，英国外交部和住建司又将睢宁县姚集镇，作为"中英小城镇绿色发展技术导则"研究案例镇，进一步加强深度合作。2016年 2 月，在英国伯明翰中英地方投资贸易合作论坛上，徐州市国土空间规划中英合作项目成功签约，成为中英两国四市（青岛、南昌、宁波、徐州）国际合作中唯一的非经贸类项目。

（三）探索矿地一体化统筹管理新路径，以"治未病"的理念打造矿地融合示范区

为化解日益突出的矿地矛盾，实现矿区城镇化发展与矿区生态文明建设的双赢，自 1998 年开始开展"矿区土地资源与矿产资源一体化管理"理论和技术研究，以"沛北一体化"发展为试点，在全国创新性提出了矿地统筹理念，即"统筹协调矿区矿产资源开发、土地资源节约集约利用和生态文明建设"。矿地统筹工作写入《全国土地整治规划（2016～2020 年）》、江苏省委省政府《全面振兴徐州老工业基地加快建设"一带一路"重点城市的意见》和江苏省节约集约用地方案。2017 年省国土资源厅提出矿地融合新模式，并支持徐州市深化改革先行先试。徐州市在"多规融合"、调查评价与监测融合、资源利用与保护融合、整治效益与集约融合、管理与服务协同、实现信息成果共享等六个方面予以全面推进，率先探索"城、矿、乡"三位一体的沛北矿地融合发展示范区、"矿、地、产"三位一体的铜山茅村装配式建筑产业园融合发展示范区及"生态、利用、产业"三位一体的城北矿地融合示范区，为全省乃至全国提供可借鉴的矿地融合发展经验。

三 土地整治保障和改善民生，推动乡村振兴战略实施

十九大报告提出实施乡村振兴战略，坚持农业农村优先发展，按照"产业兴旺、生态宜居、乡风文明、治理有效、生活富裕"的总要求，建立健全城乡融合发展体制机制和政策体系，加快推进农业农村现代化。徐州是

一个农业大市，农业大而不强、产业化水平不高，农村公共服务水平偏低、环境面貌较差，城乡发展存在明显的不平衡、不协调，农业农村仍是"四化"同步和全面建成小康社会的短板。习近平总书记在贾汪马庄村考察时指出，发展特色产业、特色经济是加快推进农业农村现代化的重要举措，要因地制宜抓好谋划和落实。徐州市结合乡村振兴战略，用足用活增减挂钩政策推进农业农村发展，盘活农村低效闲置土地，大规模推进土地整治与高标准农田建设，促进农村土地流转和规模经营，推动现代农业示范区建设和特色产业发展。

（一）大力实施土地"三位一体"整治，促进农业现代化

坚持数量、质量和生态并举，以土地综合整治项目为载体，积极实施旱改水工程，归并整合零散耕地，优化基本农田布局，增加耕地面积，提升耕地质量，建设集中连片、设施配套、高产稳产、生态良好的高标准基本农田，促进规模经营和农业现代化建设。十八大以来，全市综合开展高标准农田整治项目 106 万亩，有效增加耕地数量 18.47 万亩，培育出一批优质粮油、绿色蔬菜、经济林果、水产养殖等特色产业，增强了农村地区自身造血能力。针对土地整治，尤其是增减挂钩项目中新增耕地质量偏低的问题，2017 年，在国土资源部土地整治中心支持下，联合中科院南京土壤研究所在睢宁县开展了 1000 亩"土地综合整治＋优质耕作层构建＋黄河故道耕地质量提升＋现代农业"示范区建设，利用添加 MT 材料用于增减挂钩项目，使新增耕地质量迅速达到当地优质高标准农田产量。原国土资源部副部长曹卫星现场视察指出，该技术创新对于落实"中央 4 号"文件提出的"牢牢守住耕地红线，确保实有耕地数量基本稳定、质量有提升"耕地保护总目标具有非常重要的现实意义和战略意义。

（二）探索实施全域土地综合整治，促进美丽乡村建设

在多年的实践中，江苏省土地整治工作由单一的国土开发整理向多目标多方式的综合整治方向转变，提出并实施了"土地综合整治"战略，通过

土地综合整治实现"增加耕地面积、提高耕地质量、改善生态环境、调整土地关系"的目标，最终促进人与自然可持续协调发展。2015年，在江苏省国土资源厅支持下，睢宁县姚集镇、双沟镇开展"田水路林村"全域整治试点。按照城乡统筹发展的要求，依据土地利用总体规划、土地整治规划和基本农田保护规划，结合村庄布点规划、美好乡村建设和村庄环境整治，以实施城乡建设用地增减挂钩为抓手，姚集镇、双沟镇实施镇级全域规划，拆迁10个村的居民点，拆旧区总规模7059亩，统筹实施土地整治、高标准农田建设、增减挂钩、工矿废弃地复垦等项目建设规模4.2万亩，实现各类土地资源要素综合开发利用，打造安全宜居、环境优美、设施配套、产业发展、乡村文明的美丽乡村。项目完成后，实现新增耕地0.89万亩，高标准农田3.3万亩，耕地进一步集中连片，促进了农业规模化经营和土地流转，建成的25万平方米安置小区，充分体现了"自然、和谐、生态、宜居"的人文理念，成为新农村建设典范。

图1　姚集镇高党村集中安置小区

（三）统筹协调资源要素有效配置，促进城乡融合发展

城乡建设用地增减挂钩是一项一举多得的重大土地政策措施，是解决当前保障发展与保护耕地矛盾的有效途径，也是推进新农村建设，统筹城乡发

展的重要手段。针对全市 2000 个行政村（居）、10000 个自然村农村居民点占地面积大、布局散乱、浪费耕地等现象，创新实施"万村土地综合整治工程"，利用 5～10 年时间，以黄河故道流域为重点区域，通过村庄建设用地调整优化，将乡村建设、现代农业与生态保护、绿色发展有机结合，形成功能结构协调有序、空间布局科学合理的农村居民点体系，全面改善提升农村整体面貌。徐州市按照《关于用好用活增减挂钩政策积极支持扶贫开发及易地扶贫搬迁工作的通知》精神，依托《徐州市黄河故道流域片区土地利用规划》，争取睢宁县、丰县增减挂钩指标在省域内流转，流域内 18 个乡镇增减挂钩指标在市区内流转，突破了增减挂钩指标只能在县域流转的限制。2017 年，在省内交易增减挂钩节余指标 4283.7 亩、成交金额 29.5 亿元，市域内交易增减挂钩节余指标 500 亩、成交金额 1.5 亿元，通过挂钩转占补指标在省内达成交易意向 21 亿元，充分显化了土地增值收益，既解决了贫困地区的资金问题，促进了美丽乡村建设，也促使增减挂钩指标流向土地增值收益大的区域，实现土地资源要素和城市资本互动流通，为统筹城乡发展提供了宝贵空间和资金支持。

四　土地整治提高资源环境承载能力，加快矿区生态文明建设

十九大报告指出，要牢固树立社会主义生态文明观，推动形成人与自然和谐发展现代化建设新格局，加大生态系统保护力度，改革生态环境监管体制。徐州市是江苏省唯一的煤炭基地，开采历史已逾百年，因煤炭资源长期高强度开采，造成大面积土地被压占、损毁、塌陷，累计塌陷约 38.9 万亩。徐州市坚持从区域发展战略高度来认识、谋划，将治理目标与空间优化布局相结合，统筹考虑土地的损毁程度、水土资源协调度、区域发展定位、生态环境保护、城乡居民生活等诸多因素，在城镇空间、乡村空间、生态空间上针对沉陷区内不同类型损毁土地，借鉴国内外资源型城市转型经验，因地制宜设计生态发展路径，通过开展田、

水、路、林、村综合整治，逐渐腾退老工业区，改善生态人居环境，完善基础设施，全面推进采煤沉陷区综合治理，实现资源开发利用与保护的有机结合。

（一）坚持多要素同步综合整治，打造生态转型典范

坚持"宜农则农、宜水则水、宜建则建、宜生态则生态"的综合治理原则，全力推进矿区土地综合整治工作，摸索出一条具有地方特色的运作模式，复垦治理沉陷区18.98万亩，先后完成潘安湖、商湖、九里湖、安国湿地等生态湿地建设。贾汪区商湖采煤沉陷区整治项目是全市最早进行的沉陷区环境整治工程，项目占地面积11190亩，总投资5483.1万元，2005年荣获国家采煤沉陷区综合治理科技进步二等奖。九里湖原为徐矿集团庞庄矿采煤沉陷区，占地面积5500亩，总投资2.4亿元，被原国家林业局评为国家级湿地公园。贾汪区潘安湖采煤沉陷区综合整治项目，是江苏省唯一包含基本农田整理、采煤沉陷区复垦、生态环境修复等多项工程内容的综合性项目，项目区总面积1.74万亩，总投资1.76亿元，截至目前仍是江苏省国土系统最大的单体投资整治项目。潘安湖采煤沉陷区综合整治项目坚持生态优先，同步推进山体、水体、农田、道路、林地和城乡居民点、工矿用地等多种类型综合整治，建成了"湖阔景美、绿林成荫、农田交织、村容整洁"的景观，助推贾汪实现由"一城煤灰半城土"到"一城青山半城湖"的华丽转身，打造出绿水青山，守得住乡情乡愁。

（二）坚持矿区资源节约集约利用，拓展用地空间

按照生态文明建设和可持续发展要求，抢抓江苏省委、省政府加快振兴徐州老工业基地的重大机遇，开展采煤沉陷区复垦置换和工矿废弃地复垦利用试点，探索有利于保护耕地的充填开采技术，严格落实工矿废弃地复垦后期管护措施，确保耕地质量和粮食产能不断提高。全市共完成采煤沉陷区复垦置换和工矿废弃地复垦治理项目474个，总规模10.19万亩，置换建设用地指标8.36万亩，成为全国工矿废弃地复垦利用面积最大、技术领先、成

效最显著的地区。邳州市车辐山镇、邹庄镇采石场复垦项目，实施优质梯田改造，实现了道路和水利配套，成为工矿废弃地复垦利用的典范。同时，联合中国矿业大学进行工矿废弃地建设再利用科技攻关，加强集约利用。徐州经济技术开发区、贾汪工业园区和泉山开发区充分利用沉陷区进行园区规划，规划沉陷区再利用4.5万亩，目前已建设再利用国有沉陷区1.66万亩。

（三）强化合作交流，推动科技成果转化与应用

政产学研相结合，依托江苏省老工业基地资源利用与生态修复协同创新中心，相继建设原国土资源部黄淮海采煤沉陷区土地利用野外基地、土地利用重点实验室淮海经济区科研基地、土地整治重点实验室科研工作站等科研基地，开展以提高老工业基地资源绿色开发效率、提升生态环境修复水平和高效利用工业废弃地为目标的前瞻性、针对性和有效性研究，促进先进技术和科研成果转化应用。依托4项国家科技支撑计划、2项原国土资源部公益性行业项目，先后完成采煤沉陷区的水土资源调查、开采沉降预计、矿地一体化信息平台、生态修复与重建、土壤重构、非充填式复垦、地貌重塑及景观再造、采空区抗变形、开采地表形变预测和残余变形分析等技术，为潘安湖湿地建设和维护提供了科技支撑。以中英、中德合作为平台，借鉴国外城乡统筹规划、生态环境修复、传统产业升级等领域的成功经验，先后成立中德能源与矿区生态环境研究中心、徐州市生态文明建设研究院，与德国北威州签署了共建徐州生态示范区项目框架协议，在城北采煤沉陷区内合作开展修复工程，开发建设"采煤沉陷区生态修复治理示范区"，利用关闭的权台煤矿工业广场，打造"东方鲁尔"生态示范区。

五　结语与展望

《全国国土规划纲要（2016～2030年）》确立了土地集聚开发、分类保护与综合整治"三位一体"总体格局，进一步明确了国土综合整治是以"改善国土的质量，提高利用的效率，优化空间结构和布局"为主要目的。

下一步，徐州市将结合地区实际，继续加强中德、中英合作，强化政产学研联动，不断深化国土综合整治内涵，以编制淮海经济区国土规划、新一轮土地利用总体规划试点为契机，探索基于山水林田湖草保护修复的全域规划和多规合一的空间规划；以黄河故道流域土地综合整治和万村土地综合整治为抓手，用活用好增减挂钩政策，助力精准扶贫，促进乡村振兴，服务统筹城乡发展；以打造全国矿地融合发展示范区为平台，抓好采煤沉陷区、矿山废弃地和采石宕口生态修复改造。

根据《深化党和国家机构改革方案》，今后由自然资源部对山水林田湖草进行整体保护、系统修复、综合治理。建议充分发挥国土综合整治对生态文明建设的抓手作用，在空间规划体系改革方面，突出土地整治规划基础性地位，强化空间规划属性，统筹生产、生活、生态空间；在城乡统筹发展方面，健全和落实人地挂钩机制，从城乡两个方面统筹提升用地集约利用程度；在乡村振兴方面，健全农村宅基地自愿有偿退出机制，探索推进全域土地综合整治，唤醒长期处于"休眠"状态的土地资源资产价值；在精准扶贫方面，扩大增减挂钩指标跨县域使用范围，将黄墩湖滞洪区、采煤沉陷区域纳入其中，支持工矿废弃地复垦利用指标在省域范围内有偿流转使用，加快释放资源扶贫政策新效能；在生态建设方面，强化生态工程技术研究与应用，开展山水田林湖草示范工程建设，实行整体保护、系统修复、综合治理。

参考文献

李侃桢：《土地综合整治的理论创新与实践探索》，《中国土地》2017年第2期。

李钢、喻成林：《综合治理实现"煤都"绿色转型》，《中国土地》2017年第2期。

李钢：《矿地统筹发展及关键技术探讨》，《中国土地》2015年第6期。

蒲玲媛、张华钟：《土地整治加速徐州黄河故道流域一体化》，《中国土地》2015年第6期。

施振斌：《江苏境内黄河故道土地整治初步研究》，《土地整治动态》2016年第12期。

B.20
土地整治助推乡村振兴

——贵州省播州区苟坝村土地整治综合成效调研

张迅 徐中春 任海利 陈思丹*

摘　要： 本文以贵州省播州区苟坝村土地整治工程项目为例，从土地整治工程改善生产生活条件、促进土地有序流转、助推农业产业升级、增加农民就业增收、促进美丽乡村建设等方面阐述并梳理项目取得的成效，深入剖析和总结项目与美丽乡村建设、产业发展、社会投资等有效衔接的典型经验做法。2015年6月，习近平总书记在花茂村考察调研当地解决农民就业、促进增收情况时表示："怪不得大家都来，在这里找到乡愁了"；时隔两年，在2017年10月19日参加党的十九大贵州代表团讨论时，进一步肯定了花茂村建设美丽乡村取得的成就。

关键词： 土地整治　综合成效　乡村振兴　贵州播州

一　基本概况

贵州省播州区苟坝村高标准基本农田建设项目，地处贵州省遵义市播州

---

* 张迅，工学学士，贵州省土地整治中心高级工程师，主要研究方向为土地整治与信息化建设；徐中春，理学博士，贵州大学公共管理学院副教授，主要研究方向为区域规划；任海利，理学博士，贵州大学公共管理学院副教授，主要研究方向为土地资源管理与土壤地球化学；陈思丹，工学学士，贵州省土地整治中心工程师，主要研究方向为土地整治、城乡规划。

区枫香镇，涉及苟坝、花茂 2 个行政村，29 个村民组，1717 户 6012 人。苟坝村位于遵义市播州区枫香镇东部，花茂村北邻苟坝村。两村属中山丘陵地带，气候温凉湿润，光照条件好，四季、早晚温差小，海拔 850~1100 米，水资源丰富，森林覆盖率 60%，交通便捷，现代农业和旅游业较为发达，是典型的集休闲、避暑、度假、观光、文化体验为一体的乡村旅游景区。

土地整治前，项目区耕地类型以坡耕地为主，间有小片坝地分布，为典型的传统农业耕作村落。由于土地破碎、灌排及生产道路等基础设施缺乏，农业生产率低下，村民收入来源单一且没有保障，不得不外出务工。

2013 年 7 月，遵义市级投资土地整理项目苟坝村高标准基本农田建设项目正式立项，总投资 617 万元。项目于 2014 年 3 月动工，2015 年 2 月竣工。建成后，完成土地平整面积 60.5537 公顷，新增耕地 8.3474 公顷；新建 4.5 米宽田间道 639.8 米；新增和改建田间道路 12836 米，新建生产道940.5 米[①]。

以土地整治项目落地为契机，当地将整治工程与乡村建设、产业发展、社会投资等有效对接，改善了生产生活条件、增加了农民收入、促进了土地有序流转、带动了农业产业升级，并推动了以红色文化和观光农业为主体的乡村旅游的发展，助推了乡村振兴战略的实现。

二 主要做法

苟坝村土地整治项目立足区域资源条件和产业发展需求进行定位与设计，在前期规划、中期实施等方面具有引领示范作用。

（一）项目规划注重结合资源空间布局

项目前期规划紧密结合红色乡村旅游等元素空间分布格局，注重相关资

---

① 《关于遵义县枫香镇苟坝村高标准基本农田建设项目竣工验收意见》（遵市国土资发〔2016〕173 号）。

源的有效配合衔接，着力打造枫香镇"土坝—花茂—苟坝旅游片区"。充分发挥苟坝红色文化旅游整体溢出效应，在保留原有地方陶艺、农田耕作、黔北民居等乡土特色的基础上，重点打造花茂村高效特色农业，引导村民发展乡村旅游，推进"农旅文"一体化，实现了田园风光、红色文化、陶艺文化与高效农业的有机融合，守住了生态和发展两条底线，走出了一条人与自然和谐共处的发展新路。

（二）项目规划紧扣乡村发展目标

项目规划紧紧围绕乡村产业发展需求，力求通过实施高标准农田建设，推动农村人居环境改善、特色农业产业发展、农旅一体旅游产业发展，提升乡村生态环境、人居环境和人文景观，建设具有地方特色的红色旅游、乡村旅游和农业产业。为此，在综合考虑农民、大户和合作社现实需求的基础上，结合地形地貌、河流水系、地理区位及土壤耕作条件，科学安排、合理布局，归并与调整田块，设计生产景观，实施土地平整、灌排水及道路等工程，建成了适合当地功能定位的城市近郊蔬菜、特色经果林种植与采摘基地，重塑了土地价值、人的价值、生态价值和经济价值。

（三）项目实施服务山地高效产业布局

按照发展山地特色高效农业的定位要求，合理选择耕地集中连片、质地较好、整治潜力较高、水土资源丰富的区域作为土地整理项目区。同时，结合九丰农业合作社、村社一体合作社等新型农业经营主体产业发展需求，强化土地整治与产业发展有效对接。

项目实施过程中，注重加强资金整合与保障。遵循"资金性质不变、管理渠道不乱"的原则，围绕发展现代高效农业、山地生态农业，采取统一规划，功能整装的方式，先后整合财政、发改、水利、烟草、新农村建设等涉农资金3000余万元，合力打造和提升农业基础设施，土地整治项目综合效益明显。

三 综合成效

苟坝村土地整治项目的实施,在改善当地村民生产生活条件的同时,推动了区域土地有序高效流转,促进了农业产业升级与生态环境改善,实现了乡村振兴发展中土地价值、劳动力价值及生态价值的回归与重塑。

(一)促进土地有序流转

通过组织实施土地平整、灌排及道路等工程,增加了有效耕地面积,提高了生产率,解决了当地土地细碎化、生产条件差等问题,显著改善了当地整体农业生产条件,为推动土地有序流转,发展规模化、高效化的山地特色农业创造了有利条件。目前,项目区已流转土地4000多亩,其中建成高效农业生产大棚280亩、葡萄生产基地200亩、草莓生产基地100亩、其他农业开发项目3400多亩。

项目注重土地整治与土地流转的联动,以土地流转方向指引土地整治实施。在政府引导和村集体组织下,土地流转以承包经营权集中为方向的产权调整和符合产业发展的土地利用结构调整为导向,按照村民自愿的原则,将原分散承包经营,转变为分散承包、规模经营,围绕农业转型升级和农业发展方式,促进各要素的整合,将土地归并集中与改善农业生产条件、调整农业生产结构、延伸农业产业链条结合起来,土地经济价值和社会价值得到明显提升。

(二)助推农业产业升级

项目实施前,村内农地经营总体上呈现"小、散、碎"的特征,农业产业市场化、规模化程度不高,小农户对接市场能力较弱、抗风险能力差,农业产业整体效益偏低。项目实施后,由于生产生活条件改善和土地流转规模效应显现,并随着公司、合作社等多类型经营主体的不断加入,农业经营主体更加多元,从而大大增强了产业发展活力。

截至 2017 年底，苟坝村各类经营主体总数达到 45 家，见表 1。经营主体的多元化使当地走出耕作粗放、品种单一、附加值低的传统种植方式，转向高效、高附加值的现代山地农业，从而全面提高了农业生产的专业化水平，带动了农村农业的整体发展，实现了土地集约化管理和规模化种植，有效助推农业产业结构的调整与升级。同时，实现了突出红色、民俗与古镇特色的农业文化旅游一体化发展，促进了高效农业种植、传统农耕文化及乡村休闲旅游多元化发展。

表 1　苟坝村主要经营主体数量分布

单位：个

公司	合作社	乡村旅馆	农家乐	特色小吃店	电商平台	农民网店
4	10	18	8	2	2	1

（三）促进劳动力回归

项目实施前，当地经济收入主要依靠外出务工，成年劳动力基本上都外流沿海或省城，村里多为留守老人、妇女与儿童。项目实施后，由于生产生活条件改善，村民留在家乡既能挣钱，又能照顾家庭，再无外出打工必要。据统计，仅苟坝村外出务工青壮年就从 2012 年的 1210 人减少到 2017 年的 760 人，五年间返乡人员多达 450 人。

具有较高知识技能的返乡农民参与到大棚蔬菜种植、特色水果生产、红色旅游发展、乡村休闲旅游等高附加值产业中，而原先的留守老人、妇女则从事采摘、保洁、保安等技能要求较低的工作，从而很好地解决了劳动力结构性分布问题，保证了当地农民充分就业，实现了农村从单一的第一产业向一二三产业融合发展的历史性跨越。

（四）促进收入增加

项目实施后，农民收入来源多样化，收入总量增加。主要收入来源包括土地流转租金收入、合作社工资性收入及土地入股分红。土地流转收入方

面，每亩土地租金收入为 300～700 元不等，涉及农民 1078 户、3780 人口，人均年增收 1300 元；合作社工资性收入方面，农民在合作社每天工资 70～100 元。2016 年，当地人均纯收入达 19900 元，比项目实施前增加了 12300 元，实现了项目区 107 户 249 位贫困人口全部脱贫。仅苟坝村人均可支配收入就从 2012 年的 8700 元增加到 2017 年的 11120 元。

（五）促进乡村旅游产业发展

苟坝村土地整治项目的实施，打造以发展"高效农业、乡村旅游、特色文化"三大板块经济为主的乡村振兴新模式，为建设美丽乡村奠定了基础。随着环境美化、产业发展、人口聚集，项目区紧密结合自身区位优势，深入挖掘习近平总书记视察花茂村带来的宣传效应及苟坝会议这一不可多得的红色资源，积极开展乡村休闲旅游产业发展，培育乡愁文化、农耕文化、陶艺文化，打造黔北民居与现代元素相结合的旅游项目，逐渐形成了土坝—花茂—苟坝乡村旅游示范带。

四 发展建议

新时代贵州土地整治工作必须以乡村振兴发展为导向，主动适应贵州农业产业升级服务需要，着眼满足贵州山地特色高效农业"发展适度规模经营、打造名优特新产品"的总体要求。

（一）土地整治工作要加强多部门统筹

土地整治要加强顶层设计，建立多部门衔接、多规合一的工作格局。以往土地整治主要围绕农村耕地和建设用地，今后的土地整治则要面向生态治理和国土综合整治。因此，土地整治需要综合国土、林业、环保等各部门之力，同步推进"山水林田湖草"整治，实现生产集约、生活提质、生态改善的"三生"目标。针对目前多部门规划分头实施带来的设施不匹配、管理成本过高等问题，必须加强顶层设计，从乡村振兴战略的高度来谋划做好土地整治工作，构筑多部门统筹机制，强化部门联动，协调推进农业基础设施建设，为农业产业结构调整、产业发展打下坚实基础。尤其要坚持以土地利用总体规划为底盘，结合城乡建设规划等多项规划，实现多规合一。

（二）土地整治工作要加强后期管护

土地整治项目竣工后，在后续管护方面，要提高认识，加大投入。土地整治项目主要是财政投资，基本用于工程建设与管理，缺乏社会团体和群众自主投入，后期管护预算先天不足。管护人员人少事多，加之对土地整治管护工作认识不到位，理解有偏差，难以形成有效的管护技术力量。因此，土地整治需要采取多种途径，解决资金不足的问题，缓解区县政府财政压力，同时，确保土地整治管护工作的顺利进行。应建立项目后期管护制度，设立后续管护基金，明确管护途径和措施，促进土地整治项目成果的持续利用和效益发挥。

（三）土地整治工作要促进产业发展

乡村振兴的关键是产业发展。振兴乡村，一是要实现农村产业发展，推进农业标准化和农产品优质化、品牌化，提升农产品质量、效益和竞争力；二是要实现一二三产业融合发展，建设美丽乡村、宜居乡村、特色乡镇，保护好传统村落，发展乡村旅游业、农家乐等服务产业，发展农产品深加工业，增加农民收入。因此，新时代土地整治工作要以提高农业产业效率与效益为中心，依托当地资源禀赋和产业优势，优化农村产业结构，加快创建特色农产品优势区。首先，要基于农业规模化、产业化发展趋势，加快推进土地整治工作，促进土地流转，推动专业合作社、家庭农场、农业企业、专业大户等新型经营主体成为农业生产经营的主力军；其次，针对贵州省调整优化农业产业结构、推动种植品种由单一化向多元化和特色化方向转变的实际需要，围绕全省产业布局因地制宜地开展土地整治；最后，土地整治工作要推动农产品生产加工业与休闲、旅游、文化、养生等产业深度融合，推动农村一二三产业融合发展，培育农村发展新动能。

五 结语

习近平总书记在党的十九大报告中首次提出"乡村振兴战略",明确农业农村农民问题是关系国计民生的根本性问题,要求必须始终把解决好"三农"问题作为全党工作的重中之重,要求坚持农业农村优先发展,按照"产业兴旺、生态宜居、乡风文明、治理有效、生活富裕"的总要求,建立健全城乡融合发展体制机制和政策体系,加快推进农业农村现代化。没有对乡土文化价值的高度、深度、广泛共识,没有对乡土文化的敬畏之心,没有对乡土文化的当下价值和未来价值的充分认识,就会导致对乡土文化的破坏甚至毁灭。在实施乡村振兴战略的背景下,这一层面的社会共识尤为紧迫。苟坝村土地整治项目在规划设计与工程建设中,充分融入乡土文化,实现了文化的传承与延续。

苟坝村土地整治项目具有良好的示范导向作用,项目实施改善了当地发展条件,推动了土地规模流转,促进了农业产业升级,增加了农民总体收入,提升了美丽乡村建设水平,产生了一系列可喜的连锁效应。当地政府根据资源禀赋与区位优势,积极发展以"高效农业、乡村旅游、特色文化"为代表的红色文化与乡愁经济,为贵州山地区域落实乡村振兴战略探索了有效实施途径。

参考文献

索晓霞:《乡村振兴战略下的乡土文化价值再认识》,《贵州社会科学》2018 年第337 期。

蔡方明:《土地整治在乡村振兴战略中的机遇与挑战》,《低碳世界》2018 年第 4期。

康永征、薛珂凝:《从乡村振兴战略看农村现代化与新型城镇化的关系》,《山东农业大学学报》(社会科学版)2018 年第 76 期。

刘翘楚、马健原、夏正亚、杨小艳、陈龙高：《土地整治工程推进供给侧改革的思考》，《中国国土资源经济》2017 年第 30 期。

彭郭英：《以"土地整治＋"理念助力田园综合体建设 推动乡村振兴发展》，《浙江国土资源》2018 年第 34 期。

徐豪：《全国两会代表委员纷纷支招乡村振兴战略 乡村振兴关键点：土地、资金、人才》，《中国经济周刊》2018 年第 16 期。

B.21
耕作层土壤剥离利用效益及模式分析

——以广西柳南高速公路改扩建工程为例

《耕作层土壤剥离利用跟踪调查评价》课题组*

摘　要： 耕作层土壤剥离利用是抢救珍贵耕作层土壤资源的重要举措。本文系统梳理了广西柳南高速公路建设项目耕作层土壤剥离利用试点的实施情况、实施效益和创新模式，提出了相关建议。广西试点有效保护了优质土壤资源，产生了显著的经济、社会和生态效益；探索出了存储与弃土并列、与弃土纵向排列、与取土置换、与临时用地结合和与整治区结合五种剥离土壤存储模式；摸索出了边坡绿化、互通绿化、场站复垦、土地整治和民众利用五种回覆利用路径；提出了完善法律法规、构建联动机制、规划引导等完善工作的建议。试点为广西乃至全国进一步做好耕作层土壤剥离利用工作提供了借鉴。

关键词： 高速公路　耕作层土壤剥离利用　实施模式　广西

　　耕作层土壤作为耕地的精华部分，是农业生产的物质基础，粮食安全的

---

* 课题组成员：范树印、赵华甫、高世昌、杨剑、王长江、陈正、高鹏、贺斐、姚胜彪、梁健健、李晓阳、张喜英、刘金鹏。报告执笔人：赵华甫，农学博士，中国地质大学（北京）副教授，主要研究方向为土地评价与利用规划；陈正，农业推广硕士，国土资源部土地整治中心高级工程师，主要研究方向为土地整治监测监管技术方法、耕地占补平衡政策等；姚胜彪，工程硕士，广西桂海高速公路有限公司工程师，交通管理部部长，主要研究方向为交通组织管理和土地整治。

根本保障。每形成一厘米耕作层土壤大约需要 100～400 年的时间，是不可再生的宝贵资源。建设占用耕地耕作层土壤剥离利用是延续土壤肥力，保护土壤基因库功能，有效促进耕地数量、质量、生态"三位一体"管护的重要路径。当前，我国发展进入新常态，在新型工业化、城镇化建设深入推进的背景下，耕地总量减少、后备资源不足问题已引起国家高度重视。2015 年中央一号文件提出全面推进建设占用耕地剥离耕作层土壤再利用，不断增强粮食生产能力。2016 年中央一号文件提出加强农业资源保护和高效利用，全面推进建设占用耕地耕作层土壤剥离再利用。2017 年中共中央、国务院出台了《关于加强耕地保护和改进占补平衡的意见》（中发〔2017〕4 号），提出"像保护大熊猫一样保护耕地"，实施耕地质量保护与提升行动，全面推进建设占用耕地耕作层土壤剥离再利用。在此背景下，认真研究并做好耕作层土壤剥离利用工作刻不容缓。自 2013 年 1 月，原国土资源部将广西壮族自治区泉南高速公路柳州（鹿寨）至南宁段（以下简称柳南高速）改扩建工程占用耕地耕作层土壤剥离利用项目明确为全国唯一的交通行业耕作层土壤剥离利用试点以来，广西方面采取有力措施，做了大量积极的探索，形成具有地方特色的耕作层土壤剥离施工工艺和存储及利用的创新模式。结合试点，识别了推进中的问题，提出了相关建议。

一　项目实施总体情况

广西柳南高速公路是国家"7918"高速公路网中泉州至南宁（G72）的重要组成部分，是广西"6 横 7 纵 8 支线"高速公路网的主骨架，也是广西对接东盟经济圈，融入全球化的高速公路运输大通道。柳南高速改扩建工程全线总长 248.7 公里，呈南北走向，起于柳州市鹿寨北枢纽互通，连接鹿寨至阳朔高速公路，终于那容互通东，途经南宁、柳州、来宾等地 10 市县。该工程以沿原有道路两侧拼宽改扩建为主，局部采取两侧分离或新建方式改扩建。工程所在区域多为喀斯特地貌，地形复杂；土壤类型以红壤、赤红壤、水稻土为主；改扩建工程涉及旱地、水浇地、园地、草地、林地等多种

土地利用类型。

广西柳南高速耕作层土壤剥离利用试点，是线性工程耕作层土壤剥离的典型代表。在国土资源部土地整治中心（以下简称部中心）技术指导下，广西壮族自治区国土资源厅、广西土地整理中心拟定了《关于非农建设占耕地耕作层土壤剥离利用工作的指导意见》等配套政策，耕作层土壤剥离利用被作为专章写入《广西壮族自治区土地整治办法》，为试点提供了法律、政策支持。同时，在县市政府及国土资源部门通力支持下，在中国地质大学（北京）技术支撑下，广西桂海高速公路有限公司会同 14 个标段施工单位精心组织，不断摸索耕作层土壤剥离利用的组织管理、技术工艺和模式方法，在前期调查评价、土壤剥离技术、运输、存储和利用等方面形成了创新性强、可复制、可推广的经验。

据试点单位统计，截至 2017 年底，14 个标段均已开展并完成了耕作层土壤剥离工作，以场站等临时用地和公路主线耕作层土壤剥离工作为主，土壤剥离总量为 125 万立方米。已回覆利用耕作层土壤约 54 万立方米，回覆利用方向主要为沿线绿化、场站绿化和沿线土地整治和中低产田改造。目前尚余耕作层土壤 71 万立方米，分别存储于 49 个耕作层土壤存储点。项目相关地市标段改扩建工程占用耕地耕作层土壤剥离、存储和利用量情况见表1①。

表 1　耕作层土壤剥离利用情况统计

单位：万立方米，个

辖段	完成剥离表土量	存储点	利用量	结余量
南宁段	22	20	11	11
来宾段	57	13	23	34
柳州段	46	16	20	26
合计	125	49	54	71

---

① 广西桂海高速公路有限公司：《柳州（鹿寨）至南宁高速公路改扩建项目耕作层土壤剥离利用项目实施情况报告》，2017 年 10 月。

二 耕作层土壤剥离利用效益显现

耕作层土壤剥离利用工程，通过抢救性保护耕作层土壤资源，延续了土壤的生命力。在与工程绿化、土地整治、生态造林、低产田改良、石漠化治理等具体需求结合后，产生了显著的经济、生态和社会效益。

（一）提高经济效益

广西试点通过大范围剥离、存储耕作层土壤资源，有效保护了优质土壤资源。剥离土壤用于边坡绿化、互通立交绿化、隔离区绿化等，提高了绿化效果和草、树成活率，大大减少了树木补植、草皮补种和其他维护成本。剥离土壤用于土地整治项目和临时占用损毁土地复垦，有利于提高土地利用率，提升新造耕地的质量等别，提高农产品产量。统计表明，工程沿线很多村民直接把剥离出来的土壤"即剥即用"，改善贫瘠耕地面积300余亩，实施废弃土地、矿坑复垦，石漠化土地治理及土质改造等390亩，加上其他类型的土地改良和垦造活动，共计新增、改良800余亩耕地，按照改良和新造耕地亩均增收1200元计算，则改良、新增耕地年净增收益近百万元[①]。

（二）优化生态环境

将耕作层土壤回覆利用与边坡绿化、石漠化土地治理及耕地土壤改良等工程结合，能改善水土条件，有效提高土壤肥力，促进退化土地植被快速恢复，实现区域生态环境保护。比如一标，结合鹿寨县附近石漠化严重的"石头山"取土场水土保持和生态治理需求，获得林业局批复立项实施了荒山造林工程，将沿线部分剥离的耕作层土壤用于取土区的坡体改造，共利用

---

① 广西桂海高速公路有限公司：《柳州（鹿寨）至南宁高速公路改扩建项目耕作层土壤剥离利用阶段性验收资料汇编》，2017年10月。

耕作层土壤约 3.5 万立方米,改造石漠化山体约 93 亩,产生了很强的生态效益[①]。再如十一标,在宾阳县古辣镇刘村一处严重石漠化地段,将工程弃土、剥离土壤利用与石漠化治理有效衔接,移花接木,再生耕地耕作层的生产力,针对性解决石漠化问题。这种剥用一体的模式,按平均节省土方运距 5 千米计算,可减少能源消耗量约 2138.8 吨煤,可减少碳排放约 0.5 万吨碳排放,综合经济效益超过 3000 万元[②]。

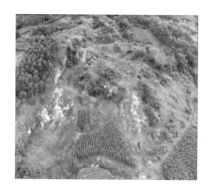

图 1　十一标石漠化未利用地复垦前

图 2　十一标石漠化未利用地复垦后

---

① 中交二航局:《柳州(鹿寨)至南宁高速公路改扩建项目耕作层土壤剥离利用阶段性工作总结报告》,2017 年 10 月。
② 广西桂海高速公路有限公司:《柳州(鹿寨)至南宁高速公路改扩建项目耕作层土壤剥离利用项目实施情况报告》,2017 年 10 月。

（三）显化社会功能

耕作层土壤剥离利用，一方面通过与农民结合，鼓励有低产田改良需求的农民积极利用所剥离的耕作层土壤，提高了耕地的质量和产出能力，促进了农民脱贫。另一方面，"啃"历史遗留废弃地"硬骨头"，帮助地方解决因复垦不力导致长期荒废的临时用地再生利用问题，增加了实际可利用耕地面积，促进了人地和谐，增进了政府的公信力。如六标（K1314＋200）右侧两公里处的高铁梁场废弃地，虽经用地方实施复垦，但仅破除表面的混凝土，无法利用。施工方通过机械破碎、收集和拣除梁场的混凝土块，运输约2.50万立方米耕作层土壤，均匀覆盖0.3米后，整平犁松，实施了对原高铁梁场的再复垦，复垦形成的120亩耕地，当年即可种植农作物，保守估计可为农民增收十数万元，造福了当地百姓①。十标段的黎塘林场高铁临时建设场地，复垦面积182亩，覆土厚度0.4米，利用4.86万立方米优质耕作

图3　六标高铁梁场复垦前

---

① 中交第一公路工程局：《柳州（鹿寨）至南宁高速公路改扩建项目耕作层土壤剥离利用阶段性工作总结报告》，2017年10月。

层土壤，恢复了农业生产条件，使得耕地质量较快达到高等级耕地的水平，确保项目区农业可持续发展①。

图4　六标高铁梁场复垦后

三　耕作层土壤剥离利用施工工艺与模式创新

（一）耕作层土壤剥离工艺

广西柳南高速公路改扩建工程属于线性工程试点，在剥离对象细分、剥离施工工艺、剥离方法选择和机械组合等方面都做了大量探索。

---

① 广东省长大公路工程有限公司：《柳州（鹿寨）至南宁高速公路改扩建项目耕作层土壤剥离利用阶段性工作总结报告》，2017年10月。

1. 剥离对象

剥离时，特别区分了高速公路改扩建主线用地耕作层土壤剥离、临时用地耕作层土壤剥离两种类型。主线用地耕作层土壤剥离，针对高速公路建设主体工程永久性占用的耕地。剥离后土壤一般需要储存在固定储存点，部分可实现"即剥即用"。临时用地耕作层土壤剥离，指高速公路建设过程中的配套设施（如拌和场、预制场等）临时占用的耕地。剥离后土壤一般就近储存在临时用地区域内，用于临时场地的复垦。

2. 耕作层土壤剥离施工流程

首先，在实施剥离前，清除土层中较大的树根、石块等异物，并运输到剥离单元区外堆存。其次，划分施工作业区，采用挖掘机、装载机等剥离机械通过条带外移剥离法全面剥离表层土壤，并在每个作业单元剥离结束后，详细记载土壤类型、剥离厚度和剥离土方量。然后，进行剥离土壤运输，可采取推土机直接推土至附近临时堆放点，或利用挖掘机配合自卸汽车进行剥离土壤装车、运输，自卸汽车须按指定的运输路线行驶至存储点存放土壤。最后，做好存储点土壤管护工作，完善排水、覆盖和植草等措施，保持肥力和生物活性。

3. 耕作层土壤剥离方法

结合线性工程特点，采用"耕作层土壤条带外移剥离法""耕作层土壤逐层梯田式剥离法"等差别化耕作层土壤剥离工艺施工。其中，条带复垦耕作层土壤外移剥离法，是根据推土机（或其他施工机械）宽度，由外至里测算出每一推土机（或其他施工机械）宽度范围内的土方量，然后将剥离区划分成不同的条带和取土区，每一条带大致为推土机（或其他施工机械）宽度的倍数，最后由外向里，分块剥离。而梯田模式耕作层土壤剥离法主要用于地形起伏不平，剥离面存在一定高差，不同部位土壤肥力存在差异的地区，采用耕作层土壤逐行剥离，不同部位分别存储。

4. 剥离机械组合模式

综合使用挖掘机、推土机、装载机等机械，提高了工作效果。当剥离对象地形较平整，且土层较厚时，可采用推土机与铲运机配合施工，推土机按

243

照设定的剥离厚度，按照条带外移剥离的方法，将20~40厘米土壤局部推至一定地点堆放，配合装载机装车运出；当剥离区为地势较为低洼的水田，或质量较高的塘泥，要借助于挖掘机配合斗车进行挖掘和装运；当地面起伏大（参照GB/T 30600-2014），且剥离土壤肥力状况不均匀时，可采用梯田式剥离方法，用挖土机沿坡面等高进行逐层剥离，当土层较薄、面积较小的地段，可采用人工持铁铲进行剥离。

（二）存储点获取模式

柳南高速公路改扩建工程建设周期只有2~3年，而所剥离的耕地耕作层土壤多达一百多万立方米，很难保证耕作层土壤剥离、利用时空完全对接，实现"即剥即用"。加上高速公路用地审批过程中尚未将试点内容纳入其中，致使后续落实剥离土壤存储点过程中存在很多制度性障碍。在部中心及中国地质大学（北京）专家技术指导下，试点创新性提出五种剥离土壤存储点获取模式，既结合了高速公路工程建设工程，也节约了存储土壤临时用地租金成本，治理或循环利用了有限的土地资源，产生了良好的综合效益。

1. 存储场占用场站获取模式

耕作层土壤存储点一般通过临时用地租赁获取，由于跟农民或基层部门谈临时征用存在诸多问题，在拌和场、预制场地等高速公路改扩建工程临时场站用地中设立耕作层土壤存放点，既节省了存储点临时征用土地审批时间和租金成本，所存放的剥离土壤还能用于工程项目结束后场站用地的复垦。

2. 存储场与弃土场纵向复合利用模式

为了更高效利用高速公路建设过程中已经通过行政用地审批获取的弃土场土地资源，试点探索出存储场与弃土场纵向复合的获取模式。该模式主要应用于原地势低洼，且被用作弃土场的地段。具体是利用弃土填平凹地，机械整平，并压实防渗后，次序堆放耕作层土壤。也可一侧洼地弃土填平，存储耕作层土壤，另一侧仍然可以同时进行弃土填方，弃土填平后，继续堆放耕作层土壤。

3. 存储场与弃土场平行合用模式

该模式适用于弃土场所在地区地势平坦，弃土场面积尚有空间，为避免存、弃土的堆放过高，导致的安全隐患和水土流失问题，存弃土无法纵向复合堆放，而进行平行利用的情况。主要是耕作层土壤在弃土场地势中相对平整的地方堆放，耕作层土壤堆与弃土堆并行分离堆放。

4. 存储场与取土场置换利用模式

为了保证高速公路路基达到设计标高，在一些地势低洼的路段，需要就近获得取土区，进行土石方的取土，对公路路基进行填方操作。在地貌为丘陵、山地为主地区，取土区一般选择植被稀少、石材丰富的石质低山山丘。土、石方获取过程中，不可避免会破坏原有景观和浅薄的土壤，形成与周边环境极不协调的破损断面。取土结束后，对场地的适当平整，作为耕作层土壤存储点使用，不仅可以加快破损面植被和生态恢复的速度，也促进取土区土地资源的再生利用。

5. 直接结合土地整治项目地块综合利用模式

部分标段在当地政府协助下，获取了土地整治规划中明确的待整治具体地块，或者历史遗留废弃地，经过表土混凝土块的清理，运输并次序存储剥离的耕作层土壤。待复垦项目立项后，对待复垦区域进行回覆利用，实现对待整治地块的复垦开发。

（三）回覆利用模式

1. 边坡绿化

边坡防护一般是以植草、植灌木或草灌结合等为主的植物防护。剥离的耕作层土壤结合边坡喷播植草，用于边坡防护，有利于植被的生长，既起到护坡防冲的作用，亦具有美化和保护环境的效果，且剥离的耕作层土壤含有大量本地植被种子，可以抚育出周围环境相协调的本土景观。

2. 互通区等绿化利用

互通区是高速公路的关键节点和重要景观，全线改扩建及新建互通区共有 15 个，占地面积较大。将剥离耕作层土壤用于互通区造势排水和绿化，

有利于营造与周围环境相协调的优美景观。

3. 场站等临时用地复垦

拌和场、预制场、取土场、弃土场等场站和便道等临时用地是公路建设过程中的重要用地。这些场地在高速公路改扩建工程竣工后，需要由相关施工方进行及时复垦，交还地方农民集体使用。将剥离耕作层土壤回覆到生产、生活性临时设施用地，或者取、弃土场等临时用地，能有效保障土壤肥力，增厚土壤土体，经后期管护，可达到一定土地生产力水平。

4. 土地整治项目利用

土地整治是保护耕地资源，落实耕地占补平衡的重要路径。试点所剥离的耕作层土壤，除了用于工程各类绿化以及临时用地复垦以外，多余的土方，一般情况下会由地方政府接管，直接用于沿线土地整治项目的土壤改良，大大提升了土地整治实施效果。

5. 沿线村民土地改良利用

沿线部分农地地势低洼，或土壤浅薄、肥力不高，严重影响农作物生长及产量水平。该模式是由需要土方的农民向相关标段的施工单位提出需求，施工方协助或农民自行装运土壤到待改良的土地地段，将剥离土壤摊铺在需要改良的贫瘠土地上，以改善农田的土壤肥力条件，实现剥离土壤的就近利用、"即剥即用"。该模式有效契合了当地村民的要求，改善企业与当地村民关系，利于促进高速公路改扩建工程各项活动的开展。

四 耕作层土壤剥离利用问题分析

广西柳南高速公路耕作层土壤剥离利用试点，在部中心及有关专家的技术跟踪指导下，自治区国土资源厅会同土地整理中心完善了相应的制度和法律体系，并协调沿线各国土资源管理部门、政府和各参建单位紧密对接、协调联动，有力支撑了试点的规范开展。试点实施主体广西桂海高速公路有限公司制定了完善的耕地耕作层土壤剥离利用方案及标准化的施工指南，规范了施工过程管理和质量体系，确保耕作层土壤剥离利用工作扎实推进，注重实效。然而，受国家相关法律法规不完善，技术标准不健全，各利益相关方难形成共识等因素影响，工作推进仍然难以形成合力，进一步放大试点效益。

（一）法律法规标准规范不完善

一是目前国家层面对于高速公路建设占用耕地耕作层土壤剥离制度尚未出台，法律法规层面对于建设占用耕地耕作层土壤剥离工作的规范性不够；二是自治区虽出台了《广西壮族自治区非农建设占用耕地耕作层土壤剥离与利用奖励办法》《非农建设占用耕地耕作层土壤剥离利用工作的指导意见》等，但对于经济补偿标准、奖励额度、减免、退还耕地开垦费比例等没有做出明确说明；三是广西未正式下发自治区耕作层土壤剥离利用技术规范，对调查方法、评价指标、剥离厚度等缺乏具有可操作性的技术指导与施工标准。

（二）政府企业沟通机制不健全

一是企业、部门、地方政府和民众之间受各自利益诉求的局限，在耕作层土壤剥离利用问题上难以达成共识，对耕作层土壤剥离利用的顺利开展产生了掣肘；二是高速公路建设时期所剥离土壤土方量较大，其回覆利用需要地方国土部门大力配合，但受规划实施周期和地方积极性不高的影响，难以直接与土地整治项目高效对接；三是企业与当地政府部门的协调机制不健全，致使建设单位在获取剥离土壤存储点过程中存在困难，无法有效应对村民临时用地征用中哄抬补偿标准、限制土石方车辆通行等问题。

（三）剥离土壤后期利用不充分

一是耕作层土壤剥离利用与整治规划衔接力度不够，土方量利用周期长、工期慢，当前利用土方量不到剥离量的一半，大量剥离土壤待利用；二是施工单位负责剥离耕作层土壤的利用，土壤优先用于自身绿化，大量优质耕作层土壤利用效益低，不能有效地发挥其最大实用价值；三是土壤回覆利用缺乏整体规划，利用过于随意，影响到耕作层土壤剥离利用工作综合效益的发挥。

五　完善耕作层土壤剥离利用工作的建议

耕作层土壤剥离再利用工作的推动，与建设单位、地方政府、各部门都密不可分，具体工作的开展及问题的解决，应从完善政策规范、加强交流沟通、扩大需求途径等方面着手。

（一）完善法律法规，凝聚社会共识

一是制定各类建设用地占用耕地耕作层土壤剥离制度，对建设项目占用耕地的耕作层土壤剥离实行"刚性"管理，并出台相关的法律、法规作保障；二是出台相应的配套奖补政策措施，鼓励社会资本参与建设项目占用耕地耕作层土壤剥离利用工作，不让推进耕作层土壤剥离利用工作的单位吃亏；三是探索区域差别化的耕作层土壤剥离利用机制，并建立相应的技术标准，注重耕作层土壤剥离利用工程验收和后期评价工作。

（二）建立联动平台，增强协调机制

一是地方政府及国土部门应主动与施工单位沟通，介入设计文件策划，合理规划利用高速公路沿线剥离出的耕作层土壤，使得地方土地整治项目与高速公路建设项目同步；二是建设单位和相关部门共同协商临时用地的合理位置及范围，将所需临时用地单独上报审批，当未能及时审批时，由当地政府联合施工单位与农民交涉，合理界定征地补偿；三是地方政府及国土、农业、交通等主管部门与施工单位联合，建立"政企联动"平台，增强各部门协调机制，共同商讨施工过程中遇到的问题，明确问题解决中各单位、各部门职责，落实责任主体，实行分工化、责任制管理。

（三）加强规划引导，促进高效利用

一是编制耕作层土壤剥离再利用专项规划，加强与土地整治的衔接力度，明确剥离土壤优先用于土地开发、复垦和耕地提质改造等项目，提高耕作层土壤的利用速率与效率；二是强化耕作层土壤利用情况监测和管控，严格回覆利用项目的验收标准和效益评估，促进耕作层土壤更科学利用；三是扩大利用途径，可与园林局、林业草原部门合作，将剥离土壤用作城市绿化或坡体改造等工程，也可探索耕作层土壤市场化交易机制，放大剥离土壤的社会服务功能。

参考文献

陈艳华、黄贤金、林依标等：《丘陵山区耕作层剥离再利用空间配置方法》，《农业工程学报》2015 年第 22 期。

宋子秋：《浅谈实施耕作层土壤剥离再利用问题》，《中国土地》2017 年第 3 期。

徐艳、张凤荣、赵华甫等：《关于耕作层土壤剥离用于土壤培肥的必要条件探讨》，《中国土地科学》2011 年第 11 期。

薛山：《我国建设占用耕作层剥离与利用模式研究》，中国地质大学硕士学位论文，2014。

张凤荣、周建、徐艳等：《黑土区剥离建设占用耕地表土用于农村居民点复垦的技术经济分析》，《土壤通报》2015 年第 5 期。

《广西国土资源厅关于泉州至南宁高速公路柳州（鹿寨）至南宁段改扩建工程耕地耕作层土壤剥离及利用实施方案的通知》（桂国土资办〔2013〕205 号），2013 年 4 月 8 日。

《广西国土资源厅关于开展土地复垦及耕地耕作层土壤剥离及利用工程监管监测工作的通知》（桂国土资办〔2014〕290 号），2014 年 8 月 13 日。

《国土资源部关于抓紧开展耕地耕作层土壤剥离利用工作的函》（国土资耕函〔2013〕018 号），2013 年 2 月 5 日。

《耕作层土壤剥离利用技术规范》（TD/T 1048－2016），2016 年 7 月 12 日。

《中共中央国务院关于加强耕地保护和改进占补平衡的意见》（中发〔2017〕4 号），2017 年 1 月 9 日。

《中共中央国务院关于加大改革创新力度加快农业现代化建设的若干意见》（中发〔2015〕1 号），2015 年 2 月 1 日。

2016 年中央一号文件《中共中央国务院关于落实发展新理念加快农业现代化实现全面小康目标的若干意见》，2016 年 1 月 27 日。

海外借鉴篇

Overseas Experience

B.22

德国土地整理和村庄革新
促进乡村振兴的经验

迈克尔·克劳斯　翻译：张文珺*

摘　要： 土地整理和村庄革新是德国促进农村地区发展，实现城乡等值化的两大抓手。土地整理在德国经历了从单纯促进农业发展到生态型土地整理的发展过程；村庄革新包括基础设施建设、旧房改造、能源转型等方面，是一个覆盖面广泛的综合发展策略，是实现农村地区综合发展的重要手段。本文主要介绍了德国土地整理程序的规划过程，土地整理领域一些具体的生态举措及景观打造的内容，以及德国村庄革新的原则和规划流程。

---

* 迈克尔·克劳斯博士，汉斯·赛德尔基金会山东代表处负责人，慕尼黑工业大学土地管理系副教授，主要研究方向为土地整理与空间规划；张文珺，汉斯·赛德尔基金会山东代表处项目经理，北京外国语大学翻译硕士，翻译擅长方向为环保和农业领域。

关键词： 土地整理 村庄革新 整体规划

一　序言

自 1886 年起，巴伐利亚州便通过立法来规范土地整理。1953 年，巴伐利亚州土地整理法案的主要内容被纳入联邦法律。1976 年，土地整理法增加了其他农村发展的内容，成为农村地区空间规划目标实施的手段。1994年的一项修正案将村庄发展的措施在简化土地整理框架下进行了具体化，进一步强化了村庄在促进农村地区稳定方面的作用。村庄革新措施在土地整理的框架下得以贯彻，起先这些措施只能通过单个项目来逐一实现，但农村地区的问题也渐渐凸显出来。农村地区生活质量的提高，必须要通过专门的综合发展计划，即村庄革新计划来保证，并辅以相关的财政支持。土地整理和村庄革新与空间规划的要求密切相关，可以看作是实现农村空间规划目标的措施。土地整理和村庄革新在提高农村生活质量方面作用尤其明显，要想实现农村基础设施建设，必须要有土地做保障，在这一点上，土地整理通过相应举措如土地调整为基础建设做好准备。

二　土地整理

土地整理实施于乡镇层面，因此首先要对"乡镇"一词进行解释。在德国的政治体系中，乡镇是行政结构的最低一级和地方自治的载体。在德意志联邦共和国的行政结构中，乡镇发挥着非常重要的作用。在地方政府中，乡镇是德国最基层的地方自治单位，它不是州政府的下属行政单位，而是有自治权利的机构。在土地整理法案的基础下实施的村庄革新中，乡镇自然地成为参与者，并且成为参与者联合会的一员。

乡镇是政治体系中的地理区划单位，根据德意志联邦共和国宪法，"各乡镇在法定限度内自行负责处理地方团体一切事务之权利，应予保障。"

（基本法第二十八条第二款）。因此它们承担了规划任务，当然，法律为此提供了框架条件。作为正式的行政机关，地方议会和行政部门对这些任务的组织和安排负责。在自治框架内，乡镇的规划任务受到法律条例的约束，国家部委和地方行政部门没有权利直接对乡镇规划下达指令。

乡镇是权力机关，具有法人资格。它具有领土控制权和"全面管辖权"。这意味着原则上它需要为地区所有事务负责。国家和地方法律对这点进行了限制。在乡镇发展规划中，总体发展路线及乡镇在规划体系中的角色由地区规划法和国家规划法来划定。在发展规划的框架内，乡镇在所有事项上的决定性作用是被保障的。德国目前共有 11054 个乡镇（截至2017 年）。

（一）土地整理的变迁——从农业结构优化到乡村地区振兴

第二次世界大战以后，由于饥荒和德国全境农业的落后，土地整理成为国家重大任务。为了尽快完成土地整理以获得更多耕地，许多地形与景观被过度改造。许多灌木与树木不得不让路，湿地被排干，沟渠与小溪被覆盖。土地整理成为环境破坏、物种灭绝和文化景观受损的同义词。环境保护主义者们的激烈辩论时有发生，在环境保护运动中公民也会参与其中，这是关于农业发展与自然和文化景观的保存以及由它所决定的生物多样性之间的冲突。立法者所给出的答案是 1976 年 3 月 16 日修订的《土地整理法案》，其在很多方面都颇具革新意义。《土地整理法案》第一条：为了改善农业和林业的生产与工作条件，促进景观文化与农村地区发展，农村土地可以通过本法（土地整理）的措施进行重组。新的第一条包含了积极维护景观建设，促进村庄建设的任务，农村发展就意味着乡村居住、经济和发展功能的保护与改善（引用自 Quadflieg 1977）。

这部 1976 年的《土地整理法案》在 1994 年又加强了对农村发展有效支持的目标：它引入了"农村地区发展的简化土地整理流程"。这是第一次对农村发展措施进行明确规定，发展措施具体包括农业结构优化、村庄革新、环境保护、水资源保护和景观打造等。

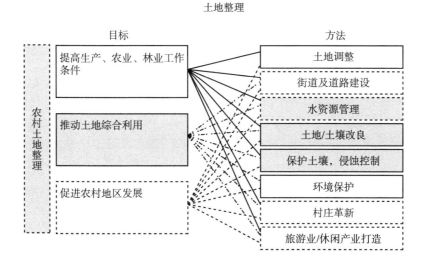

图1 土地整理中目标方法关系示意

（二）系统理论方法——规划体系

在土地整理中系统理论规划得到了应用。通过规划使得未来的行为，即措施执行得到预估，并能够作出措施执行的决定。在土地整理过程中做决定必须要有整体性的考虑，因为规划和实施也会对其他领域产生影响。由于在整体思维和可持续的定位中，土地整理是一个复杂的系统，那么很明显规划策略是由系统理论推理出的。系统理论的规划具有两个特点（见图2）：

其一，这项规划是一个反馈系统。虽然原则上规划的阶段是由系统分析、系统选择与系统实施共同构成的，但这仅仅是一种逻辑顺序。实际应用中，在每一个工作的阶段中都始终有对之前阶段的反馈，例如在构思土地整理草案时需要再一次回顾总体情况或问题所在。

其二，规划机构必须对反馈进程进行支持。在跨学科的规划中所需要的专业知识不可能单独由一个人掌握。为确保规划在各专业领域中的高质量，需要相应领域的专业人士、协会与乡镇公民共同参与到规划中，以此来保证他们的知识与意见都能够被吸纳进规划过程中去。

总之，系统理论的规划应当应用于土地整理过程中。规划机构的设立应

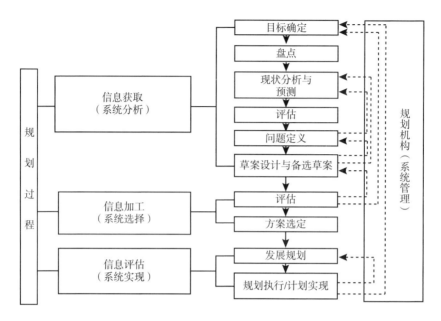

图2 基于系统理论的规划过程

当基于一个基础之上，即在规划进程中要包含必要的学习过程。

1. 规划顺序

按顺序做规划非常有用，这指的是将复杂的规划过程划分为清晰的几个部分。规划在不同的层次上进行（见表1），这样就从全面规划中制定出一个发展规划。

最高一级是标准型规划（即任务制定规划）。它通常会通过区域规划，尤其是地方规划来约束土地整理，它所给出的目标涉及更大空间。

在策略型规划（即任务解释性规划）中，非常有必要的一点是明确规划区域的目标并将其具体化。通过专业性的前期规划为此打下基础，在确定土地整理过程之后，在公众规划参与者和农业职工联合会共同商定的计划中，土地整理地区重新规划的基本原则才得以确立。

可操作型规划（即任务执行性规划）分两个阶段进行。首先要制定针对公共设施的规划（土地整理下的整体计划），在计划确定后（即通过正式法律程序获得所有相关部门的批准后），下一阶段开始。去除公共设施之后，土地整理在地产所有者的共同参与下进行，地产所有者会看到自己土地新的大体分配方式，土地整理规划的结果会在土地整理计划（最终计划与文案）中进行总结。

表1　规划流程

规划层面	规划工具	措施
标准型规划	州发展规划/区域发展规划	
策略型规划 解释规划区域中的特定目标	前期规划 －农业发展规划 －乡镇发展草案 －分区发展规划 －地方21世纪议程 －建设指导规划	项目规划 启动阶段进行意愿调查 （辅以宣传倡议活动） 听证
可操作型规划	重新布局的基本原则 村庄革新计划 农村发展中的景观规划第1和第2阶段 公共基础设施规划 景观规划第3阶段 土地整理计划 （对所有过程进行总结）	规划制定 规划制定/通过 公用设施规划 土地所有权情况调查 土地估价 土地测量 －新地块分配 －所有权转移 －法律关系调节 －公用设施用地划界 －修改地籍簿 规划议案审定通过

2. 对话规划（通过专题研讨会、小组会谈等）

村民对自己的生活空间最为了解，为了让其参与到乡村规划中，除了增强行政行为的服务导向之外，引入新的规划方法非常必要。

在这种新的对话式规划的方法中，公民从一开始就参与到规划进程中，而专业规划人员和其他专业人士则退居二线，主要提供专业引导与支持。在专题研讨会（例如农村发展的培训）中，村民们共同为自己所在乡镇的未来发展制定任务、目标与方法。

对话规划以四项关键理念为基础，即复合性、合作性、专注力和竞争力。

这意味着，框架条件的复杂性使得对话的所有参与方都是不可或缺的。自上而下和自下而上相结合的这一规划过程可以综合归纳关键项目的任务和目标，这些项目包括物质与非物质的内容。为了完成复杂的协调任务，要求规划人员除了专业能力外，还需要具备高水平的社交能力。自20世纪90年代中期以来，对话规划一直是巴伐利亚农村发展的规划标准。

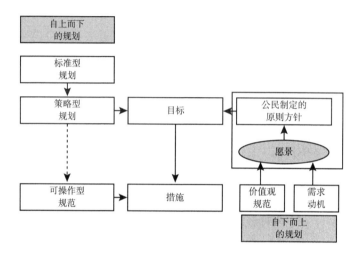

图3　对话式规划流程

3. 其他专业部门参与——综合性规划的实现

在整个规划的制定与实施过程中需要运用许多规划方法，综合性规划的实现过程中规划协调手段发挥着重要作用。规划协调手段的重要性从前期规划阶段就已经开始表现出来，一直到规划的执行阶段。其中最主要的是参与义务、协商一致与公众参与。参与义务、协商一致和公众参与能够促进可持续性、综合性规划的制定，因为这样不同的规划参与方和其他部门在前期就能协商各自利益和关切，事先避免冲突或者矛盾的产生或者使纠纷最小化。

4. 参与义务（法律强制性）

根据《土地整理法案》第二条第一款，全体地产所有者、公共事务负责人（政府与协会）、农业职工联合会等人员有参与义务。

农业职工联合会的参与义务主要是从专业代表的角度把农业事务引入所

有的规划阶段中。作为公共事务的权威机关，所有政府机关都有义务参与土地整理规划过程。

所有的地产所有者是参与义务的重要承担者，他们共同组成的参与者联合会是土地整理程序的执行单位，它代表了所有参与的地产所有者。参与者联合会的职责包括公用设施的建设与维护。单独的参与者能够在参与者联合会中通过对委员会提建议来对土地整理的执行和设计发挥自己的影响。不过根据程序规定，他们必须通过恰当的、与土地整理的目标相一致的方式来提意见。

5. 土地整理程序中的参与者联合会原则——与公众共同规划

《土地整理法》将土地整理的相关人士划分为参与者和附属参与者两类，并赋予他们不同的权利和义务。参与者是土地整理区域内土地所有者，以及与土地所有者享有相同权利的承租人。附属参与者被定义为：第一，辖区内土地受到整理程序影响的乡镇和乡镇联合会；第二，拥有集体或公共设施用地的公法社团，或拥有界线发生变化的土地的公法社团；第三，辖区与土地整理区域相邻、会对土地整理区域产生影响或会被其影响的水资源及土地协会；第四，土地整理区域内土地部分权利的享有者，包括土地的所有权、使用权或者限制使用权，例如，收到土地作为抵押物的银行或者有权在土地上安装管线的能源供应商，这在土地登记册中也被记录为物权（即土地的权利）；第五，缺乏相应抵押的情况下，新地块在获得新的法律地位之前的接管人，例如，自然保护部门出于环境保护原因而接管的土地；第六，土地整理区域外土地的所有者，他们需要承担一部分维持或执行土地整理程序的费用，或者需要协助在土地整理区域边界上设立固定的标志。

所有的参与者构成了参与者联合会。参与者联合会是公法人，受到土地整理部门的监督；联合会签订合同需经由土地整理部门批准。参与者联合会的下属机构包括董事会和参与者大会。董事会主席负责执行董事会决议，并且是参与者联合会在法律方面和其他方面的代表。参与者联合会的任务是处理参与者的集体事务，特别是在合作义务的框架下落实土地整理规划并开展

前期工作，即修建和维护集体设施；按照程序要求完成收付款；在受到主管部门或专家委任的情况下，可由参与者联合会完成不属于土地整理部门职权范围内的任务，包括进行土地整理的前期准备工作。

附属参与者在参与者联合会中没有代表，但通常在程序框架内享有相同的权利（反对权等）。除了上述任务之外，参与者联合会还可以在州法律（《土地整理法案的实施法案》）的基础上承担更多任务。按照之前的《土地整理法》，巴伐利亚州依据合作社原则将重新设计土地整理区域的任务，包括土地整理部门的重要管理职能都移交给了参与者联合会。因此，专业人士参与到联合会董事会的日常管理和实质问题处理中就十分必要。这一点是通过任命更高一级农村发展管理部门的官员作为董事会主席或副主席来实现的。

6. 公众参与

《土地整理法》规定依法行政意味着要给予参与者发表意见，即表达反对意见的权利。如果个体希望能够更多地参与到土地整理程序中，需要通过参与者联合会来表达诉求。

对于规划过程中的公开行政行为而言，这种对于参与者的限制意味着将不加入参与者联合会的公众排除在外，这需要被严肃对待。土地整理的规划和措施会导致生态景观的改变。而与土地相反的是，生态景观是一种公共物品，它的变化会影响到所有公众，而不仅仅是土地的所有者。按照土地整理计划的要求，公众应当参与环境承载力评估。

然而从公开规划的角度上讲，在实践中土地整理早已经实现了非正式的公众参与。只要与参与者的个人利益和数据保护的问题不相冲突，董事会会议就是公开进行的。同样，原则上所有公众都可以参加参与者大会。

为了探究公众对规划方案的期望和关切，同时也为了强化公众的规划意识、责任意识和身份意识，采取在村镇革新中行之有效的方法具有越来越重要的意义，比如村庄/土地研讨会、特定规划主题的工作组等。开放的规划不仅仅局限于专家规划，而是通过对话的方式使公众也参与其中。这种以公

258

众为导向的规划方法能够将公众的智慧应用到对情景的分析中，同时也能够在设计规划的过程中充分将公众的需求考虑在内。

（三）生态工程学取代土木工程技术

生态工程学是一门通过生物方式修复受损景观的学科（主要是预防水土流失）。它主要利用植物的根系来巩固土壤。在水利工程中，生态工程学主要通过植物地上部分的水力提升效应（水的涡流）来预防水土流失。另外，微生物对土壤结构的影响在生态工程技术中也十分重要。在土地整理程序的实践中，面对出现的相应问题通常会采用下列生态措施：

1.针对雨水、冰雹

土壤颗粒从母质中被分离出来后，在地表很容易被冲刷掉。这种情况下，如果有透光性较好的灌木覆盖，下面是密集的草层或植物茎叶，土壤颗粒就可以免受冲刷。

2.针对地表径流

坡度较大地区的地表径流是由强降雨引起的，土壤颗粒会被水流冲走。根据坡面的长度、角度及土壤条件的不同，地表径流能够冲刷出最深可达10厘米的沟壑。如果斜坡更长或是遇到更易流失的土壤条件，地表径流冲刷出的沟壑可达10~40厘米。

密集的草丛或植物茎叶可以阻隔横向及纵向的水土流失。通过特定的草类及灌木可以填补固定沟壑和小土坑。植物地上的枝条必须能够产生足够的阻力来减缓水流，地下的根系必须能够深扎沟壑之中承受侵蚀、冲刷和由此带来的各种伤害。天然石材和特定的植物结合起来可以缓解更严重的土地侵蚀情况。此时植物不仅发挥了上面提到的特性，还通过它精密的根系结构在石层和土层之间构建了一个生物过滤装置。

另外，在规划道路网时，可以通过设计与斜坡平行的道路来缩短斜坡受侵蚀的长度。通过道路网和耕地的结合，把土地重新划分为适合机器耕种的长度，由于耕种的沟壑与斜坡是平行的，土地就可以因此免受侵蚀。如图4所示，改变耕种方向以减少水土侵蚀（箭头指向新的耕地方向）。通过新的

道路设施和新的景观廊道的建设，如树篱，用以减少风蚀，同时能够促使农民改变耕种方向，不再顺坡种植。图5中通过景观规划和道路规划改变耕种方向的措施同图4，该图还包含对化肥残留区域的处理，这种保护是通过在河流边缘设计隔离带（如粗放利用的草地）来实现的，由此可以避免化肥农药直接进入水体中。

3. 针对大风

无植被的沙地和松散的粉砂土地、斜坡的迎风面和顶部最容易遭受大风导致的侵蚀。草地和木本植物的结合能够防止土壤被吹走。在耕地区域，半渗透性的高灌木林能够有效防风。

4. 针对雪蚀

在高山地区的陡坡上雪蚀会导致水土流失。在高山牧场中可以观察到，许多较高的草类和多年生植物都冻结在雪中，部分植物的根系和土地冻在了一起，随着雪消融一起流走。低矮的草类和扎根较深的木本植物在这一区域能够更好地生长。

图4　调整耕种方向图示

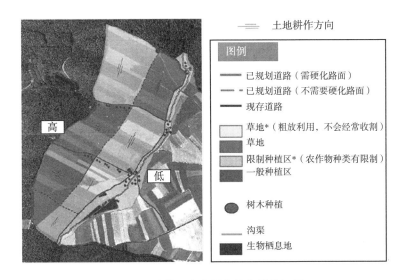

图5 土地整理小范围内综合措施运用

（四）提高生态效益

1. 土地整理的重点是提高环境质量，打造生态景观

在实施土地整理措施的过程中，必须考虑到环境保护、自然保护、景观管理、休闲娱乐和区域及生态景观设计的要求。[①]

只要土地整理的规划和措施会影响到自然和生态景观，即破坏自然平衡的承载力或者显著、长期损害乡村景观，就必须提前采取补偿或替代措施。采取措施的优先顺序为：避免、最小化、补偿、替换。土地整理的设计任务已经超越了联邦环境保护法对于干预行为的规定，而把对生态景观的改善也包括在内。

根据《联邦自然保护法》，自然保护和生态景观管理有以下目标：无论区域内是否有人居住，区域内的自然环境和景观都应受到良好的保护、维护和开发。自然平衡的承载力，自然资源的可用性，植物界和动物界以及自然与景观的多样性、独特性与美学特性是人类的生存基础，是人类能够在自然中休闲疗养的前提条件，生态景观应该受到持续保护。

---

① 德国《土地整理法》第37章第2节。

图 6　早期的土地整理

图 7　现今的土地整理（保留天然的地貌和生态景观）

　　为了保护自然，土地整理首先要进行土地规划①，并将具有保护价值的生态景观分配给合适的所有者。物种保护的目标是通过保护或恢复濒危动植物种类的生存和捕食空间来实现的。

———————————

　　①　参见德国《土地规划程序》86 章及之后几章。

生态方面主要包括：

（1）自然平衡的承载力

这里指的是保持或恢复自然平衡的稳定性。土地用途差异化原则是基本理念，根据这一原则，较小的区域内会发生土地重复利用的情况。10% ~ 15%靠近自然的土地采用的是这种利用模式。

（2）自然资源的可用性

这里指的是对自然资源的保护、维护和开发。土地整理的核心关切是土地，是保护土地和提高土壤肥力。

20世纪80年代以来，在巴伐利亚州土地整理的实践中形成了景观规划方法。方式的转变基于理念的转变：从单纯的提高生产率到以保留地形风貌为核心，同时提高生产率，这与所有政府部门和公民息息相关。同时也是在保护珍贵的文化资源，丰富多彩的乡村文化应该受到良好的保护。这与全面的生态景观规划密切相连，而景观规划又是土地整理程序中一个不可或缺的部分。

2. 减少基础设施建设中的土地占用

基础设施建设中已经开始减少土地占用，同时避免硬化路面。德国乡镇硬化公路一般宽为5米。道路两侧用碎石固定，过几年之后，碎石区域将和草地融为一体（见图8）。公路和碎石带的承重能力为40吨。同样的原则适用于乡村农耕便道。道路的使用寿命和承载能力不取决于路面硬化程度，而取决于路基。

在道路改造时，尽量使用旧的路基，可以减少对生态的破坏，如图9和10所示。改善后的道路遵从了旧路的路线，不需要在物理空间上作出改变，对景观也未造成大的影响。建设一条全新的道路，同时把旧路恢复成耕地的意义不大，因为这块土地不再肥沃，耕地的收成会很有限。

在德国根据道路使用需求有不同的修建标准，不一定所有的道路都需要水泥沥青硬化。一条具有承载力的道路要有坚实的路基，良好的排水设施，以及及时的维护。通过修建砂石路、砖石路、车辙路等生态化道路，一方面可以减少土地硬化面积，提高生态效益，另一方面也可以减少道路成本（见图11）。

图 8 乡村公路

图 9 道路改造前

图 10　道路改造后

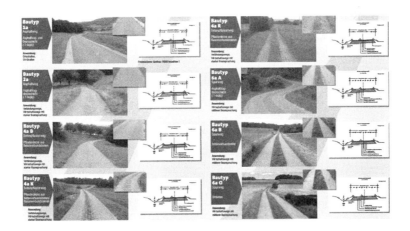

图 11　巴伐利亚州上弗兰肯地区农村道路修建标准

三 村庄革新

（一）村庄革新的目标和原则

村庄革新的总体目标，即改善村民的生活及工作环境，可以通过设定子目标来实施，这些子目标以基本生活供应为导向（见图12）。

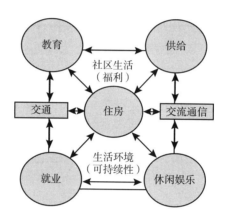

图12 基本生活供应

规划应该因地制宜，符合村庄实际。这些基础生活功能为基于实际进行村庄规划提供了一个合理框架，这种规划将与乡镇、土地整理和其他专业规划共同发生作用。村庄是一个小世界，然而相比于城市，村庄与其居民联系更紧密，与大自然的接近程度及其周围景观的联系更大，村庄是其周边文化景观的一部分。

由此产生了村庄革新的以下基本原则（REITH，1988）：第一，村庄规划原则：关注当地发展是否因地制宜地满足居民需求；第二，整体性考虑原则：将村庄视为居民区、土地和风景组成的整体，应用系统性规划手段（见图13）；第三，持续革新原则：以现有情况为基础进行革新；第四，独立原则：发展和维护个性化及地方典型的居住构造，促进村民自我

图 13　综合规划——村庄和土地是一个统一整体

责任感，促进内在发展；第五，捆绑措施原则：激发协同效应、提升整体效益。

（二）村庄革新规划流程

1. 现状记录，粗略记录

粗略的现状记录和评估以决定是否应进行村庄革新，并大致确定村庄革新的范围（小范围，区域性，全面）和亟须整改的问题。

2. 制定发展目标（规划蓝图）

长期的值得期待的可实现的村庄发展目标。规划蓝图（村庄理念，村庄愿景）比实际的具体目标更全面。

3. 目标规划（具体目标）

根据村庄发展模式为存在缺陷的领域制定目标。在这里要区别对待必要和值得期待的目标。尽管应考虑目标的可行性，但不能因为当前没有实现的可能性就过早放弃目标。

4. 现状记录（精准定位）

在粗略定位和目标规划的基础上，基于几个反馈步骤提供的信息，接下来对有必要进行规划的村庄要素现状进行详细记录。

5. 现状分析

明确村庄的长处和短处，并通过分析各个调查数据来充实规划信息。

6. 缺陷分析

对比目标结果和现状。

7. 措施规划

为弥补已发现的缺陷，需要为各个领域制定措施规划，包括住宅区、农业、交通、绿地管理，水资源管理，土地整理等各领域规划。这些措施都以规划目标为导向，同时还要制定备选方案。

8. 评估

首先会基于整体规划对各个局部规划进行内部评估，接下来仔细对比各个局部规划是否与整体规划保持一致。

9. 制定最终村庄革新计划

将各个局部规划结果总结为统一的整体方案，其内容包括农业结构、居住点结构和其他设计要素。村庄革新计划不以法律规定为基础，因此没有法律约束力。它是一个非正式的框架计划，在涉及具体细节时要遵循相应的法律法规，如建设指导详细规定、生态占补平衡条例等。

（三）项目资金筹措

实际情况表明，由农村发展局对各项举措提供100%资金支持往往效率低下。如果村民能共同资助一小部分措施，其对项目实施的责任感会得到提高。村庄革新计划和土地整理一般都有补贴，补贴各有不同，有些情况下甚至可高达80%或者90%。此外乡镇财政也需要提供配套资金，因为只有乡镇和村民自己出资，在实际操作环节才会采取更加有意义的措施，实现"把钱花在刀刃上"的效果。

执行成本依据建筑草案计算得出。如果执行成本过高，可在计划评估阶段提出意见，并表明需减少的施工量。每项措施因性质不同，措施执行的补贴程度也不同，资助遵循补贴短缺资金的原则。可承担的私人集资可采用不同方式进行计算，可采用现金支付、实物支付和提供服务等形式。

参考文献

Bundesrepublik Deutschland: Flurbereinigungsgesetz in der Fassung der Bekannt-machung vom 16. März 1976（BGBl. I S. 546），das zuletzt durch Artikel 17 des Gesetzes vom 19. Dezember 2008（BGBl. I S. 2794）geändert worden ist.

Klaus，M.（2003）: Nachhaltigkeit in der Landentwicklung-Stand und Perspektiven für eine nachhaltige Entwicklung.

Magel，H. Auweck，F.；Klaus，M. und Spreng，K.（2010）: Landmanagement II. Herausforderungen an eine nachhaltige Kommunal-und Landentwicklung auf Grundlage der Integrierten Landentwicklung Forschungsvorhaben der Bayerischen Verwaltung für Ländliche Entwicklung（unveröffentlicht），München，225 – 227.

Magel，H.（2012）: Flurbereinigung. In: Historisches Lexikon Bayern https://www. historisches – lexikon – bayerns. de/Lexikon/Flurbereinigung.

Quadflieg，F.（1977）: Recht der Flurbereinigung. Kommentar zum Flurbereini-gungsgesetz mit weiteren Vorschriften zur ländlichen Bodenordnung. Verlag W. Kohlhammer.

Reith，W. J.（1988）: Dorferneuerung in Österreich: Stand und ausgewählte Rahmenbedingungen: Expertengutachten des Instituts für Raumplanung und Agrarische Operationen der Universität für Bodenkultur Wien（IRUB）: österreichischer Beitrag zur Europarats-Kampagne für den ländlichen Raum.

Zangemeister，C.（1973）: Nutzwertanalyse in der Systemtechnik. Eine Methodik zur multidimensionalen Bewertung und Auswahl von Projektalternativen. Wittemann'sche Buchhandlung München.

B.23
欧美国土生态建设技术创新综述

宇振荣　李朋瑶　李学东*

摘　要： 本文对欧美发达国家土地整治发展情况进行了研究，系统梳理了欧盟农业/农村发展和美国农场自然资源保护下的国土生态环境修复和保护政策，总结了从简单土地整理到综合土地整治及土地生态环境管护的建设内容和工程技术，对提升我国国土生态整治、推进"山水林田湖草生命共同体"生态保护和修复具有重要的借鉴意义。

关键词： 土地整治　生物多样性保护　绿色基础设施建设　生态环境保护　乡村振兴

由20世纪70~80年代的简单土地整理所引起的生态环境问题在国际上备受关注。欧美土地整治经过长期发展，通过结合生态环境管护政策和技术体系，开展综合性土地整治，已经成为促进乡村复兴的重要手段。目前，我国土地整治正在经历由简单土地整理向综合土地整治、山水林田湖草生态保护和修复转型的重要时期。《全国国土规划纲要（2016~2030年）》和《全国土地整治规划（2016~2020年）》都明确提出土地整治促进生态环境建设的目标和战略要求。乡村振兴战略的提出和山水林田湖草

---

* 宇振荣，农学博士，中国农业大学资源与环境学院教授，主要研究方向为景观生态学、乡村生态景观规划和土地整治研究；李朋瑶，中国农业大学资源与环境学院博士生，主要研究方向为景观生态学与乡村生态景观规划设计；李学东，中国农业大学资源与环境学院博士生，主要研究方向为景观生态学与乡村生态景观规划设计。

生态保护修复工程的推进，也为促进国土生态建设提供了重大机遇。本文以美国和以英国为代表的欧盟为例，对欧美国土生态整治政策、内容和工程技术及其实施机制进行了综述。结合我国未来土地整治的战略要求，探讨了我国国土生态整治对策，以期推动我国国土生态整治研究和实践探索。

一　欧美土地整治发展

（一）欧盟土地整治发展

以英国、德国为代表的西欧国家土地整治发展可以概括为四个阶段：二战后到 70 年代的传统（简单）土地整治，也称为土地整理；20 世纪 70 年代到 80 年代为过渡阶段：80 年代末到 21 世纪初的复杂（现代）土地整治；进入 21 世纪以来的土地生态环境整治和管护。

1. 简单土地整理

简单土地整理以农业生产目标为导向，通过减少农田田块和产权破碎化，调整土地权属，增加农田面积，建设农田基础设施，来提高农业集约化水平和生产效率。Bullard（2007）在对欧洲土地整治发展的详细综述中，指出简单土地整治所导致的生态环境问题，包括大规模移除树篱、原树种和野果树所导致的野生动物栖息地丧失，田埂和林带减少导致的风雨侵蚀，林地整治中树种和结构单一化引起的植物多样性降低与生境质量下降，以及农田规模扩大促使农业集约化发展，过度依赖农药化肥而引起的环境问题。

2. 复杂土地整治

80 年代末，特别是 90 年代以来，欧美颁布了一系列农业、生态环境政策。意识到以往简单土地整治中出现的生态环境问题，这一时期的土地整治更加重视生物多样性保护、生态环境修复、乡村生活质量改善和提升，土地整治的过程也更注重公众参与。

3. 土地生态环境整治和管护

进入 21 世纪后，由于农场规模已经扩大、农田产权与空间整治已基本完成，欧洲土地整治的目标转为提高土地利用的多功能性，更加重视耕地和土地综合体的生态环境建设与管护。欧盟最初围绕耕地质量保护和提升，建立了农业环境措施（Agri-environmental Measures），随后发展为土地生态环境管护制度（Land Environmental Stewardship），及目前更为综合的乡村管护制度（Countryside Stewardship）。

（二）美国土地整治发展

美国的土地约有 40% 为公有土地，包括国家公园、未利用土地、生态保护区、公共设施和公益事业用地及私人无法利用的土地；其余约 60% 为私有土地。美国农场开始建设时一般规模较大，严格来说不存在过多针对土地利用和产权破碎化问题的土地整治，所以在有关文献中很少出现 "land consolidation" 一词。参照欧洲复杂（现代）土地整治的内容，美国土地整治大致分为四个部分：

1. 土地破碎化和产权调整

在地方政府的引导和土地利用分区规划的控制下，由区域内土地所有权人自愿、协商解决，对土地产权进行调整置换，以实现该区域土地在整体上的最佳利用。

2. 农场自然资源保护

从国家层面，美国针对农场土壤侵蚀的问题，建立了土壤保护研究所，实施土壤保持。由于其目标不断扩展，该机构在 1994 年改名为美国自然资源保护局（Natural Resources Conservation Service，NRCS），负责生产性景观（农牧场）的自然资源保护、生物多样性保护、农场生态环境保护。

3. 公有土地管理

联邦土地管理局负责管理公有土地，以国家公园为重点，维护公有土地的健康和多样性，保护广阔的自然、文化和历史资源。

4. 棕地和土地再生（Brownfields and Land Revitalization）

美国环境保护局下设有棕地和土地再生部门，负责废弃土地的复垦、利用和再开发，鼓励社区和土地所有者将受污染的土地转变为公园、湿地和新商业区。

二 欧美国土生态整治政策

（一）欧盟国土生态整治政策

随着社会经济的发展，对自然资源和生态环境的认识不断深入，欧盟制定了一系列加强生态环境保护的政策，促进了土地整治内容的提升。

1. 共同农业政策（Common Agricultural Policy,CAP）

欧盟共同农业政策从 1962 年实施以来，经历了 3 个阶段的改革。特别是 2000 年实施的《农村发展条例》，实现了从支持农业生产到控制农业环境，再到支持乡村综合发展和生态景观建设的转变。欧盟开始重视农业的多功能性，加强支持乡村生态环境保护、生物多样性保护、水资源管理、乡村景观保护和提升，以及气候变化应对等。

2. 欧盟生物多样性保护政策

欧盟从 1992 年开始实施其 1979 年制定的鸟类条例（EU Birds Directive，79/409/EEC）和 1992 年制定的栖息地条例（Habitats Directives，92/43/EEC），并在此基础上进一步提出自然 2000 计划（Natura 2000）。2006 年，欧盟颁布了《2010 年生物多样性保护战略》，将生态系统和景观的保护、修复和提升作为生物多样性保护的核心内容。欧盟于 2011 年又制定了《2020年生物多样性保护战略》，提出了 6 个目标：（1）欧盟自然 2000 计划必须得到全面实施；（2）更好地保护和恢复生态系统及其提供的服务，加大绿色基础设施建设；（3）更加可持续地发展农林业，保护生物多样性；（4）更好地管理欧盟鱼类资源存储，发展可持续渔业；（5）严格控制外来物种入侵；（6）加大欧盟在避免全球生物多样性丧失中的贡献。欧盟在自然 2000 计划

的指导下，开展了如下工作：（1）生态网络规划和建设：目前老欧盟国家已基本完成了生态网络规划和建设，共建立了约27000个自然保护区，约占老欧盟国家土地的18%，新加入的欧盟国家也正在开展该计划；（2）绿色基础设施建设：欧盟各国很早就将绿色基础设施应用到城市规划中，防止城市扩张，自然2000计划下的《2020年生物多样性保护战略》首次在欧盟层次上提出建设绿色基础设施，以恢复和提升区域生态系统服务功能，并提出建设一条纵向的绿色生态廊道；（3）农业景观生物多样性保护：欧盟从1992年开始推行农业环境措施，并在2001年制订了更详细的《农业生物多样性保护行动计划》，提出建设高自然价值农田，恢复和提升维持农业可持续发展所必需的多种生态服务功能，包括遗传资源、授粉、天敌和害虫调控、土壤肥力保持、水土涵养、文化和休闲等。

3. 欧盟景观公约和景观特征评价

2006年，《欧洲景观公约》获得批复，在法律上承认景观，并将景观保护、恢复和重建纳入各类土地整治和乡村发展计划中。在《欧洲景观公约》的指导下，各国开展了景观特征评价，通过公众参与，确定和评估景观特征，分析景观变化，制定景观质量目标、景观政策，实施景观保护管理和规划方案。

4. 乡村发展计划

2005年欧盟制定了《乡村发展计划（2007~2013）》，目标是通过整合各类政策和项目，开展综合性乡村发展和生态环境管护，实现"田园梦"。2012年又制定了新一轮的乡村发展计划（2014~2020），主要内容包括：提高农林业的竞争力，改善乡村生态环境及景观（重点是生物多样性保护、面源污染控制、乡村景观保护），提高经济多样化和乡村生活质量，实现乡村复兴。

（二）美国国土生态整治政策

基于前文对美国土地管理制度的分析，美国基本上不存在土地整理，更多的是土地质量提升与生态环境保护，主要由美国自然资源保护局（NRCS）负责，包括生产性景观（农牧场）自然资源保护、生物多样性保护及农场生态环境保护。相关政策中影响最大的是美国"农业法"关于农场生态环境保护的政策。1985 年美国国会修改"农业法",通过了《食品安全法案》,正式启动针对高度侵蚀区域实行休耕的土地保护项目(Conservation Reserve Program),其目标逐步扩展到自然资源保护、生态环境保护、生物多样性保护、水土污染控制、乡村景观建设及休闲旅游。在2014 年农场法案的指导下,目前与生态环境和景观建设相关的项目有:(1)景观保护项目:保护重要的自然和人文景观;(2)财政援助主题下的项目:包括农业水质量保护,空气质量改进,合作保护方案,资源保护创新项目,保护管护项目,水环境质量激励措施,面源污染治理、流域水环境保护项目,野生生物栖息地保护项目;(3)农用地保护项目:农田和经营农场保护计划,农业休耕保护计划,草地保护区计划,健康森林保护区计划,湿地保护区计划;(4)景观规划和管理主体项目:流域保护和水质提升项目,流域保护和防洪工作实施计划,流域调查和规划,流域生态环境恢复和管理。这些项目由美国农业部农场管理局(Farm Security Agency)负责实施,自然资源保护服务局提供技术支持,商品信贷公司(Commodity Credit Corporation)提供资金支持,各州县田间技术咨询处(Field Office)提供技术指导。

三 欧美国土生态整治技术

(一)欧盟农场生态环境管护工程技术

生态环境管护是指社会各组成成员为提高生态环境质量、建设优美乡村景观,对农村生态系统和自然景观的保护、修复、重塑、提质等行为活动,强调将建设和管护交给农户等最直接的利益相关者。在欧盟共同农业政策框架下,欧盟各国制定了以农户为主体、政府提供资金补贴和技术支撑的农场环境管护制度,以推进农业环境污染控制、生物多样性保护、乡村生态景观保护和提质、退化生态系统修复、农林业发展、传统农场的维护和管理,以及有机农业发展等。农场环境管护制度对每项生态环境管护工程技术都制定了实施标准与资金补贴分值。农户可以自由选择计划开展哪些生态环境管护

工程技术。当总的补贴分值达到一定标准后，农户可以提交申请，通过图表的形式说明在哪些地方实施了哪些生态环境管护工程技术，及其相应的实施时间与补贴资金。参与环境管护的农户应遵守合同规定，接受监督和检查，如出现违约情况将会受到严厉的惩罚。

以英国为例，英国农场环境管护制度分为四个级别：入门管护（Entry Level Stewardship，ELS）、有机入门管护（Organic Entry Level Stewardship，OELS）、较高水平的管护（Higher Level Stewardship，HLS），以及专门针对丘陵地区的入门/有机管护（Upland Entry Level Stewardship，UELS/UOELS）（Natural England，2010）。入门管护合同期为5年，较高水平管护合同期为10年。每个级别的管护涉及多项工程技术，如入门管护包括60多项工程技术，涉及10个方面：（1）基本要求（土地保护和管护记录），（2）沟路林渠与农田边界，（3）农场树木和林地，（4）历史景观要素，（5）农田缓冲带，（6）农田生物多样性保护，（7）多种类作物种植，（8）保护土壤和水源，（9）极度贫瘠土地管护，（10）脆弱草地和荒地管护。

（二）美国自然资源保护工程技术

美国农业部自然资源保护局提出了自然和农业保护工程技术标准（NRCS，2013）（见表1），包括约60多项工程技术，内容非常广泛翔实，如湿地方面包括重建、修复和提升等工程技术。每个州、每个县针对自身的地理环境条件，在上级标准的基础上制定更为详细的地方工程技术标准，一般包括70~90多项工程技术。

表1　自然和农业保护工程技术标准（NRCS，2013）中的工程技术

保护性耕作	种植	深耕工程，覆盖保护工程，作物轮作保护工程，保护性耕作工程，等高耕作/梯田工程，多层种植工程，带状耕作工程
	残茬	残茬管理措施，免耕/条耕/直播工程，作物残茬利用工程，季节性残茬管理措施，覆盖耕作工程，垄作工程，残茬生物多样性保护工程
土壤保护		盐碱土管理工程，污染土壤控制和管理，农用化学品处理设施工程
病虫害防治		病虫害治理工程，病害虫综合防治工程，缓冲带建设工程

农田生境建设措施	早期演替生境开发/管理工程,植物篱种植工程,关键区域种植工程,农田边界工程,植被屏障工程,草本防风工程,地表粗糙化工程,边坡粗糙化工程
农田植被提升工程	乔木/灌木裸根或容器育苗工程,乔木/灌木直播工程,乔木/灌木扦插工程
农地灌木林管理	灌木管理工程,沙地种植植物工程,农田边界种植工程,农田林地管理工程
防护林管理措施	防风/防护林建设工程,农田防护林工程,防风/防护林修复工程,防风林/植物篱整地工程
林地湿地管理措施	农田林地和湿地治理工程,农田林地保护工程,河流缓冲带建设工程
沟渠	沟渠生态景观化工程,缓冲带建设工程
河道管理措施	鱼类通道工程,河道坡岸和海岸线保护工程,溪流稳固工程,河道稳固工程,鱼类和野生生物结构工程
植被/生境建设	河岸植被带工程,河岸草本覆盖工程,河岸森林植被缓冲带工程,河流栖息地的改善与管理工程,植物篱种植工程,野生生物浅层水资源管理工程,野生生物饮水设施工程
湿地管理	人工湿地工程,湿地开发工程,湿地恢复工程,湿地重建工程,湿地改善工程
边界管理	修筑围栏工程,畜牧业隔离工程,农田边界管理工程
休闲区管理	休闲区改进工程,休闲区分级和设计工程,休闲区道路工程
养分管理	养分管理工程,饲养管理工程,废弃物处理工程,固液废弃物分离工程,废弃物利用工程,废弃物转移工程,农业废弃物处理修正工程
种植措施	等高缓冲带种植工程,乔木/灌木栽培工程,区域植被管理工程,侵蚀控制覆盖工程
关键区域管理措施	秸秆覆盖工程,水文覆盖工程,水文覆盖分离工程,草本植物种植工程,木本植物扦插工程,容器育苗工程,固沙工程
生境恢复	生境减少后的恢复和管理工程,稀有生境的恢复和管理工程
野生生物栖息地管理	湿地野生生物栖息地管理工程,山地野生生物栖息地管理工程,野生动物通道工程

每项工程技术规程包括的文件有：工程技术标准、工程技术信息表、工程技术物理效应、工程技术施工表、工程功能影响框图。

（1）工程技术标准（Conservation Practice Standards）：介绍工程技术的应用原理和地点，以及为了实现预期目的，实施这项工程技术所必须达到的质量标准。

（2）工程技术信息表（Conservation Practice Information Sheet）：包括一张已实施的现场图片，及此工程技术的定义和描述，通常简单描述该项工程技术发挥的作用。

（3）工程技术物理效应（Conservation Practice Physical Effects）：为工程技术的环境影响管理提供指导，阐明这项工程技术实施后对各项资源（土壤、水、空气、植物、动物、人类）的影响，以及相关资源环境问题。还提供工作表格，评估此工程技术对于资源问题的正负影响。

（4）工程技术施工表（Conservation Practice Job Sheets）：详尽地指导施工应用，其中包括一些工作总表，可以应用于施工方案文档化。

（5）工程功能影响框图（Network Effects Diagrams）：是反映由于工程的实施所带来的直接、间接与累积效应的流程图，能显示出工程实施的潜在正影响或负影响，可为下一步实践提供参考，也可以作为合作方与大众的一种交流工具。

四　结论和建议

欧美国土生态整治已发展为按照生态学原理，基于土地综合体和生命体，采用景观方法，以恢复和提升土地生态系统服务功能为目标，整体推进国土生态环境建设和管护的有效手段，对我国国土整治有重要的借鉴和实践意义。"山水林田湖草是一个生命共同体"这一思想，深刻而透彻地阐明了人与自然和谐的根本，其核心体现了生命体（生物）和环境构成的生态系统的系统观和生命观，倡导了自然价值和自然资本的理念，体现了自然资源利用、保护和管理的系统性，是优化国土空间格局，推进国土生态综合整治，提高生态系统服务功能的指导思想和重要抓手。其整体理念和方法可以概括为图1。一是要统一行使所有国土空间的"多规合一"，从而系统诊断不同区域存在的生态环境问题及其相互关系，并按照山水林田湖草空间有机联系性和生态系统整体性，合理权衡和协调生态服务功能空间供给和需求，提出不同区域生态保护和修复的方向和目标，促进土地整治从单纯服务于现代农业发展向提高农业生产效率、生物多样性保护、乡村生态景观建设、城乡等值化等多种生态服务功能的转变；二是要系统研究"山水林田湖草生命共同体"的土地利用/景观格局与水土气流动、污染物迁移、生物迁移和生物多样性保护、土地退化和损毁等各类生态经济社会过程的相互关系，从而建立系统和有效的"源头保护和控制——过程阻控——受体保护和净化"整治体系，提升"山水林田湖草生命共同体"生态修复和保护的整体性和系统性；三是要实现各类建设和保护项目及其资金的整合，从而有效平衡各类项目的建设目标和资金需求，提升各类项目投资的综合和整体效益；四是

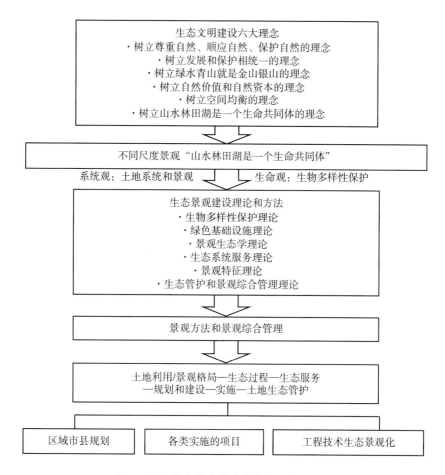

图1 国土生态综合整治的整体理念和方法

要系统整合土地、农林水、生态环境保护等各类建设标准和工程技术要求，从而既能促进农业、水利、土地整治、生态环境保护工程的有效衔接，还能促进生物生境修复、生物多样性保护、乡村绿色基础设施建设、乡土生态景观提升、历史文化遗产保护等工程技术的研发，构建体现不同区域生态景观特征的工程技术体系；五是要对山水林田湖草进行统一保护、统一修复，从而解决我国自然资源管理领域目前存在的多头管理、职责不清、部门间相互掣肘等问题，促进部门间的合作和联动，创立一种跨部门、跨行业、跨区域，多种利益相关者参与、多学科协作的整体推进机制，开展长期的统一计划、行动和管理。

参考文献

宇振荣、郧文聚：《土地整治应做好"生态占补平衡"》，《中国土地》2016 年第 11 期。

刘威尔、宇振荣：《山水林田湖生命共同体生态保护和修复》，《国土资源情报》2016 年第 10 期。

宇振荣、郧文聚：《"山水林田湖"共治共管"三位一体"同护同建》，《中国土地》2017 年第 7 期。

孙玉芳、李想、张宏斌、陈宝雄、李垚奎、刘云慧、宇振荣：《农业景观生物多样性功能和保护对策》，《中国生态农业学报》2017 年第 25 期。

张玉环：《美国农业资源和环境保护项目分析及其启示》，《中国农村经济》2010 年第 1 期。

刘文平、宇振荣：《景观服务研究进展》，《生态学报》2013 年第 22 期。

宇振荣、张茜、肖禾、刘文平：《我国农业/农村生态景观管护对策探讨》，《中国生态农业学报》2012 年第 7 期。

麦琪·罗、韩锋、徐青：《〈欧洲风景公约〉：关于"文化景观"的一场思想革命》，《中国园林》2007 年第 23 期。

宇振荣、李波主编《乡村生态景观建设理论和技术》，中国环境出版社，2017。

Bullard Richard, "Land Consolidation and Rural Development", 2007.

Lisec Anka, Primoži č Tomaž, Ferlan Miran, et. al. "Land Owners' Perception of Land Consolidation and Their Satisfaction with the Results-Slovenian Experiences", *Land Use Policy*

38（2014）：550－563.

Demetriou Demetris, Stillwell John, See Linda, "Land Consolidation in Cyprus: Why is an Integrated Planning and Decision Support System Required?", *Land Use Policy* 29（2012）：131－142.

Maseda R. C., Álvarez López C. J., "An Overview of Land Consolidation in Europe", Revista Española De Estudios Agrosociales Y Pesqueros（2000）.

Thomas Joachim, "Modern Land Consolidation-recent Trends on Land Consolidation in Germany", 2004.

Molen P. Van Der, Lemmen C., Uimonen M, "Modern Land Consolidation: Multipurpose Approach for Sustainable Development", *Gim International* 19（2005）：51－53.

Kleijn David, Sutherland William J., "How Effective are European Agri-environment Schemes in Conserving and Promoting Diodiversity?", *Journal of Applied Ecology* 40（2010）：947－969.

"Institute Royal Town Planning", Countryside Stewardship（1991）.

Bruckner Traci, "Agricultural Subsidies and Farm Consolidation", *American Journal of Economics & Sociology* 75（2016）：623－648.

Dull Matthew, Wernstedt Kris, "Land Recycling, Community Revitalization, and Distributive Politics: An Analysis of EPA Brownfields Program Support", *Policy Studies Journal* 38（2010）：119－141.

Baldock David, Dwyer Janet, Sumpsi José MaríA, "Environmental Integration and the CAP［electronic resource］"（2002）.

Sobczyk Wiktoria. "The EU Strategy for 2011－2020 in the Field of Biodiversity Conservation"（2014）：6.

Jongman Robh. G. "Ecological Networks and Greenways in Europe: Reasoning and Concepts", 环境科学学报（英文版）15（2003）：173－181.

Boschetti A, "Rural Development Plan 2007－2013", Informatore Agrario（2006）.

England Natural, Look after Your Land with Environmental Stewardship（UK: Natural England, 2009）.

Agency EPA Environmental Protection., Everyday Choices: Opportunities for Environmental Stewardship（U. S: Environmental Protection Agency, 2005）.

Duan, M., Liu, Y., Yu, Z., Li, L., Wang, C., Axmacher, J. C., "Environmental Factors Acting at Multiple Scales Determine Assemblages of Insects and Plants in Agricultural Mountain Landscapes of Northern China", Agric. Ecosyst. Environ 224（2016）：86－94.

Zhang, Q., Xiao, H., Duan, M., Zhang, X., Yu, Z., "Farmers' Attitudes towards the Introduction of Agri-environmental Measures in Agricultural Infrastructure Projects in China: Evidence from Beijing and Changsha". *Land Use Policy* 49（2015）, 92－103.

附 录

Appendixes

B.24
2017年土地整治大事记*

1月3日 原国土资源部办公厅印发《关于做好矿山地质环境保护与土地复垦方案编报有关工作的通知》（国土资规〔2016〕21号），实施矿山地质环境保护与恢复治理方案和土地复垦方案合并编报制度，为深化行政审批改革，减轻矿山企业负担作出政策指引。

1月3日 国务院印发实施《全国国土规划纲要（2016～2030年）》（国发〔2017〕3号），这是我国首个国土空间开发与保护的战略性、综合性、基础性规划，对涉及国土空间开发、保护、整治的各类活动具有指导和管控作用。

1月3日 辽宁省机构编制委员会办公室批复辽宁省土地整理中心，加挂辽宁省土地工程技术研究院牌子，增加"土地工程技术相关研究工作"

---

* 大事记整理：张燕、桑玲玲。张燕：管理学硕士，国土资源部土地整治中心高级工程师，主要研究方向为土地资源管理政策、土地整治实施监管与绩效评价；桑玲玲：工学博士/博士后，国土资源部土地整治中心高级工程师，主要研究方向为土地整治监测监管技术与方法实践。

职能。

1月6日 河南省国土开发投资中心在全省设立的首家公司"商丘国土开发有限公司"揭牌。公司将利用省级投融资平台优势，为该市提供土地一级开发、棚户区改造、城区空闲土地盘活、耕地后备资源开发、城乡建设用地增减挂钩、基础设施建设、工矿废弃地复垦等土地开发整理服务。

1月9日 中共中央、国务院发布《关于加强耕地保护和改进占补平衡的意见》（中发〔2017〕4号），这是近20年来由中共中央、国务院印发的首个关于土地管理的文件，为做好新时期的耕地保护工作提供了根本遵循和指引。1月24日，国务院新闻办公室举行新闻发布会，原国土资源部部长姜大明、副部长曹卫星和中央农村工作领导小组副主任韩俊、原农业部副部长余欣荣介绍《意见》有关情况，并答记者问。3月27日，原国土资源部、原农业部、中央农村工作领导小组办公室联合召开视频会议，学习贯彻落实《意见》精神，对当前和今后一个时期耕地保护和占补平衡工作作出安排部署。

1月9日 安徽省在全国率先印发实施《安徽省土地整治规划（2016～2020年）》（皖国土资〔2017〕8号）。

1月10日 原国土资源部、国家发展和改革委员会联合印发实施《全国土地整治规划（2016～2020年）》（国土资发〔2017〕2号）。2月15日，原国土资源部召开《全国土地整治规划（2016～2020年）》新闻发布会。

1月11日 原国土资源部、国家发改委、财政部、水利部、原农业部相关部门负责同志组成调研组，赴江苏省专题调研高标准农田统一上图入库。

1月16日 财政部、国家税务总局就《中华人民共和国耕地占用税（征求意见稿）》公开征求意见，标志着我国耕地占用税条例将上升为法律。

1月17日 原国土资源部发布2017年第3号公告，正式公布《2015年全国耕地质量等别更新评价主要数据成果》。12月21日，原国土资源部发布2017年第42号公告，正式公布《2016年全国耕地质量等别更新评价主要数据成果》。这是原国土资源部继2009年、2014年、2016年发布三轮全

国耕地质量等别成果后再次连续发布全国成果。

1月25日 甘肃省人民政府办公厅印发《关于进一步加强和规范土地复垦管理工作的通知》（甘政办发〔2017〕19号），要求全面落实生产建设项目损毁土地复垦义务，做好历史遗留和自然灾害损毁土地复垦工作，严格土地复垦监管。

2月3日 原国土资源部印发《关于有序开展村土地利用规划编制工作的指导意见》（国土资规〔2017〕2号），明确鼓励有条件的地区编制村土地利用规划，统筹安排各项土地利用活动，加强农村土地利用供给的精细化管理。

2月5日 新华社授权发布2017年中央一号文件《中共中央国务院关于深入推进农业供给侧结构性改革 加快培育农业农村发展新功能的若干意见》。《意见》指出加快高标准农田建设，提高建设质量；引导金融机构对高标准农田建设提供信贷支持；允许通过土地整治增加的耕地作为占补平衡补充耕地的指标在省域内调剂，按规定或合同约定取得指标调剂收益；允许通过村庄整治、宅基地整理等节约的建设用地采取入股、联营等方式，重点支持乡村休闲旅游养老等产业和农村三产融合发展。

2月5日 原国土资源部、财政部联合印发《关于新增建设用地土地有偿使用费转列一般公共预算后加强土地整治工作保障的通知》（国土资函〔2017〕63号）。《通知》提出，从2017年1月1日起，新增建设用地土地有偿使用费由政府性基金预算调整转列为一般公共预算，中央财政将设立"土地整治工作专项"，对地方开展的高标准农田建设、土地整治重大工程和灾毁耕地复垦等土地整治工作予以重点支持。

2月7日 原山东省国土资源厅与东营市人民政府在济南签署《联合开发未利用地战略合作框架协议》。协议的签订对于全面推进《黄河三角洲高效生态经济区发展规划》实施、促进黄河三角洲高效生态经济区建设和国有未利用地开发、研究探索保障省级重大基础设施建设项目用地耕地占补平衡等具有重要示范意义。

2月8日 国务院总理李克强主持召开国务院常务会议。会议指出，扎实推进高标准农田建设，对发展现代农业、确保粮食安全和重要农产品有效供给、促进农村可持续发展，具有重要意义；强调要紧密结合发展多种形式适度规模经营、改造中低产田、推进农业机械化、推广土地深耕和节水灌溉等，开展高标准农田建设。

2月17日 国家发展改革委、财政部、原国土资源部、水利部、原农业部、人民银行、国家标准委7部门联合印发《关于扎实推进高标准农田建设的意见》（发改农经〔2017〕331号），进一步加大高标准农田建设在统筹规划、整合资金、规范管理等方面力度。《意见》指出，要加快编制"十三五"土地整治规划，形成国家、省、市、县四级土地整治规划体系，分解落实建设任务，其中县级土地整治规划要把高标准农田建设任务落实到项目、地块和图上；依托国土资源遥感监测"一张图"和综合监管平台，利用农村土地整治监测监管等有关部门的管理系统，建立信息化管理机制，对高标准农田实现全程监控、精准管理。

2月17日 湖南省地方标准《农村土地整治工程监理规范》（DB43/T 1254–2017）发布，于4月17日起实施。这是经湖南省质量技术监督局批准发布的土地整治行业首个地方标准。

2月20日 江西省人民政府办公厅印发《江西省耕地占补平衡指标交易管理办法》（赣府厅发〔2017〕12号），进一步加强耕地占补平衡指标交易管理，规范耕地占补平衡指标交易行为。3月9日，《江西省耕地占补平衡指标网上交易规则（试行）》印发实施。

2月20日 甘肃省人民政府办公厅印发《关于落实和完善支农政策促进农民持续增收的实施意见》（甘政办发〔2017〕26号）。《意见》提出，着力推进高标准农田建设；谋划实施山水林田湖生态保护与修复工程；鼓励推广政府和社会资本合作模式，优先支持新型农业经营主体和工商资本投资土地整治和高标准农田建设等农业基础设施建设。

3月5日 国务院总理李克强作政府工作报告时，在2017年重点工作任务中提出，推进土地整治，大力改造中低产田，新增高效节水灌溉面积2000万亩。

3月6日　原农业部印发《关于贯彻落实〈土壤污染防治行动计划〉的实施意见》（农科教发〔2017〕3号），要求在优先保护类耕地集中的地区，推动各地优先开展高标准农田建设项目，确保其面积不减少，质量不下降。

3月8日　原国土资源部农用地质量与监控重点实验室与土地整治中心联合举办全国"两会"代表委员座谈会，为加强耕地保护、推进土地整治提档升级、加快土地科技创新和土地学科建设献计献策。

3月13日　教育部印发《关于公布2016年度普通高等学校本科专业备案和审批结果的通知》（教高〔2017〕2号），批准长安大学、中国地质大学（北京）新设土地整治工程专业（本科），标志着土地整治工程被正式纳入国民教育本科序列。这是继2015年"土地整治工程技术人员"正式列入《中华人民共和国职业分类大典》之后，土地工程行业再一次得到国家层面的承认与支持。

3月20日　原国土资源部、国家发展改革委、财政部、水利部、原农业部5部委办公厅联合印发《2016年度高标准农田建设考核工作方案》（国土资厅发〔2017〕14号），正式启动高标准农田建设年度考核工作。

3月21～22日　原国土资源部副部长曹卫星率中央一号文件宣讲组到福建宣讲并调研，对2017年中央一号文件作了全面解读，强调了耕地保护、土地整治、高标准农田建设和农村"三块地"改革试点等在推进农业供给侧结构性改革中的重要作用。

3月21～23日　国土资源部土地整治中心在北京组织召开全国省级土地整治机构负责人座谈会。原国土资源部副部长曹卫星对会议作出批示，要求各级土地整治机构围绕中心、服务大局，积极发挥技术优势，大力推进土地工程技术创新，为推动土地整治事业发展、坚守耕地红线提供有力支撑。

3月31日　国土资源部土地整治中心开通运行"中国土地整治"和"土地科技创新"两个微信公众号。12月30日，"河南土地整理"微信公众号开通运行。

4月6日　原国土资源部办公厅印发《土地整治工程营业税改征增值税计价依据调整过渡实施方案》（国土资厅发〔2017〕19号），明确了营改增后土地整治工程的费用组成、计价规定、计算方式和标准等计价依据调整方案，为积极适应国家营改增税制改革、进一步规范土地整治工程预算管理工作提供了依据。

4月10日 原国土资源部印发《关于进一步运用增减挂钩政策支持脱贫攻坚的通知》（国土资发〔2017〕41号），明确省级扶贫开发工作重点县可以将增减挂钩节余指标在省域范围内流转使用，由集中连片特困地区和片区外国定贫困县扩展到省定贫困县。

4月17日 由国土资源部土地整治中心策划、编辑出版的"农村土地整治万里行4个100"丛书，被评为"2017年国土资源部优秀科普图书"。这是土地整治系统首次获得部优秀科普图书荣誉。

4月18～19日 中美土地工程国际合作学术交流（第二届）大会在西安举行，来自中国、美国、英国等国的专家学者，原陕西省国土资源厅、陕西省国资委、陕西省外国专家局等有关机构负责人及高等院校、科研院所的科研人员等500余人参加了会议，围绕"土地生态和污损土地治理"主题建言献策。

4月24日 第一次全国地理国情普查公报正式对外公布。此次普查由原国家测绘地理信息局牵头组织完成，首次全面准确地摸清了我国地理国情家底，普查成果的准确率达到99.7%。

5月3日 原四川省国土资源厅、发展和改革委员会等7个部门联合印发《四川省进一步深化城乡建设用地增减挂钩试点改革助推脱贫攻坚意见》（川国土资发〔2017〕48号），从增减挂钩指标下达、节余指标预支使用、节余指标定向调控、节余指标统一流转、简化优化项目管理办法等方面进一步改革创新，充分发挥城乡建设用地增减挂钩试点政策对扶贫开发及易地扶贫搬迁的特殊支撑作用。

5月4～5日 原国土资源部副部长曹卫星就《关于加强耕地保护和改进占补平衡的意见》（中发〔2017〕4号）的贯彻落实情况赴浙江开展调研。他强调，要扎实开展土地整治和高标准农田建设；牢固树立"土地整治＋"的理念，将土地整治与现代农业发展、新农村建设、生态文明建设

相结合；做好四个统筹，即"统筹推进实施土地整治规划、统筹使用涉农资金、统筹推进土地整治重大工程建设、统筹实施监管考核"，更好地发挥土地整治的综合效益。

5月8日 原国土资源部部长姜大明签署部第72号令，发布实施《土地利用总体规划管理办法》。《办法》共9章46条，对土地利用总体规划的编制、审查、实施、修改和监督检查作出规范。

5月8日 科技部、原国土资源部、水利部联合印发《"十三五"资源领域科技创新专项规划》（国科发社〔2017〕128号）。《规划》明确了"十三五"期间资源领域科技创新的发展思路、发展目标、重点技术发展方向、重点任务和保障措施。在土地科技创新方面，主要集中在土地资源的安全利用、煤炭资源绿色开发、金属资源清洁开发与利用、综合资源区划、人才培养与基地建设、国际合作等6个重点任务，涵盖了国土综合整治、煤矿区生态重建与环境保护、矿业生态保护与修复等17个方面。

5月9日 原国土资源部印发《关于矿山地质环境保护与土地复垦方案评审专家库和委托评审单位的公告》（2017年第14号），决定委托中国地质灾害防治工程行业协会和国土资源部土地整治中心共同承担由部本级发证矿山的矿山地质环境保护与土地复垦方案评审工作。

5月16日 财政部、原国土资源部联合印发《地方政府土地储备专项债券管理办法（试行）》（财预〔2017〕62号），从额度管理、预算编制、预算执行和决算、监督管理、职责分工等方面进一步规范土地储备融资行为，同时明确2017年先从土地储备领域开展试点，发行土地储备专项债券。

5月23日 原国土资源部网站公告《中华人民共和国土地管理法（修正案）》（征求意见稿）及起草说明，面向社会公开征求意见。

5月24日 甘肃省人民政府办公厅印发《甘肃省六盘山片区区域发展与扶贫攻坚实施规划（2016～2020年）》。《规划》提出土地整治工程和项目在分配下达高标准基本农田建设计划和安排补助资金时，要向贫困地区倾斜；允许40个片区县将增减挂钩节余指标在省域范围内流转使用；吸引社会资金参与土地整治和扶贫开发工作；支持开展历史遗留工矿废弃地复垦利用和城镇低效用地再开发试点。

5月27日 江西省人民政府印发《江西省统筹整合资金推进高标准农田建设实施方案》（赣府字〔2017〕34号），进一步整合各层次、各渠道高标准农田建设财政资金，建立统筹安排使用建设资金的长效机制。6月12日，省政府办公厅成立统筹整合资金推进高标准农田建设领导小组。7月7日，《江西省统筹整合资金推进高标准农田建设项目管理办法》等9个文件经省领导小组审议通过，印发执行。

5月28日 国务院办公厅印发《兴边富民行动"十三五"规划》（国办发〔2017〕50号），对"十三五"时期深入推进兴边富民行动，支持边境地区加快发展作出全面部署。《规划》提出，开展兴地睦边土地整治重大工程，重点对边境地区田、水、路、林、村等进行综合整治；中央和省级在分配高标准农田建设任务、土地整治与高标准农田建设资金时，重点向边境地区倾斜；在有条件的边境地区，优先安排国土资源管理制度改革试点，支持开展历史遗留工矿废弃地复垦利用试点。

5月31日 财政部、原农业部联合印发《关于深入推进农业领域政府和社会资本合作的实施意见》（财金〔2017〕50号），明确将重点引导和鼓励社会资本参与农业绿色发展、高标准农田建设、现代农业产业园、田园综合体、农产品物流与交易平台、"互联网＋"现代农业等六个领域的农业公共产品和服务供给。

6月12日 海南省人民政府办公厅印发《关于建立"七统一"机制推进高标准农田建设的指导意见》（琼府办〔2017〕96号），提出以项目资金整合为总原则，建立统一责任主体、统一建设规划、统一建设标准、统一项目管理、统一资金管理、统一验收考核、统一后续维护的高标准农田建设"七统一"机制。10月10日，印发《海南省高标准农田建设项目管理暂行办法》（琼府办〔2017〕155号），明确项目建设和管理的具体要求。

6月20日 财政部、原国土资源部联合印发《土地整治工作专项资金管理办法》（财建〔2017〕423号）。《办法》对土地整治专项资金进行了界定，规定专项资金专项用于高标准农田建设、土地整治重大工程和灾毁耕地

复垦等土地整治工作。

6月21日　天津市人民政府印发《天津市贯彻落实全国国土规划纲要（2016~2030年）工作方案》。《方案》提出，要整体推进田水路林村综合整治，规范开展城乡建设用地增减挂钩，推进高标准农田建设，实施土壤污染防治行动。

6月23日　原国土资源部办公厅和土地整治中心联合召开媒体座谈会，面向社会公开发布《土地整治蓝皮书：中国土地整治发展研究报告（No.4）》。

6月23日　上海市地方标准《土地整治工程建设规范》（DB31/T 1056－2017）发布，于10月1日起实施。这是经上海市质量技术监督局批准发布的土地整治行业首个地方标准。

6月24日　由上海市建设用地和土地整理事务中心、浙江大学土地与国家发展研究院主办的2017年上海·土地整治与乡村发展论坛在上海崇明国际级生态岛举行。

6月27日　"国土资源部支持赣南脱贫攻坚暨定点扶贫30周年座谈会"在江西省赣江市召开。原国土资源部部长姜大明强调，要更加注重推进贫困地区生态文明建设，优先对赣南等原中央苏区农村土地整治重大工程项目给予重点支持，指导组织实施好山水林田湖生态保护和修复工程项目，支持定点扶贫县开展绿色矿业发展示范区建设。

6月29日　原江苏省国土资源厅印发《关于创新矿地融合工作的意见》（苏国土资发〔2017〕244号）。这是全国首个创新矿地融合工作的战略性意见，首次界定了"矿地融合"的内涵。《意见》指出，推进山水林田湖生态保护和修复，促进矿山地质环境恢复治理、土地整治、工矿废弃地复垦利用、城乡建设用地增减挂钩等工作有机结合；鼓励徐州等地探索建立矿地融合发展示范区，全面推进历史遗留矿区土地资源综合整治，大力开展煤炭塌陷区综合整治与生态修复。

6月30日　国家质量监督检验检疫总局和国家标准化管理委员会发布新修订的《国民经济行业分类》（GB/T 4754－2017），于10月1日正式实施。新分类首次将"土地管理业"作为独立的行业新增为行业大类，标志着土地管理成为一个名副其实的行业。10月12日，原国土资源部办公厅印发《关于执行新国民经济行业分类国家标准的通知》（国土资厅函〔2017〕1446号）。

6月30日 《广东省"三旧"改造税收指引（试行）》（粤地税发〔2017〕68号）出台。《指引》公布了政府主导、政府和市场方合作、市场方主导3大类9种"三旧"改造模式的情况描述、典型案例和税务事项处理意见，对广东省"三旧"改造的税收政策适用有重大指导作用。

7月3日 《湖北省土地整治参建合同标准》（DB42/T 1275–2017）发布，于10月16日起实施。

7月13日 上海市人民政府印发《关于深化城市有机更新促进历史风貌保护工作的若干意见》（沪府发〔2017〕50号）。《意见》提出对上海市历史风貌保护实施项目，实行风貌评估、实施计划和实施监管相结合的管理制度，将设立市、区历史风貌保护及城市更新专项资金；同时研究建立历史风貌保护开发权转移机制，强化土地全生命周期管理和评估考核。

7月13日 原国土资源部党组书记孙绍骋主持召开第25次部党组会议，传达学习习近平总书记6月23日在山西太原主持召开深度贫困地区脱贫攻坚座谈会上发表的重要讲话，并就贯彻落实讲话精神，进一步加大国土资源政策倾斜，聚焦精准发力，打好脱贫攻坚战进行研究部署。会议指出，土地政策方面，允许扶贫开发重点县增减挂钩指标在省域范围内流转；优先在农村土地整治、城镇低效用地再开发、工矿废弃地复垦利用、旅游扶贫用地等方面予以支持。

7月18日 原国土资源部重点实验室网站公布2016年度十大优秀工作报告，土地整治重点实验室再次入选，在五届评选活动中第四次获此荣誉。

7月19日 原国土资源部副部长曹卫星主持召开土地整治重大工程推进会，就推进土地整治重大工程建设作出明确部署。会议提出，要认真开展工程质量"回头看"，把土地整治重大工程做成惠民、利民和富民工程。

7月20日 原国土资源部召开2016年度全国土地变更调查结果新闻发

布会。数据显示，2016年，各类工地整治项目共补充耕地365.4万亩，较2015年提高了近19个百分点；通过统筹实施土地整治和高标准农田建设，坚持"占优补优"要求，探索"补改结合"措施，推动建立耕地保护激励约束机制，实行耕地数量和质量并重管理，取得了积极成效。

7月28日　《土地整治信息分类与编码规范》（TD/T 1050 – 2017）、《土地整治项目基础调查规范》（TD/T 1051 – 2017）等3项推荐性行业标准通过全国国土资源标准化技术委员会审查，予以发布，于9月1日起实施。

7月31日　原环境保护部、财政部、原国土资源部、原农业部、卫生计生委在北京联合召开全国土壤污染状况详查工作动员部署视频会议，要求在2018年底前查明农用地土壤污染的面积、分布及其对农产品质量的影响，2020年底前掌握重点行业企业用地中污染地块的分布及其环境风险。

7月31日　《广东省"十三五"高标准农田建设总体规划》（粤发改农经〔2017〕556号）印发实施，为"十三五"时期广东省开展高标准农田建设工作提供了依据。

8月1日　重庆市地方标准《高标准农田建设规范》（DB50/T 761 – 2017）发布，于10月1日起实施。这是自《高标准农田建设 通则》（GB/T 30600 – 2014）发布实施以来，地方制定颁布的首个高标准农田建设方面标准。

8月10日　原国土资源部发布2017年第23号公告，正式公开《国土资源部土地复垦"双随机一公开"监督检查实施细则》。《细则》对原国土资源部部本级实行土地复垦"双随机一公开"监督检查工作的原则、内容、程序、方式等作出规定。

8月16日　原浙江省国土资源厅印发《新增建设用地计划分配与存量建设用地盘活挂钩办法》（浙土资发〔2017〕19号），明确可纳入挂钩范围的七类存量建设用地，并规定"根据上一年度存量盘活规模，原则上按照存量与增量3∶1比例核定新增建设用地计划指标额度。"

8月16日　由原国土资源部土地整治重点实验室主任罗明担任负责人，国土资源部土地整治中心与中国地质大学（北京）组成的土地整治科技创新团队被授予第一批"国土资源部科技创新团队"称号。

8月21日 原国土资源部、住房城乡建设部联合印发《利用集体建设用地建设租赁住房试点方案》（国土资发〔2017〕100号），确定第一批在北京、上海等13个城市开展试点，增加租赁住房供应，缓解住房供需矛盾，构建购租并举的住房体系。9月27日，试点工作部署会在湖北省武汉市召开。

8月22日 "土地复垦与生态修复通用技术标准研究项目"被科学技术部批准立项，成为我国土地领域首个国家重点研发计划项目。11月8日，土地复垦与生态修复通用技术标准研究项目启动暨实施方案论证会在北京举行。该项目将立足土地整治与农用地质量监测评价标准、土地复垦与修复质量标准、矿山开采与地质环境监测评价防治标准和土地生态恢复评价检验检测及质量控制标准4个课题，研制出台38项国家标准。

8月25日 内蒙古自治区高标准农田"投建管服一体化"（PPP模式）现场观摩暨土地整治工作推进会在巴林右旗召开，总结推广巴林右旗实施高标准农田的经验做法，提出通过创新投融资模式、加强土地流转、构建合理利益链接机制、推进生态文明建设，推动土地整治和高标准农田建设提档升级。

8月28日 原山西省国土资源厅、农业厅、财政厅联合印发《关于建设占用耕地耕作层土壤剥离利用工作的指导意见》（晋国土资规〔2017〕1号），明确了开展耕作层土壤剥离利用的基本原则、实施范围、工作重点等，对切实保护和利用好耕地耕作层土壤资源具有重要意义。

8月29日 由原国土资源部人事司、土地整治中心联合举办的2017年度土地整治高级研修班在江苏省徐州市正式开班。此次研修班以加快土地科技创新、引领支撑土地整治"提档升级"为主题，重点对海内外土地科技创新和土地整治相关政策、理论和方法技术进行学习研讨，探索绿色发展时代我国土地科技创新、土地整治的新思路、新举措、新方法。

8月31日 原浙江省国土资源厅办公室印发《关于全面应用浙江省土地整治项目移动巡查系统应用的通知》（浙土资办〔2017〕47号），提出建

立土地整治项目实施阶段监管的工作机制，2018年全面上线应用土地整治项目移动巡查系统。

9月1日 全国耕地占补平衡动态监管信息系统培训会在辽宁省大连市召开。会议强调，各地要抓紧进度完成已承诺重点项目的占补平衡。

9月4日 优质耕作层工程化快速构建技术现场研讨会在江苏省徐州市睢宁县召开。会议认为，该技术具有重要的创新性，可快速提升新整治耕地产能、大幅提升耕地质量、有效改善土壤肥力指标且生态环保安全，具有广泛的应用前景。原国土资源部副部长曹卫星出席会议并讲话。

9月16～17日 全国易地扶贫搬迁现场会在四川省达州市召开。李克强总理作出批示强调，实现精准搬迁安全搬迁阳光搬迁，确保搬迁一户稳定脱贫一户。国务院扶贫开发领导小组组长汪洋出席会议并强调，要建立完善项目还款机制，着力推进拆旧复垦，用好城乡建设用地增减挂钩等政策。

9月20日 原国土资源部、原农业部就永久基本农田划定工作召开新闻发布会，原国土资源部副部长曹卫星出席会议并介绍划定成果有关情况。自2015年，两部联合组织部署开展这项工作，截至2017年6月底，永久基本农田划定工作总体完成，全国有划定任务的2887个县级行政区全部"落地快、明责任、设标志、建表册、入图库"，划定成果100%通过省级验收，成果数据库100%通过质检复核。

9月20日 原内蒙古自治区国土资源厅、财政厅联合印发《内蒙古自治区农村土地整治先建后补项目及资金管理办法》（内国土资字〔2017〕441号），进一步调动新型农业经营主体自主实施土地整治项目的积极性和主动性，探索建立土地整治项目管理新机制。

9月25日 《贵州省发展和改革委员会等7单位关于加快推进高标准农田建设的意见》（黔发改农经〔2017〕1463号）印发实施。《意见》提出，"十三五"期间确保建成1035万亩、力争建成1790万亩高标准农田，并采取多项措施，全面完成高标准农田建设任务，提高农业综合生产能力。

9月25日 "砥砺奋进的五年"大型成就展开幕式在北京展览馆举行。由原国土资源部负责制作的《整治一方地 造福万家人——推进土地整治 建设高标准农田》专题视频，入选大型成就展，广受好评。

9月27日 原国土资源部、国家发展改革委、财政部、水利部、原农业部5部委联合印发《关于切实做好高标准农田建设统一上图入库工作的通知》（国土资发〔2017〕115号），要求形成高标准农田建设统一上图入库工作机制，统一数据要求、规范汇交机制、完善信息系统，将高标准农田建设信息按时、全面、真实、准确上图入库，实现高标准农田建设位置明确、地类正确、面积准确、权属清晰。11月29日，5部委联合召开高标准农田建设统一上图入库工作动员部署视频会，并对相关政策进行解读。12月12日，原国土资源部组织、土地整治中心承办召开高标准农田建设统一上图入库技术培训和经验交流会。

9月27日 广东省人民政府印发《广东省垦造水田工作方案》（粤府函〔2017〕272号），提出到2020年，全省垦造水田30万亩。

9月29日 原国土资源部在云南省召开乌蒙山片区区域发展与脱贫攻坚部际联席会议，深入学习习近平总书记扶贫开发战略思想，贯彻落实国务院召开的深度贫困地区脱贫攻坚工作电视电话会议精神。原国土资源部部长姜大明宣布了"翻箱倒柜、倾囊相助"支持深度贫困地区脱贫攻坚的一整套国土资源创新举措，这些政策将扩大适用于乌蒙山片区所有贫困县，其中包括"片区开展城乡建设用地增减挂钩，可不受指标规模限制，增减挂钩节余指标可在东西部扶贫协作和对口支援省市范围内流转"等。

9月30日 中共中央办公厅、国务院办公厅联合印发《关于创新体制机制推进农业绿色发展的意见》。《意见》指出，全面建立耕地质量监测和等级评价制度，明确经营者耕地保护主体责任；实施土地整治，推进高标准农田建设；加大政府和社会资本合作（PPP）在农业绿色发展领域的推广应用。

10月8日 国务院印发《关于开展第三次全国土地调查的通知》（国发〔2017〕48号），决定自2017年起开展第三次全国土地调查。

10月9日 由原国土资源部首次承办的扶贫用地政策论坛在北京会议中心举办，此次论坛以"用好土地政策、助推脱贫攻坚"为主题，向社会

介绍扶贫用地政策，宣传用地政策助推脱贫攻坚的成效。

10 月 10 ~ 11 日 原国土资源部在江西省南昌市召开全国土地整治模式和机制创新座谈会。会议围绕推进土地整治多样化实施模式和多元化投资机制等展开交流讨论，研究提出引导不同实施主体和社会资本参与土地整治的工作机制设计及相关政策建议。

10 月 19 日 广西柳南高速公路改扩建工程耕地耕作层土壤剥离利用试点项目通过验收。这是原国土资源部 2013 年确定的首例耕地耕作层土壤剥离利用线性工程试点，工程全面剥离了高速公路沿线的耕地、园地、林地等表层土壤资源，总结形成的"两剥五用"创新模式为其他地区开展相关工作提供了经验借鉴。

10 月 20 日 凉山州金顺土地综合整治项目管理中心（有限合伙）正式登记注册，标志着首支由政府全额出资的"凉山州土地综合整治投资基金"成立运营。基金投资方向主要是全州范围内的城乡建设用地增减挂钩、土地开发整理、高标准农田建设、工矿废弃地复垦等土地综合整治项目。

10 月 30 日 经山东省民政厅依法注册，山东黄河三角洲土地利用和生态工程技术研究中心在无棣县正式成立。该中心致力于滨海盐碱地改良、盐碱地高效生态利用、土地开发整理后期管护等技术研究。

10 月 30 日 以"土地工程和土地信息化发展与创新"为主题的第二届麻省理工学院 ILP 全球创新（西安）论坛在西安召开。本次论坛由陕西省国土资源厅、陕西省国资委、陕西省外专局主办，麻省理工学院全球产业联盟和陕西省土地工程建设集团承办。

11 月初 国家工商行政管理总局通过"艺美乡村"品牌的商标注册。"艺美乡村"是上海市建设用地和土地整理事务中心于 2016 年 1 月创建的微信公众号，市土地整理中心以商标注册成功为契机，做强"艺美乡村"品牌，面向上海郊野地区，主动服务和支撑镇乡经济转型发展，发挥"土地整治"更大引领作用。

11 月 1 日 由原国土资源部组织修订的国家标准《土地利用现状分类》（GB/T 21010 - 2017），经国家质检总局、国家标准化管理委员会批准发布并实施。新版标准规定了土地利用的类型、含义，将土地利用类型分为 12 个一级类、73 个二级类，适用于土地调查、规划、审批、供应、整治、执法、评价、统计、登记及信息化管理等工作。

11 月 6 日 《土地储备机构名录（2017 年版）》发布。2017 年更新调整后进入名录的全国土地储备机构共 2565 家。

11 月 13 日 全国耕地保护工作会议在江苏省南京市召开。会议系统总结了党的十八大以来耕地保护工作成效和经验，明确了当前和今后一个时期耕地保护重点工作，其中包括"改进耕地占补平衡管理，严格落实耕地补偿制度""持续推进土地整治、助力乡村振兴"等。

11 月 15 日 原湖北省国土资源厅印发《关于开展"以奖代补"土地整治项目建设的通知》（鄂土资函〔2017〕1191 号），决定在全省开展"以奖代补"土地整治项目建设，推进土地整治项目实施模式创新。

11 月 28 日~12 月 11 日 原国土资源部、财政部组织专家分两批对已通过省级整体验收的黑龙江省三江平原东部地区土地整理、湖南省环洞庭湖区基本农田建设、南水北调中线工程湖北省丹江口库区"移土培肥"及配套坡改梯土地整治、宁夏中北部土地开发整理 4 个重大工程项目进行综合评估。

11 月 28 日 宁夏回族自治区"十二五"生态移民土地整治项目 2013 年彭阳县古城（二）期项目通过验收。至此，宁夏"十二五"生态移民土地整治项目的 32 个子项目全部通过省级验收，完成建设规模 34.44 万亩，新增耕地 5.29 万亩，实际投资 5.46 亿元，安置移民 16.93 万人。

11 月 29 日 原国土资源部印发《关于深化统筹农村土地制度改革三项试点工作的通知》（国土资发〔2017〕150 号），明确农村土地征收、集体经营性建设用地入市、宅基地制度三项改革试点工作进入全面覆盖、统筹推进、深度融合的新阶段。《通知》提出加强与土地整治、城乡建设用地增减挂钩等土地政策的综合运用，优先在试点地区安排土地整治、高标准农田建设等项目。

11 月 30 日 中央机构编制委员会办公室批复在原国土资源部土地整治

中心加挂"国土资源部土地科技创新中心"牌子，财政补助事业编制由 105 名增加至 140 名，标志着土地科技创新中心建设取得实质性进展，为支撑和保障土地科技创新事业发展提供了重要保障。

12 月 2 日 2017 年中国土地学会学术年会"土地整治与土地科技创新"专题研讨会在浙江省宁波市举行。来自全国各地的百余位专家学者参加了会议。

12 月 7 日 原国土资源部、国家发展改革委联合印发《关于深入推进农业供给侧结构性改革 做好农村产业融合发展用地保障的通知》（国土资规〔2017〕12 号）。《通知》提出，乡（镇）土地利用总体规划可预留不超过 5% 规划建设用地指标，用于零星分散的单独选址农业设施、乡村旅游设施等建设；统筹农业农村各项土地利用活动，加大土地利用综合整治力度，引导农田集中连片、建设用地集约紧凑，推进农业农村绿色发展。

12 月 8 日 国土资源部土地整治中心和中国农业大学、中国地质大学（北京）共建的土地工程国家技术创新中心培育基地建设方案通过专家评估。该中心将围绕耕地保护、耕地质量建设与提升、工矿废弃地复垦、节约集约用地等重大国家任务，开展土地工程共性关键技术攻关和科研成果推广应用，推进土地科技创新与土地整治事业融合发展。

12 月 11 日 原国土资源部印发《关于改进管理方式切实落实耕地占补平衡的通知》（国土资规〔2017〕13 号），明确改进占补平衡管理方式，建立以数量为基础、产能为核心的占补新机制，按照补改结合的原则，实行耕地数量、粮食产能和水田面积 3 类指标核销制落实占补平衡。

12 月 12 日 习近平在江苏徐州市贾汪区潘安采煤塌陷区整治工程神农码头考察时表示，资源枯竭地区经济转型发展是一篇大文章，实践证明这篇文章完全可以做好，关键是要贯彻新发展理念，坚定不移走生产发展、生活富裕、生态良好的文明发展道路。对采煤塌陷区整治的有益经验，要注意总结推广。

12 月 13 日 云南省"兴地睦边"农田整治重大工程通过省级整体验收。该重大工程覆盖云南省 8 个州（市）25 个边境县，涉及子项目 609 个，完成建设规模 487.99 万亩，新增耕地 23.31 万亩，实际投资 87.81 亿元，建成 335 万亩高产稳产农田，助推 5 万贫困人口脱贫，生态移民 2934 人，248.87 万边疆群众受益。

12 月 15 日　原国土资源部办公厅印发《关于成立土地学科建设专家委员会和工作组的通知》（国土资厅函〔2018〕1839 号），决定成立土地学科建设专家委员会和工作组。专家委员会主任由原国土资源部副部长曹卫星担任，委员由多名院士、教授等专家学者担任，负责全面指导学科建设工作。工作组负责学科建设各项具体工作，工作组办公室设在国土资源部土地整治中心。

12 月 15 日　财政部印发通知，下达云南、福建、广西、山东、吉林、四川 6 省（区）2017 年重点生态保护修复治理专项资金预算，正式启动第二批山水林田湖草生态保护修复工程试点工作。

12 月 16 日　以"土地科技创新：新时代 新学科 新作为"为主题的土地科技创新研讨会在北京召开。原国土资源部部长姜大明作会议致辞，勉励增编重组的"国土资源部土地科技创新中心"，要提高认识、敢于担当，做到整治中心、创新中心、工程技术中心三位一体融合发展，实现研究、开发、应用三位一体协同并进。会上，7 位院士和 8 位国内外知名专家分别作主旨报告，10 位高校、科研院所、创新企业等代表作交流发言，会议形成《关于加强土地科技创新的院士专家建议》等成果。

12 月 17 日　中国农业大学土地科学与技术学院成立大会暨学科建设论坛在北京召开。原国土资源部与中国农业大学就共同推动土地科技创新促进土地学科建设签署了战略合作协议。学院将下设土地资源学、土地管理学、土地整治工程、土地信息技术四个学科方向。

12 月 19 日　原国土资源部首次在官网上对土地复垦方案编报与备案情况进行公示，对土地复垦义务人形成极大威慑，土地复垦的社会影响力和关注度显著提高。

12 月 25 日　原国土资源部第 24 号公告批准发布《农用地质量分等数据库标准》（TD/T 1053—2017）推荐性行业标准，于 2018 年 3 月 1 日起实

施。

12月26日　河南省人民政府印发《关于南水北调渠首及沿线土地整治重大项目的整体验收意见》，同意项目通过整体验收。

12月28日　四川省乐山市马边县与浙江省绍兴市越城区签订城乡建设用地增减挂钩节余指标流转协议，签约流转节余指标7000亩，协议总金额50.4亿元，亩均价格72万元。这是深度贫困地区增减挂钩指标跨省交易实施以来，全国第一宗实质性流转成功案例。

B.25
土地整治相关资料一览

表1　2017年土地整治相关著作一览

序号	专著名称	作者	出版社	备注
1	中国土地整治发展研究报告（No.4）	国土资源部土地整治中心编著	社会科学文献出版社	皮书系列:土地整治蓝皮书2017版 皮书系列为"十二五""十三五"国家重点图书出版规划项目
2	土地整治建设高标准农田50例	国土资源部耕地保护司、国土资源部土地整治中心编	中国大地出版社	
3	土地整治遥感监测技术方法与实践	范树印等编著	地质出版社	
4	"十二五"土地整治科技成果选编	国土资源部土地整治中心编著	地质出版社	
5	"十二五"土地整治调研报告选编	国土资源部土地整治中心著 范树印主编	中国大地出版社	
6	2016年度土地整治科技成果选编	国土资源部土地整治中心编著	地质出版社	
7	中国农用地质量发展研究报告（2016）	国土资源部农用地质量与监控重点实验室编著	中国农业大学出版社	
8	中小城市和小城镇土地集约利用案例与思考	罗明、张秀智、王敬、张磊等著	地质出版社	亚洲开发银行技术援助项目（TA8720－PRC）支持国土资源部土地整治中心实施
9	美国土地开发与再开发	国土资源部土地整治中心编著 王敬、吴次芳、罗明主编	地质出版社	

续表

序号	专著名称	作者	出版社	备注
10	土地整治档案管理	魏华、章远钰等著	中国水利水电出版社	
11	山地丘陵区土地整治导引与案例	冯应斌主编	经济科学出版社	公共管理导引与案例系列教材 中央财政支持地方高校发展专项资金贵州省特色重点学科建设支持项目
12	新常态下黄土丘陵区土地整治规划探索与实践	刘春芳、谢国林、李锋著	科学出版社	
13	城乡融合型的土地整治研究:以曲周县为例	双文元著	经济日报出版社	华侨大学政治与公共管理学院丛书.第一辑 福建省社科规划项目"基于功能冲突权衡的泉州市建设用地与耕地资源协调共生研究"
14	农村土地整治的碳效应及其应对路径研究	费罗成著	安徽师范大学出版社	安徽师范大学学术著作出版基金资助出版 国家自然科学基金项目资助出版 安徽省哲学社会科学规划项目资助出版 福建省师范大学国土资源与旅游学院学科建设经费资助出版
15	农村土地整治模式与机制研究	陈秧分、刘彦随著	科学出版社	现代农业与乡村地理丛书 国家自然科学基金重点项目、国家自然科学基金青年项目联合资助
16	基于服务型政府理念的土地整治政策研究	赵小风著	南京大学出版社	河海大学社科青年文库
17	宁夏回族自治区土地开发整理项目预算定额补充标准	宁夏回族自治区国土资源厅、宁夏回族自治区财政厅编 方佺、王会明、杨晓军主编	宁夏人民出版社	

续表

序号	专著名称	作者	出版社	备注
18	基本农田与土地整治	广西壮族自治区国土资源厅、广西机电工业学校主编 单海涛主编	广西师范大学出版社	国土资源系统职工培训系列教材
19	高标准农田农业生产技术	吴忠辉、宋敬魁、胡彦奇主编	郑州大学出版社	

说明：1. 本表所列专著由国土资源部土地整治中心调查统计和在国家图书馆联机公共目录查询系统中检索获得。2. 在国家图书馆联机公共目录查询系统的检索方法：以"土地整治""土地整理""土地复垦""土地开发""土地综合整治""高标准农田""高标准基本农田""村庄整治"等为检索词，查询结果不含港澳台地区出版发行的图书，查询时间为2018年10月19日。

表2　2017年土地整治领域省部级科技奖励一览

序号	项目名称	奖项名称	主要完成单位	等级
1	黄土高原特大型煤矿区30年土地复垦与生态重建关键技术及应用	国土资源科学技术奖	中国地质大学（北京）、国土资源部土地整治中心、中煤平朔集团有限公司、山西省生物研究所、山西大学、山西农业大学	一等
2	垂直差异性显著区土地整治关键技术及重大工程实践	国土资源科学技术奖	云南农业大学、国土资源部土地整治中心、中国科学院昆明植物研究所、云南远耘土地整治规划设计有限公司	一等
3	高标准农田建设综合成效评估指标方法研究与实践	国土资源科学技术奖	国土资源部土地整治中心	二等
4	全国耕地产能核算技术方法与实践	国土资源科学技术奖	国土资源部土地整治中心、中国农业大学、中国地质大学（北京）、北京师范大学	二等
5	低碳型土地整治技术与示范应用研究	国土资源科学技术奖	国土资源部土地整治中心、中国地质大学（北京）、中国科学院遥感与数字地球研究所、中煤平朔集团有限公司、湖南新禹规划设计有限公司、湖南省土地综合整治局、云南省国土资源厅国土规划整理中心	二等
6	土地利用变化动力学模型构建关键技术与应用	国土资源科学技术奖	中国科学院地理科学与资源研究所、北京师范大学、中国土地勘测规划院、国土资源部土地整治中心、北京林业大学、华中农业大学	二等

续表

序号	项目名称	奖项名称	主要完成单位	等级
7	国土资源关键技术规范研制与标准化基础性研究	国土资源科学技术奖	中国国土资源经济研究院、中国地质环境监测院、中国土地勘测规划院、国土资源部土地整治中心、中国地质科学院勘探技术研究所、中国地质装备集团有限公司、中国地质科学院地球物理地球化学勘查研究所	二等
8	现代农业工程集成技术体系创建与应用	神农中华农业科技奖	农业部规划设计研究院、中国农业大学、国土资源部土地整治中心、北京农业信息技术研究中心	二等
9	土地整治监测监管应用平台研发与应用	地理信息科技进步奖	国土资源部土地整治中心、武汉光谷信息技术股份有限公司	二等
10	广东省市县级土地整治规划管理信息化体系创新与建设应用研究	地理信息科技进步奖	广东省土地开发储备局、广州市阿尔法软件信息技术有限公司	二等
11	上海市建设用地减量化实施路径探索	上海市决策咨询研究成果奖内部调研成果奖	上海市规划和国土资源管理局	

表3 土地整治领域已发布国家和行业标准一览

序号	标准名称	标准号	备注
国家标准5项			
1	农用地定级规程	GB/T 28405 – 2012	
2	农用地估价规程	GB/T 28406 – 2012	
3	农用地质量分等规程	GB/T 28407 – 2012	
4	高标准农田建设 通则	GB/T 30600 – 2014	
5	高标准农田建设评价规范	GB/T 33130 – 2016	
行业标准26项			
6	土地开发整理规划编制规程①	TD/T 1011 – 2000	
7	土地整治项目规划设计规范	TD/T 1012 – 2016	替代 TD/T 1012 – 2000
8	土地整治项目验收规程	TD/T 1013 – 2013	替代 TD/T 1013 – 2000
9	土地复垦方案编制规程②	TD/T 1031 – 2011	
10	基本农田划定技术规程	TD/T 1032 – 2012	
11	高标准基本农田建设标准	TD/T 1033 – 2012	

序号	标准名称	标准号	备注
行业标准26项			
12	市(地)级土地整治规划编制规程	TD/T 1034－2013	
13	县级土地整治规划编制规程	TD/T 1035－2013	
14	土地复垦质量控制标准	TD/T 1036－2013	
15	土地整治重大项目可行性研究报告编制规程	TD/T 1037－2013	
16	土地整治项目设计报告编制规程	TD/T 1038－2013	
17	土地整治项目工程量计算规则	TD/T 1039－2013	
18	土地整治项目制图规范	TD/T 1040－2013	
19	土地整治工程质量检验与评定规程	TD/T 1041－2013	
20	土地整治工程施工监理规范	TD/T 1042－2013	
21	暗管改良盐碱地技术规程③	TD/T 1043－2013	
22	生产项目土地复垦验收规程	TD/T 1044－2014	
23	土地整治工程建设标准编写规程	TD/T 1045－2016	
24	土地整治权属调整规范	TD/T 1046－2016	
25	土地整治重大项目实施方案编制规程	TD/T 1047－2016	
26	耕作层土壤剥离利用技术规范	TD/T 1048－2016	
27	矿山土地复垦基础信息调查规程	TD/T 1049－2016	
28	土地整治信息分类与编码规范	TD/T 1050－2017	
29	土地整治项目基础调查规范	TD/T 1051－2017	
30	农用地质量分等数据库标准	TD/T 1053－2017	
31	土地整治术语	TD/T 1054－2018	
技术指导文件1项			
32	土地开发整理项目预算定额标准	财综〔2011〕128号	

注：①实际被《县级土地整治规划编制规程》（TD/T 1035－2013）替代。

②分为7个分项标准，包括总则、露天煤矿、井工煤矿、金属矿、石油天然气（含煤层气）、建设项目、铀矿等。

③分为2个分项标准，包括土壤调查、规划设计与施工。

B.26
关于加强土地科技创新的
院士专家建议*

2017 年 12 月 16 日，土地科技创新研讨会在北京召开。与会专家围绕土地资源、土地工程、土地信息和土地管理的若干重大科技前沿进行了广泛深入的研讨，就土地调查、土地利用、土地整治、生态良田、智慧国土、人工智能、空间分析、信息装备、土地创新平台和土地学科建设等发表了一系列重要观点。经与会者反复讨论，提出如下建议。

一 土地资源是国家安全最重要的物质基础

资源安全是国家安全的重要组成部分。土地资源是生命系统基础，为一切人类活动提供土壤、能量、水和机会。我国自然资源禀赋有限，土地资源急剧消耗，人地矛盾日益加深，土地管理方式亟待转变。与先进国家土地资源合理利用和精细管控能力相比，我国在调查的精确程度、利用的精明水平、整治的精细手段、管控的智能技术等方面均有明显差距，迫切需要以科技创新为驱动，用中国特色的理论方法，突破一批关键共性技术、前沿引领技术、现代工程技术和颠覆性技术。我们认为，需要充分认识土地资源安全问题的严重性、土地科技创新支撑的重要性，必须构建和完善国家土地科技创新体系，加快面向世界先进水平的土地科技创新步伐。

---

* 中国工程院院士、中国科学院地理科学与资源研究所研究员孙九林代表与会院士专家学者做了宣读。

二 土地科技创新关乎中国发展的速度、 质量、效率、公平和可持续

我国人地矛盾突出、空间差异性大、水土资源匹配性差等问题世所罕见，资源富集区与生态脆弱区多有重叠，土地资源退化、损毁、废弃、污染、低效利用等问题突出，维护国家粮食安全、生态安全、资源安全，推动高质量发展的土地要素供给质量变革，土地节约集约利用效率变革，土地科技、制度、管理创新动力变革，必须增强土地科技原始创新能力。

新时代的土地科技创新，要服务于土地供给侧结构性改革，为增强生态环境承载能力、优化国土空间开发格局注入新动能；要融入区域协调发展，为落实新型城镇化和乡村振兴战略，促进国土资源高效利用提供新方法；要支撑生态文明建设，为强化国土资源源头保护，给子孙后代留下更多绿水青山，落实耕地数量、质量、生态"三位一体"保护提供新技术。

中国城镇化和生态文明建设，关乎中国的前途命运，更关乎世界的未来发展，将显著影响人类居住的美丽地球的面貌。中国 1200 多万平方公里国土空间，都将在 21 世纪上半叶发生巨变。这些变化不仅需要土地资源支撑，更需要土地科技保障。

保障土地资源供给安全，为经济社会发展提供高效、安全、绿色的土地资源支撑，既是我国参与构建人类命运共同体、体现大国责任担当的义务，也是提高国际话语权、提升国际竞争力的需要。

我们认为，全球变暖，生态恶化，人类能够发挥作用的，归根结底还是土地的科学合理利用问题。不充分的土地资源保护、不合理的土地利用现象普遍存在、令人担忧，必须施以科学有效的干预。

我们相信，科学制定规划计划并采取有效措施，严格保护土地资源、切实转变土地利用方式是可能的。全面调查监测评价土地资源条件、变化过程，深入探索其效应影响是必需的、紧迫的，要特别关注土地变化的全局性、区域性、尺度性。

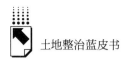

三　贯彻科技强国战略，大力推进土地科技创新

我们呼吁，全面贯彻"三深一土"科技创新战略，着力创新中国土地科学理论方法，突破一批制约土地资源安全管控的重大关键技术，开展技术集成与应用示范，形成可持续的土地科技创新能力和转化能力，用原创的土地科技创新成果，破解长期持续高速发展中的土地资源难题。

（一）实施国家土地科技创新跨越计划

创新必须具有全球视野、面向时代重大科学需求进行顶层设计。实施国家重点研发计划"土地资源安全与管控"重点专项，以土地数据精准获取、土地资源精细利用、土地格局精致塑造、土地变化智能管控为目标，按照全链条、一体化整体布局，提供系统方案和应用示范，争取用十年左右的时间进入世界土地科技创新的第一方阵。

（二）实施国家土地科技平台建设计划

创新离不开平台建设。要围绕土地资源安全管控问题，在土地质量工程化构建、土地功能协同增强、土地信息感知仿真、土地资源智能管控等技术领域，加快国家重点实验室、国家野外科学观测基地、国家技术创新平台和国际联合研究中心建设。

（三）实施国家土地科技学科建设计划

土地科技创新，核心是人才、根基在学科。要创建土地大学科，加快建设土地资源学、土地工程学、土地信息学、土地管理学等为主要方向的中国特色土地学科体系。要着眼于培养国际一流、国内领先的科学家和科技创新团队，加快土地学科建设和高层次创新人才培养，推动土地专业人才资源的供给侧结构性改革，使土地学科建设与土地科技创新战略相互促进。

（四）实施国家土地科技知识普及计划

大专家也要能做小科普。要加大土地科学普及力度，把科学普及放在与科技创新同等重要的位置。充分发挥社会各界的力量，向全社会普及土地知识，促进土地资源可持续利用与发展。在规划和管理中科学运用土地知识，推广应用先进的土地工程技术模式，建设一批土地资源高效和可持续利用的示范区。

土地科技创新作用巨大、需求紧迫、挑战突出。迫切需要聚焦土地资源安全的突出问题，最大限度激发创新主体活力，以超常措施推进土地科技创新跨越式发展。

Abstract

Research Report on the Development of Land Consolidation in China (*No. 5*) was compiled by the Land Consolidation Blue Book Project Group of the Land Consolidation and Rehabilitation Center of the Ministry of Land and Resources. It is an annual research report which gives a full record of the development, overall achievements and innovation of the land consolidation in China in 2017. We hereby convey gratitude to the land consolidation institutions of 31 provinces (autonomous regions and municipalities) across China and the Xinjiang Production and Construction Corps for the valuable information they have provided. Our gratitude also goes to the experts, scholars and industry peers who have paid continual attention to and supported the research and development of the blue book.

The blue book consists of seven parts: General Report, Progress and Achievements, strategic Research, Systems and Approaches, Scientific and Technological Innovation, Local Practice, and Overseas Experience.

General Report comprises two parts. Part One includes summative comments on nine aspects of China's land consolidation development in 2017; Part Two analyzes and predicts the development direction and strategic layout of land consolidation in 2018 and the coming period from five aspects. According to the report, the Central Committee of Communist Party of China and the State Council have issued some major policies on the protection of cultivated land and the land consolidation in recent years, facilitating the continual reform of land consolidation and accelerating its upgrading. With focus on the structural reform of supply side, the land resource management sectors and the land consolidation institutions of all levels take active measures, constantly reinforce the development foundation of the undertaking, and give a greater role to the "1 + N" mode for land consolidation. As the reform of national institutions is accelerated and the main social problem changes, we have entered a new stage where efforts will be made to achieve efficient land consolidation. With the objective of giving more support to the structural reform of supply side, we will reinforce the basic platform, localize land consolidation, strengthen comprehensive land consolidation, and step up supervision and optimization. In this way, we will be able to facilitate the implementation of national strategies like rural revitalization, balanced regional development, targeted and targeted poverty alleviation, as well as the building of ecological civilization.

The 21 articles were jointly made by the Land Consolidation Blue Book Project Group, the experts and scholars in relevant fields, and the land consolidation workers at the frontline. With the latest achievements in investigation and evaluation, theoretical research, scientific and technological innovation and practical exploration, it places emphasis on hot issues in the industry and social topics in the year and analyzes the future development pathway for land consolidation.

Appendixes include major events of land consolidation in 2017, the list of relevant works, the list of provincial and ministry-level scientific and technological awards, the national and industrial standards that had been released by the end of 2017, and the Suggestions from Academicians and Experts on Promoting the Innovation of Land Science and Technology that was made and read out at the Seminar on the Innovation of Land Science and Technology held on December 16, 2017.

Keywords: Comprehensive Land Consolidation; Innovation of Land Science and Technology; Ecological Rehabilitation; Rural Revitalization; Targeted Poverty Alleviation

Contents

Ⅰ General Reports

Abstract: In recent years, the Central Committee of Communist Party of China and the State Council have issued some major policies on the protection of cultivated land and the land consolidation, facilitating the continual reform of land consolidation and accelerating its upgrading. With focus on the supply-side structural reform, the land resource management sectors of all levels take active measures and give full play to the overall effects of the "1 + N" mode for land consolidation. In this way, they have made great contribution to such undertakings as "cultivating land according to market demand", "balancing urban and rural development", "supporting poverty alleviation" and "developing ecological civilization". According to China's practice, exploration and innovation in land consolidation in 2017, this paper describes and comments it from nine dimensions, including "theoretical innovation and practical exploration of comprehensive land consolidation", "high-quality supervision system of farmland construction", "ability to achieve information-based monitoring and supervision", "support for poverty alleviation", "improvement of green development and green life", "innovation of the investment and financing mechanism", "industry development and discipline development", "innovation of land science and technology" and "publicity of land consolidation".

Keywords: Comprehensive Land Consolidation; Concept of " Land Consolidation + "; Poverty Alleviation; Innovation of Land Science and Technology; Construction of Land Discipline

313

土地整治蓝皮书

Abstract: The year 2018 is a key period during which the Communist Party of China and the Chinese central government deepen reform in a holistic way for greater development. On April 10, the Ministry of Natural Resources came into being, performing obligations as the owner of natural resources and assets for the public, controlling the use of all land spaces, and protecting and rehabilitating the ecosystem. As the reform of national institutions is accelerated and the main social problem changes, we need to step up the transformation and development of land consolidation, which is an important part of the structural reform of land supply side. In this way, we will be able to meet the higher requirements of the sustainable and sound economic and social development in the new era. This paper predicts and analyzes the development of land consolidation in the coming period from five aspects: first, seek high-quality development to facilitate the supply-side structural reform; second, reinforce platforms to advance the implementation of the strategy of rural revitalization; third, carry out differential land consolidation to promote the coordinated development of all regions; fourth, enhance comprehensive land consolidation to push forward the construction of the beautiful land; fifth, improve supervision and service to secure the reform and innovation of land consolidation.

Keywords: Land Consolidation; Reform of Supply Side; Rural Revitalization; Comprehensive Land Consolidation; Monitoring and Supervision

Ⅱ   Progress and Achievements

B. 3   Progress and Achievements of Major Projects in Land Consolidation

Project Group of Major Projects in Land Consolidation / 050

Abstract: In this paper, 14 major projects in land consolidation that were supported by the central government since 2008 were taken as the research subjects. After the policies and documents about major projects in land consolidation were sorted out and the achievements were summarized, the following conclusion was drawn: stable progress is made in major projects in land consolidation, and the projects have become more institutional and standardized; the achievements of the projects have become increasingly prominent, and the projects have become an effective way to facilitate the implementation of national strategies. In the future, more support will be given to the major projects in land consolidation and the form and procedure of support will be optimized according to new national strategic objectives, so as to make greater contribution to poverty alleviation, rural revitalization and the building of ecological civilization.

Keywords: Major Projects in Land Consolidation; Institutional Improvement; Achievement Result Analysis

B. 4　Practice and Development of the Readjustment of

　　　Construction Land　*Lei Fengchun, Zhang Zheng & Yang Hong* / 057

Abstract: As an important part of land consolidation, construction land readjustment is an effective way to optimize the structure and layout of construction land in urban and rural areas, increase the efficient and intensive use of construction land, and promote the transformation of land utilization as well as integrated development of urban and rural areas. With emphasis on land banking and the redevelopment of low-efficacy urban land, this paper analyzes and summarizes the work in 2017 and offers some suggestions on reinforcing the construction land readjustment in China from such perspectives as the prevention of financial risk, the strict management of institutions and capital, the standardization of local land banking, and the improvement of institutions and mechanisms according to the requirements of the current supply-side structural reform.

Keywords: Construction Land Readjustment; Efficient and Intensive; Utilization of Construction Land in Stock

B. 5　Practice and Development of Land Reclamation

Land Reclamation Project Group / 066

Abstract: In 2017, we followed the trend of reform in land reclamation, seeking new ways of supervision, tracking the development of experimental units and constantly analyzing relevant policies. As a whole, there was an improvement, and progress was made in all aspects. Over the year, special attention was paid to policy investigation, supervision and inspection, evaluation and acceptance, as well as remote sensing monitoring. Aside from continuing to create new driving forces and platforms and strengthen supervision, we made greater contribution to the efficient and intensive use of land and the protection of cultivated land through land reclamation. This highlighted the important role of land reclamation in the overall framework of the building of ecological civilization.

Keywords: Land Reclamation; Supervision and Inspection; Evaluation and Acceptance; Remote Sensing Monitoring

B. 6　Report on the Comprehensive Achievement Assessment of
the Demonstrative Construction of Land Consolidation

Zhou Tong, Sang Lingling, Rao Jing & Zhang Lei / 083

Abstract: To facilitate land consolidation, efforts were made for the demonstrative construction of land consolidation according to the principle of "make a coordinated plan, set up a model, start with experimental units, and give priority to planning", and remarkable achievements were attained. In 2017, the Land Consolidation and Rehabilitation Center of the Ministry of Land and Resources made an overall evaluation of the development and achievements of the demonstrative construction of land consolidation with the support from local land consolidation institutions of all levels and universities. According to the results of the evaluation, the demonstration regions and counties made significant progress in the protection of cultivated land, food security, the improvement of production and living conditions in rural areas, the optimization of structure and layout of land utilization in urban and rural areas, the improvement of ecological environment of land, and the rehabilitation of impaired ecosystem in their efforts to implement demonstrative projects. This paper gives an objective description of the details and achievements of the evaluation.

Keywords: Land Consolidation; Demonstrative Construction; Achievement Evaluation

III Strategic Research

B. 7 Promote Rural Revitalization through the Comprehensive

Land Consolidation

Yan Jinming, Zhang Dongsheng & Xia Fangzhou / 096

Abstract: Implementing the Rural Revitalization Strategy is a significant decision made in the 19th CPC National Congress as well as a major historical task that we need to finish if we want to build a moderately prosperous society and a socialist modern country in a holistic way. Besides, it is a focus in China's endeavor to deal with the problems relating to agriculture, villages and farmers in the current village management and development strategy. Comprehensive land consolidation serves as a main tool for us to readjust and optimize production and living spaces through "fields, rivers, roads, forests, villages and towns" and to improve the ecological space through "hills, rivers, forests, fields, lakes and meadows". Sharing similar principles, requirements, objectives and meaning with rural revitalization, it contributes to the settlement of the major problems in the implementation of the current rural strategies. In the future, comprehensive land consolidation should be regarded as an essential platform and a focus in the implementation of the Rural Revitalization Strategy to facilitate poverty alleviation

and improve the living conditions of farmers; the agricultural development should be advanced and new driving forces should be created for the integrated development of industries and villages; the green development of villages should be boosted in a holistic way to create a new situation featuring the harmonious coexistence and development between human and nature; efforts should be made to enrich village cultures and build distinctive villages in a stable way; the institutional innovation should be promoted through comprehensive land consolidation to facilitate the supply of the resources necessary for rural revitalization.

Keywords: Rural Revitalization; Comprehensive Land Consolidation; Fit Analysis; Integration of Industries and Villages

B. 8   The Mechanism of Pushing Forward Rural Revitalization through Land Consolidation: Natural Capital Appreciation

Xu Xianglin / 111

Abstract: According to President Xi Jinping's theory of harmonious coexistence between human and nature, the basic function of land consolidation in rural revitalization is to increase the value of natural capital of villages. This is a significant breakthrough and innovation in the basic theory on land consolidation. Instead of reducing the value of grains or the benefits of farmers, land consolidation serves as an important way to implement the structural reform of the agricultural supply side. It can speed up the appreciation of natural capital of villages and contribute to efficient structural reform of the agricultural supply side. The institutions of land consolidation should be reconstructed to increase the value of natural capital.

Keywords: Land Consolidation; Rural Revitalization; Appreciation of Natural Capital; Development of Modern Agriculture

B. 9 Facilitate Rural Revitalization through Land Consolidation

Long Hualou / 120

Abstract: Rural revitalization is a non-linear transformation of the coupled and balanced development of such key elements of rural development as population, land and industry, and the effective allocation of land resources needs to be done through land consolidation. Therefore, land consolidation plays a fundamental role in the rural revitalization-providing resources for population agglomeration and industrial development. From the perspective of rural revitalization, we should take the pathway of sustainable and intension-oriented development in the land consolidation. Apart from activating key elements like rural population, land and industry, we need to balance material and spiritual advancement to form a new situation where urban and rural areas share prosperity and become integrated. Rural revitalization, which is based on rural land consolidation, should be consistent with regional natural conditions as well as social and economic development. Following the principle of region-based planning and classification-based policy implementation, we should adopt appropriate modes and pathways according to local realities under the framework of land space development.

Keywords: Land Consolidation; Rural Revitalization; Rural Transformation and Development; Rural Reconstruction

B. 10 Research on the Effect of Urban Carrying Capacity

on Urban Renewal *Jia Kejing, Lin Hanwei & Qi Fan* / 126

Abstract: Urban renewal has been deemed as the primary approach to improve the urban comprehensive carrying capacity of old urban areas. However, urban renewal projects have met some problems in implementation, such as the serious damage of renewal projects to natural environment and historical culture,

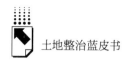
土地整治蓝皮书

supply of infrastructure and public service facilities, and some social problems arising from the demolition, etc. In view of these problems, this paper is of the opinion that when urban renewal projects do not have enough carrying capacity, it may, firstly, improve the carrying capacity of the urban carrying system, namely, improve the comprehensive carrying capacity of urban natural ecological environment, infrastructure, public service facilities, economy and society; secondly, reduce the pressure of urban renewal projects on the urban carrying system, such as downsizing the construction scale of projects, so as to relieve the pressure on the economic carrying capacity; thirdly, reduce the project development intensity to alleviate the pressure on the natural ecosystem, etc.

Keywords: Urban Renewal; Urban Comprehensive Carrying Capacity; Construction Scale; Carrying System

Ⅳ Systems and Approaches

B. 11 Probe into the Whole-course Regulatory System of Cultivated Land Requisition-Compensation Balance under the New Situation

Wang Jian, Wang Jianqiang & Chen Zheng / 134

Abstract: The "Three in One" concept of cultivated land protection in the new era has brought higher requirements on the supervision on the requisition-compensation balance. At present, there are some problems in the policy implementation and supervision of cultivated land requisition-compensation balance in China, including the gap among supervisory units, the technical inadequacy of supervision measures, the insufficient endeavor of the supervision staff, the oversimplified supervision form, the absence of supervision, and the outdated supervision institution. This paper strives to establish a whole-course supervision mechanism of cultivated land requisition-compensation balance which consists of the intervention in the early stage, the guidance for planning and design, the supervision in the process, the confirmation of new cultivated land, the indicator reservation and the transaction management, with the hope of providing an effective supervision scheme for the protection of cultivated land in the new era.

Keywords: Requisition-compensation Balance; Supervision Mechanism; National Overall Planning; Protection of Cultivated Land

B. 12   Case Study of Promoting Rural Revitalization through
Land Consolidation   *Li Hongju, Zhang Yan & Li Shaoshuai* / 148

Abstract: For years, offering supplementary cultivated land and developing high-standard farmland has always been the main objective of land consolidation. The comprehensive readjustment of fields, rivers, roads, forests and villages has not only facilitated the national strategies about food security, agricultural modernization and poverty alleviation but also expanded the overall influence of land consolidation. Through relevant projects, local governments across China have volunteered to meet the new requirements brought by economic and social development. By constantly enriching the meaning and functions of land consolidation, they strive to create the "land consolidation +" effect and establish a rural land utilization platform which combines "agricultural production" with "industrial development", "green and comfortable housing" and "attractive ecosystem". In this way, they have injected fresh blood into rural development, which can be demonstrated by a series of typical cases where efforts were made to push forward the development of agriculture and villages and rural revitalization. It has been proved that diverse measures, land policies, land planning and capital should be combined and full play should be given to the functions of land consolidation if we want to advance rural revitalization through land consolidation.

Keywords: Land Consolidation; Rural Revitalization; Typical Case

B. 13   Techniques of Investigating into and Identifying New
Cultivated Land and Analysis of Features of New
Cultivated Land across the Nation from 2012 to 2016

Chen Zheng , Yang Jianyu & Zhang Chao / 157

Abstract: As an important technique for securing the quantity, quality and ecosystem of cultivated land, the investigation and identification of new cultivated land has played an extremely essential role in the annual land alteration investigation and the supervision on new cultivated land of land consolidation projects in recent years. This paper is a systematic discussion on the requirements of the investigation and identification as well as the calculation methods. Besides, the sources, distribution and development trend of new cultivated land across China were analyzed according to the new cultivated land from 2012 to 2016. The following conclusions were drawn: the center of supplementary cultivated land has been shifted to the northwest of the country; the regional distribution of new paddy fields and irrigable land is relatively concentrated.

Keywords: New Cultivated Land; Alteration Investigation; Requisition-Compensation Balance

V   Scientific and Technological Innovation

B. 14   Directions and Measures for the Innovation of Land
Engineering Technologies

Yun Wenju , Gao Shichang , Wang Jing & Li Hongju / 168

Abstract: With focus on the implementation of the "Three Deeps and One Land" (deep-land exploration, deep-sea exploration, deep-air earth observation and the innovation of land science and technology) and the objective of creating attractive land, this study considered the resources in China and proposed the principles, directions and measures for promoting the innovation of land science and technology. Efforts should be made to develop a series of universal key technologies, including the intelligent measurement and control technology for land engineering, the technology for the consolidation and efficient use of land, the technology for land reclamation and ecological rehabilitation, the technology for land improvement, and the research on the synthesis of technical standards for land engineering. These technologies will be developed to meet the demands of comprehensive land consolidation and support the efficient management of natural resources and assets.

Keywords: Land Consolidation; Land Engineering; Technical Innovation

B. 15 Study on the Heavy Metal Pollution Risk Assessment and Treatment Mode for Farmland

Luo Ming, Wei Hongbin & Ju Zhengshan / 175

Abstract: At present, China is confronted with severe heavy metal pollution in farmland which imposes threat its food security. This paper made a scientific evaluation of the risk of heavy metal pollution in farmland, defined the risk zones and proposed consolidation and rehabilitation modes for farmland with heavy metal pollution according to classification. The single factor pollution index, the Nemerow index, and the Hakanson potential ecological risk index were adopted to evaluate the heavy metal pollution of farmland, and the risk zones were defined according to the degree of pollution. The farmlands were classified as "Highly Safe", "Safe", "High Risk", "Medium Risk" and "Low Risk" according to the results of the evaluation. Three consolidation and rehabilitation modes— "Priority for consolidation", "Rehabilitation in consolidation" and "Consolidation after rehabilitation" were proposed according to the features of land consolidation project, which served as technical support for the consolidation and rehabilitation of the farmland with heavy metal pollution. The risk of farmland with different degrees of heavy metal pollution was evaluated and the risk zones were defined; the

consolidation and rehabilitation modes for farmland with different risk degrees of heavy metal pollution were established, which provided theoretical guidance for the safe utilization of farmland with heavy metal pollution and the protection of the country's food security.

Keywords: Heavy Metal Pollution; Risk Evaluation; Consolidation Mode; Farmland

B. 16 Reflection on the Land Technology Innovation and Management System in the New Era   *Du Yamin* / 185

Abstract: This paper analyzed a series of policies, documents, laws and regulations that were issued by the Central Committee of Communist Party of China, the State Council, the Ministry of Land and Resources and other departments to promote scientific and technological innovation. By drawing on the experience of relevant units and considering the real innovation of land science and technology, this paper proposed some ideas and suggestions on improving the management system for the innovation of land science and technology from several perspectives— "Optimize the environment for the innovation of land science and technology", "Improve the research project management mechanism", "Value the use of research funds and the establishment of a management system", "Reinforce the incentive mechanism for researchers" and "Improve the training mechanism of scientific and technological talents". In this way, this paper aims to offer useful information for China to advance the establishment of a system for the innovation of land science and technology in the new era.

Keywords: Innovation of Land Science and Technology; Talent Motivation; Talent Evaluation and Assessment

Ⅵ Local Practice

Abstract: As the birthplace of the "Idea of Two Mountains (Green mountains and clear water are equal to mountains of gold and silver.)", Zhejiang Province has been active to plan comprehensive land consolidation across the whole province in recent years. This paper summarized the typical measures that the province took to facilitate rural revitalization through comprehensive land consolidation. According to the analysis of the current situation, it argued that the comprehensive land consolidation across a whole region is an important measure to step up the construction of attractive villages in the new era and a focus in promoting the integrated development of urban and rural areas through rural revitalization. For the next step, efforts should be made to achieve an effective upper structure and develop the bottom-line thinking. Moreover, priority should be given to planning; the risk prevention and control should be strengthened; the rights and interests of farmers should be safeguarded; full play should be given to comprehensive land consolidation across a whole region in boosting economic and social development.

Keywords: Comprehensive Land Consolidation; Balanced Urban and Rural Development; Rural Revitalization

Abstract: Rural revitalization is a major national strategy for China in the

new era of building socialism with Chinese characteristics. As an approach of balancing and optimizing regional human-land relationship, land consolidation has become an essential policy tool to vitalize villages. To solve the major problems in rural development such as the disordered layout of villages, the weak rural industries, the decline of rural cultures, the dirty residence and the decentralization of agricultural funds, Jiangsu Province increased investment, innovated the ideas of consolidation and rehabilitation, optimized the plans and designs, diversified the forms of implementation, and enhanced land utilization in the later stage. With emphasis on the construction of distinctive pastoral villages, the province combined various forms of land consolidation and undertook the land consolidation projects which aimed to vitalize villages and has achieved remarkable achievements.

Keywords: Land Consolidation; Rural Revitalization; Planning and Leading; Resource Integration

B. 19 Take Measures by Category, Make Efforts with Precise Targets and Enhance the Protection of Resources and Environment

—*Records of Promoting " Three Transformations and One Reform" through Comprehensive Land Consolidation in Xuzhou City*　　　　　*Li Gang & Yu Chenglin* / 216

Abstract: Xuzhou City considered regional location and resource features and proposed the ideas on land consolidation according to the " Three Transformations and One Reform ". With focus on balanced regional development, the city explored "zone planning and preparation", "multiple plans for one region in Suining County" and "integration of mines" and improved the spatial layout of land. In the implementation of the rural revitalization strategy, it undertook land consolidation in the basin of the Old Yellow River and began the "Transformation of 10, 000 villages" to redevelop the low-efficacy idle land in rural areas and facilitate the balanced urban-rural development. As for the building of ecological civilization, the city explored and applied the technologies of overall treatment of mining subsidence areas, made an efficient and intensive use of resources in the mining areas, set up a model of ecological transformation, and strengthened the bearing capability of resources and environment. In the future, Xuzhou City will continually deepen the work of comprehensive land consolidation, and explore the whole-domain planning based on the protection and rehabilitation of hills, rivers, forests, fields, lakes and meadows and the spatial planning featuring multiple plans for one region. Moreover, it will advance land consolidation and facilitate the ecological rehabilitation and transformation of damaged lands like mining subsidence areas, support targeted poverty alleviation, promote rural revitalization and push forward balanced urban-rural development.

Keywords: Land Consolidation; Urbanization; Rural and Agricultural Development; Ecological Civilization

B. 20 Land Consolidation Facilitates Rural Revitalization

—An Investigation into the Overall Achievements of Land

Consolidation at Gouba Village, Bozhou District,

Guizhou Province

Zhang Xun, Xu Zhongchun, Ren Haili & Chen Sidan / 227

Abstract: Taking the land consolidation project of the Gouba Village in Bozhou District of Guizhou Province as a case study, this paper introduced the achievements of the project from several perspectives— "improve production and living conditions", "facilitate the orderly circulation of land", "promote the upgrading of agricultural industries", "increase the employment rate and income of farmers" and "boost the construction of attractive villages". Besides, it analyzed and summarized the experience in connecting the project with the construction of attractive villages, industrial development and social investment. In June 2015,

土地整治蓝皮书

President Xi Jinping investigated into the employment and income increase of local farmers at Huamao Village and said, "It is no wonder that everyone comes here—they will find a nostalgic sense about their hometown". On October 19, 2017, he once again spoke highly of the village for its achievements in the construction of an attractive village when he was in the discussion by Guizhou Delegation during the 19th CPC National Congress.

Keywords: Land Consolidation; Overall Achievements; Rural Revitalization; Bozhou in Guizhou Province

B. 21　Analysis of the Benefits and Mode on Stripping and Utilization of the Plough Layer Soil

　　—*Taking the Reconstruction and Extension of the Liunan Expressway in Guangxi Zhuang Autonomous Region for Example*

Project Group of Follow-up Investigation and Evaluation of Stripping and Utilization of the Plough Layer Soil / 236

Abstract: The stripping and utilization of the plough layer soil is an important measure to protect the soil resources on the plough layer. This paper introduced the project implementation, benefits and innovation mode of the experimental units of the soil stripping utilization on the plough layer in the Liunan Expressway Construction Project in Guangxi Zhuang Autonomous Region and offered some suggestions. The experimental units in Guangxi Zhuang Autonomous Region effectively protected high-quality soil resources and generated remarkable economic, social and ecological benefits. They developed five stripped soil storage modes— "juxtaposition of storage and spoil", "vertical arrangement of storage and spoil", "substitution between storage and borrow", "combination of storage and temporary land" and "combination of storage and the consolidation area". Besides, they found five reuse pathways— "green coverage on slope", "interconnected green coverage", "station reclamation", "land consolidation" and "public utilization". Some suggestions like the improvement of relevant laws and regulations, the establishment of a linkage mechanism, and the provision of planning and guidance were offered. The pilot project has provided useful information for Guangxi Zhuang Autonomous Region and even the whole nation to boost the stripping and utilization of the plough layer soil.

Keywords: Expressway; Stripping and Utilization of the Plough Layer Soil; Implementation Mode; Guangxi

Ⅶ   Overseas Experience

B. 22   Experience in Promoting Rural Revitalization through
Land Readjustment and Village Reformation in Germany

Michael Klaus, Translated by Zhang Wenjun / 250

Abstract: Land readjustment and village reformation were two focuses for Germany to boost rural development and achieve urban-rural equivalence. In the land readjustment in Germany, emphasis was shifted from agricultural development to ecological land readjustment. This paper introduces how Germany planned the procedure of land readjustment, some specific ecological measures taken for land readjustment, and the creation of landscape. As a wide-ranging strategy of comprehensive development, village reformation involves the establishment of infrastructure, the renovation of old houses and energy transformation and serves as an essential way to achieve the comprehensive development of rural areas. This paper highlights the principle and planning of village reformation in Germany.

Keywords: Land Readjustment; Village Reformation; Overall Planning

B. 23　An Overview on the Technical Innovation of the Land
　　　Ecology Construction in Europe and the US

Yu Zhenrong, Li Pengyao & Li Xuedong / 270

Abstract: This paper studied the development of land consolidation in the developed countries in Europe and the US and gave a systematic description of the policies on the rehabilitation and protection of ecological environment of land in the agricultural/rural development in the EU and in America's protection of natural resources on farms. Besides, it summarized the contents and technologies of the land readjustment, the comprehensive land consolidation, and the management and protection of the ecological environment of land. All these are useful information for China to improve the ecological consolidation and rehabilitation of land and boost the ecological protection and rehabilitation of the "shared life community of hills, rivers, forests, fields, lakes and meadows".

Keywords: Land Consolidation; Biodiversity Protection; Construction of Green Infrastructure; Protection of Ecological Environment; Rural Revitalization

Ⅶ　Appendixes

✦ 皮书起源 ✦

"皮书"起源于十七、十八世纪的英国,主要指官方或社会组织正式发表的重要文件或报告,多以"白皮书"命名。在中国,"皮书"这一概念被社会广泛接受,并被成功运作、发展成为一种全新的出版形态,则源于中国社会科学院社会科学文献出版社。

✦ 皮书定义 ✦

皮书是对中国与世界发展状况和热点问题进行年度监测,以专业的角度、专家的视野和实证研究方法,针对某一领域或区域现状与发展态势展开分析和预测,具备原创性、实证性、专业性、连续性、前沿性、时效性等特点的公开出版物,由一系列权威研究报告组成。

✦ 皮书作者 ✦

皮书系列的作者以中国社会科学院、著名高校、地方社会科学院的研究人员为主,多为国内一流研究机构的权威专家学者,他们的看法和观点代表了学界对中国与世界的现实和未来最高水平的解读与分析。

✦ 皮书荣誉 ✦

皮书系列已成为社会科学文献出版社的著名图书品牌和中国社会科学院的知名学术品牌。2016 年,皮书系列正式列入"十三五"国家重点出版规划项目;2013~2018 年,重点皮书列入中国社会科学院承担的国家哲学社会科学创新工程项目;2018 年,59 种院外皮书使用"中国社会科学院创新工程学术出版项目"标识。

中国皮书网

（网址：www.pishu.cn）

发布皮书研创资讯，传播皮书精彩内容
引领皮书出版潮流，打造皮书服务平台

栏目设置

关于皮书：何谓皮书、皮书分类、皮书大事记、皮书荣誉、
皮书出版第一人、皮书编辑部

最新资讯：通知公告、新闻动态、媒体聚焦、网站专题、视频直播、下载专区

皮书研创：皮书规范、皮书选题、皮书出版、皮书研究、研创团队

皮书评奖评价：指标体系、皮书评价、皮书评奖

互动专区：皮书说、社科数托邦、皮书微博、留言板

所获荣誉

2008 年、2011 年，中国皮书网均在全
国新闻出版业网站荣誉评选中获得"最具
商业价值网站"称号；

2012 年,获得"出版业网站百强"称号。

网库合一

2014 年，中国皮书网与皮书数据库端
口合一，实现资源共享。

权威报告·一手数据·特色资源

皮书数据库
ANNUAL REPORT(YEARBOOK)
DATABASE

当代中国经济与社会发展高端智库平台

所获荣誉

- 2016年，入选"'十三五'国家重点电子出版物出版规划骨干工程"
- 2015年，荣获"搜索中国正能量 点赞2015""创新中国科技创新奖"
- 2013年，荣获"中国出版政府奖·网络出版物奖"提名奖
- 连续多年荣获中国数字出版博览会"数字出版·优秀品牌"奖

成为会员

通过网址www.pishu.com.cn访问皮书数据库网站或下载皮书数据库APP，进行手机号码验证或邮箱验证即可成为皮书数据库会员。

会员福利

- 使用手机号码首次注册的会员，账号自动充值100元体验金，可直接购买和查看数据库内容（仅限PC端）。
- 已注册用户购书后可免费赠送100元皮书数据库充值卡。刮开充值卡涂层获取充值密码，登录并进入"会员中心"—"在线充值"—"充值卡充值"，充值成功后即可购买和查看数据库内容（仅限PC端）。
- 会员福利最终解释权归社会科学文献出版社所有。

数据库服务热线：400-008-6695
数据库服务QQ：2475522410
数据库服务邮箱：database@ssap.cn
图书销售热线：010-59367070/7028
图书服务QQ：1265056568
图书服务邮箱：duzhe@ssap.cn

社会科学文献出版社 皮书系列
SOCIAL SCIENCES ACADEMIC PRESS (CHINA)
卡号：933289775728
密码：

基本子库
SUB DATABASE

中国社会发展数据库（下设 12 个子库）

全面整合国内外中国社会发展研究成果，汇聚独家统计数据、深度分析报告，涉及社会、人口、政治、教育、法律等 12 个领域，为了解中国社会发展动态、跟踪社会核心热点、分析社会发展趋势提供一站式资源搜索和数据分析与挖掘服务。

中国经济发展数据库（下设 12 个子库）

基于"皮书系列"中涉及中国经济发展的研究资料构建，内容涵盖宏观经济、农业经济、工业经济、产业经济等 12 个重点经济领域，为实时掌控经济运行态势、把握经济发展规律、洞察经济形势、进行经济决策提供参考和依据。

中国行业发展数据库（下设 17 个子库）

以中国国民经济行业分类为依据，覆盖金融业、旅游、医疗卫生、交通运输、能源矿产等 100 多个行业，跟踪分析国民经济相关行业市场运行状况和政策导向，汇集行业发展前沿资讯，为投资、从业及各种经济决策提供理论基础和实践指导。

中国区域发展数据库（下设 6 个子库）

对中国特定区域内的经济、社会、文化等领域现状与发展情况进行深度分析和预测，研究层级至县及县以下行政区，涉及地区、区域经济体、城市、农村等不同维度。为地方经济社会宏观态势研究、发展经验研究、案例分析提供数据服务。

中国文化传媒数据库（下设 18 个子库）

汇聚文化传媒领域专家观点、热点资讯，梳理国内外中国文化发展相关学术研究成果、一手统计数据，涵盖文化产业、新闻传播、电影娱乐、文学艺术、群众文化等 18 个重点研究领域。为文化传媒研究提供相关数据、研究报告和综合分析服务。

世界经济与国际关系数据库（下设 6 个子库）

立足"皮书系列"世界经济、国际关系相关学术资源，整合世界经济、国际政治、世界文化与科技、全球性问题、国际组织与国际法、区域研究 6 大领域研究成果，为世界经济与国际关系研究提供全方位数据分析，为决策和形势研判提供参考。

法律声明

　　"皮书系列"（含蓝皮书、绿皮书、黄皮书）之品牌由社会科学文献出版社最早使用并持续至今，现已被中国图书市场所熟知。"皮书系列"的相关商标已在中华人民共和国国家工商行政管理总局商标局注册，如LOGO（▧）、皮书、Pishu、经济蓝皮书、社会蓝皮书等。"皮书系列"图书的注册商标专用权及封面设计、版式设计的著作权均为社会科学文献出版社所有。未经社会科学文献出版社书面授权许可，任何使用与"皮书系列"图书注册商标、封面设计、版式设计相同或者近似的文字、图形或其组合的行为均系侵权行为。

　　经作者授权，本书的专有出版权及信息网络传播权等为社会科学文献出版社享有。未经社会科学文献出版社书面授权许可，任何就本书内容的复制、发行或以数字形式进行网络传播的行为均系侵权行为。

　　社会科学文献出版社将通过法律途径追究上述侵权行为的法律责任，维护自身合法权益。

　　欢迎社会各界人士对侵犯社会科学文献出版社上述权利的侵权行为进行举报。电话：010-59367121，电子邮箱：fawubu@ssap.cn。

社会科学文献出版社